实用高等医学教育管理学

许劲松 编著

科学出版社
北 京

内 容 简 介

本书系统阐述了高等医学教育管理领域的理论与实践问题，以实用、管用、好用为鲜明特色，内容涵盖了高等医学教育管理的两个层次：高等医学教育行政管理和高等医学院校管理；三个阶段：高等医学院校教育管理、毕业后医学教育管理和继续医学教育管理。本书全面介绍了高等医学教育管理中的思想观念、规律原理，体制机制、方法路径，质量保障、技术支撑，发展变迁、改革趋势等问题，既力求对接国际医学教育变革的趋势，又紧密结合了当下中国医学教育改革发展的实情，体现了理论研究、实践操作与案例解析的有机结合，宏观规划、中观管理与微观应用的有机结合。

本书可作为高等医学院校公共(卫生)事业管理本科生、相关专业研究生的教学用书，也可作为教育及卫生行政管理干部、高等医学院校教学管理干部、医学教育研究人员、教研室领导以及青年教师的自学用书和培训教材。

图书在版编目(CIP)数据

实用高等医学教育管理学 / 许劲松编著. —北京：科学出版社，2014.11
ISBN 978-7-03-042320-7

Ⅰ. ①实… Ⅱ. ①许… Ⅲ. ①高等教育-医学教育-教育管理学 Ⅳ. ①R-4

中国版本图书馆 CIP 数据核字(2014)第 251044 号

责任编辑：潘志坚 闵 捷
责任印制：谭宏宇 / 封面设计：殷 靓

科学出版社 出版
北京东黄城根北街 16 号
邮政编码：100717
http://www.sciencep.com
南京展望文化发展有限公司排版
广东虎彩云印刷有限公司印刷
科学出版社出版 各地新华书店经销

*

2014 年 11 月第 一 版 开本：B5(720×1000)
2021 年 9 月第四十三次印刷 印张：16
字数：264 000

定价：60.00 元

《实用高等医学教育管理学》

编委会

主　编

许劲松

副主编

温世浩

编　委

许劲松　温世浩　任为民　朱　熙

前言

“得天下英才而教育之”，是一份荣光、自豪和快乐，更是一份沉甸甸的责任。高等医学教育担负着培养合格医药卫生人才的神圣使命，高等医学教育管理的水平直接关系着医药卫生人才培养的质量，影响着医药卫生事业的可持续发展和人民群众的健康福祉。当前，医学正朝着既高度分化又高度整合的趋势发展，医学标准和医学教育的国际化进程加速推进，国与国之间的卫生关联性和医学教育关联性越来越大；深化医药卫生体制改革，建立可持续发展的医药卫生科技创新机制和人才保障机制，实现人人享有基本医疗卫生服务的目标，使医改与教改有机衔接、联动发展的趋势越来越明显；适应医学模式和卫生服务模式转变，完善医药卫生人才培养体系，构建中国特色的医学教育连续统一体，对高等医学教育的改革发展既提出了新的挑战，也带来了新的机遇。为成体系、成系统地研究探讨高等医学教育管理领域的理论与实践问题，作者团队共同编写了《实用高等医学教育管理学》一书，该书凝结了他们多年的教务管理心得和理论研究成果。

本书在框架体系上，涵盖了高等医学教育管理的两个层次，即高等医学教育行政管理和高等医学院校管理；三个阶段，即高等医学院校教育管理、毕业后医学教育管理和继续医学教育管理。全面介绍了高等医学教育管理中的思想观念、规律原理，体制机制、方法路径，质量保障、技术支撑，发展变迁、改革趋势等问题，既力求对接国际医学教育变革的趋势，又紧密结合了当下中国医学教育改革发展的实情，体现了理论研究、实践操作与案例解析的有机结合，宏观规划、中观管理与微观应用的有机结合。

本书共分 13 章。第 1 章是绪论，阐述了高等医学教育管理学的学科特征及研究的基本问题。第 2 章是高等医学教育管理体制，介绍了高等医学教育宏观管理体制和高等医学院校内部管理体制的主要特点、历史变迁、辩证关系及改革趋势。第3章是高等医学院校人才培养方案管理,论述了作为高等医学院校人才培养逻辑起点的人才培养方案,在论证制订、决策咨询、审核批准、落实执行、反馈调控等方面需要把握的关键问题。第4章是高等医学院校教学运行管理,重点阐释了教学运行管理的特点规律、教学过程管理的关键事项及以持续改进为核心的教学流程再造。第5章是高等医学教育质量保障,概要讲述了高等医学院校内部质量保障体系的构成与运行流程,着重讲解了高等医学教育宏观质量调控的两个重要机制,即本科教学评估、专业评估与认证。第6章是高等医学院校教师专业发展与评价,着重介绍了如何根据不同阶段教师专业成长需要,促进教师专业知识、专业技能、专业自主、专业伦理、专业精神、专业智慧等内在专业结构的不断更新、演进与丰富。第7章是高等医学院校课程管理,从课程建设、课程实施、课程评价三个方面进行了全面介绍,重点阐述了显性课程与隐性课程、课程标准、教材建设、课程教学设计、教案撰写与评价等内容。第8章是高等医学教育教学模式,在介绍教学模式基本理论的基础上,重点评述了LBL、PBL、CBL、RBL、ReBL、TBL等热点改革模式及组织实施的要点把握。第9章是教育技术与应用,阐述了现代教育技术的迅猛发展引发的教的方式与学的方式的深刻变革,重点推介了微课、翻转课堂与慕课等医学教育领域关注的焦点内容。第10章是高等医学院校临床实践教学管理,介绍了临床见习管理、临床实习管理的组织实施、影响因素和质量控制等内容,并着重讲述了临床模拟训练和OSCE考核等重难点问题。第11章是毕业后医学教育管理,全面介绍了住院医师规范化培训、全科医师规范化培训和专科医师规范化培训的发展历史、制度模式、体制机制、质量保障及政策联动等问题。第12章是继续医学教育管理,重点阐述了以全面提升卫生人员岗位服务能力为目标的中国继续医学教育的制度设计,并对现代信息技术与继续医学教育相结合的产物——远程继续医学教育进行了专门介绍。第13章是医学教育研究及管理,系统介绍了医学教育研究的类型、环节、方法以及论文撰写、成果评价、项目管理等内容,并着重阐述了医学教育研究的质量控制问题。

本书在撰写构思上,以实用、管用、好用为鲜明特色,一是注重贴近受众需求,使读者阅读之后,即能结合自身业务和管理实际,按图索骥地开展具体工作实践;二是注重把握发展趋势,致力于引导读者紧跟国际高等医学教育改革前沿,推进管理理论、技术和方法创新,使自身的管理及教育工作实践与时代合拍；三是注重紧密联系实际，使读者深刻认识国情特点、文化背景和现实困境，既坚定信心、大胆改革、勇于创新，又实事求是、积极稳妥、循序渐进。在写作文风上，力求言简意赅、朴实易懂，条分缕析、立论有据，把高等医学教育管理学的基本理论、基本知识、基本原理讲清楚，把高等医学教育管理的外部环境、内部关系、历史今生说明白。

本书编写团队来自第二军医大学训练部，其中第 1、2、3、4、7、10、11、12 章由许劲松执笔撰写，第 8、9、13 章由温世浩执笔撰写，第 5 章由朱熙、许劲松执笔撰写，第 6 章由任为民、许劲松执笔撰写。在撰写过程中，得到了第二军医大学训练部孙项洁工程师、医学教育研究室鲁娟副教授、信息中心李冰主任、生物物理学教研室雷长海副主任、药事管理学教研室舒立芯主任以及第三军医大学医学教育研究室秦宇彤主任的大力支持和倾力帮助，并参考、借鉴了学界同仁的许多重要研究成果，在此谨向他们表示衷心的感谢！由于作者水平有限，难免有不妥、不深、不透之处，敬请学界同仁批评指正！

许劲松

2014 年 8 月 8 日

目◉录

第1章 绪 论

1.1 高等医学教育管理的内涵及影响因素

1.1.1 高等医学教育管理的概念及分类

高等医学教育管理是指科学调度、优化配置高等医学教育中人、财、物、时间、信息、技术等资源，以实现特定管理目标的行为和活动。根据高等医学教育的阶段划分，高等医学教育管理可以区分为高等医学院校教育管理、毕业后医学教育管理和继续医学教育管理；根据高等医学教育的管理主体划分，高等医学教育管理可以区分为高等医学教育行政管理和高等医学院校管理。

1.1.2 高等医学教育管理的内外部关系分析

研究高等医学教育管理的本质和规律，必须厘清高等医学教育所处的内外部环境及相关要素之间的关系。

从外部环境上讲，高等医学教育管理需协调政府、社会、高校三者之间的关系，并根据国际医学教育、现代管理科学、医药卫生体制、网络信息技术等的发展，不断更新管理理念、调整管理目标、改变管理行为、优化管理方法、丰富管理手段，提高管理的科学化、规范化和精细化水平。在高等教育"去行政化"呼声日渐高涨的形势下，政府如何简政放权，扩大高等医学院校办学自主权？在国家医药卫生体制改革进入深水区的背景下，高等医学院校如何根据卫生人才需求，调整医药卫生人才培养的规模、结构、层次和规格？在卫生服务需求和卫生服务模式不断发展变化的态势下，如何鼓励和引导社会资本发展医药卫生事业和医学教育事业，形成多元化、多样化的高等医学教育办学格局？这些都是当下高等医学教育管理直接面对、必须破解的难题。

从内部环境上讲，高等医学教育管理需要处理好高等医学院校人才培养、科学研究、社会服务、对外交流等职能之间的关系，聚焦人才培养这个根本任务，促进教医研良性互动、协调发展。“巍巍上庠，国运所系”，高等医学院校必须清醒地认识自身承载的使命和责任，始终把人才培养、教学工作摆在各项工作的中心位置，牢固树立“大学以教学为中心、教学以学生为中心、学生以学习为中心”的思想，把学生的成长成才作为建设发展的根本任务，妥善协调教学与医疗、科研之间的关系，真正做到以人才培养为核心去谋划建设发展、调配使用资源。正如哈佛大学原校长 James Conant 所讲的：“大学的荣誉，不在它的校舍和人数，而在于它一代一代人的质量”，大学必须确立鲜明的教学导向，尤其在业绩考评上，要强化各级各类人员的教学责任和义务。

1.1.3 高等医学教育管理的基本规律

高等医学教育管理必须遵循高等医学教育的基本规律和管理学的基本原理。

在外部规律上，高等医学教育管理活动受一定社会的政治、经济、文化、科学的制约，并为一定社会的政治、经济、文化、科学服务。教育是伴随着人类的生产劳动产生的，是有阶级性的，也是为一定阶级的利益服务的。《中华人民共和国教育法》第一章第八条规定：“教育活动必须符合国家和社会公共利益”。《中华人民共和国高等教育法》第一章第四条规定：“高等教育必须贯彻国家的教育方针，为社会主义现代化建设服务，与生产劳动相结合，使受教育者成为德、智、体等方面全面发展的社会主义事业的建设者和接班人”。我国的高等医学教育管理必须遵循为中国特色社会主义事业服务的方向，坚持把培养学生坚定正确的政治方向放在首位，把德育放在学生培养的重要位置，使他们树立正确的世界观、人生观和价值观，努力为“人人享有基本医疗卫生服务”培养输送合格人才。

在内部规律上，高等医学教育管理活动应当为培养全面发展的合格医药卫生人才服务，不断提高高等医学教育的质量和效益。高等医学教育的对象是 20 岁左右的男女知识青年，具有既不同于中小学生，又不同于成熟了的成年人的生理、心理特征，要根据社会发展需要和个人发展需要，使受教育者的德智体、知情意统一协调发展。正如《中华人民共和国高等教育法》第一章第五条之规定：“高等教育的任务是培养具有创新精神和实践能力的高级专门人才，发展科学技术文化，促进社会主义现代化建设”。

与一般高等教育相比，高等医学教育又有其独特的办学特点和规律，具有学制长、师生比高、实践性强、办学成本大等重要特征，且伴随着全球经济一体化进程，国与国之间的卫生关联性不断上升，我们培养的医药卫生人才不仅要跨国界提供医疗服务，还要在本土上提供符合国际标准的医疗服务，这就要求我们站在医学教育国际化的视角下，研究高等医学教育管理的改革发展问题。

1.2 高等医学教育管理学的定义、研究范畴及学习意义

1.2.1 高等医学教育管理学的定义

高等医学教育管理学(higher medical education management)是研究高等医学教育管理基本活动及其发展规律的一门科学，是高等教育管理学的分支学科。需要强调的是，应当厘清高等医学教育管理与高等医学教育管理学之间的辩证关系，“高等医学教育管理”是从事高等医学教育管理的具体实践活动，“高等医学教育管理学”是系统研究高等医学教育管理现象、管理关系、管理问题的一门独立学科；前者侧重于对管理活动的认识和研究，后者侧重于对高等医学管理理论和规律的探究和考证；两者既具有内在联系，又具有不同特性，属于不同的两类哲学范畴。

1.2.2 高等医学教育管理学的研究范畴

高等医学教育管理学以教育学、管理学、政治学、社会学、经济学、心理学等学科为基础，主要研究高等医学教育管理过程中产生的各类管理现象、各种管理关系和各种管理问题，并将这些现象、关系和问题进行归纳、演绎、综合后，形成对高等医学教育管理活动客观规律的认识。当然，中国高等医学教育管理学的研究离不开中国文化的土壤，必须植根在中国文化的背景下，针对中国人的心理和行为方式，致力于研究解决中国高等医学教育管理改革中的重大实际问题，不断追求理论上的创新、实践上的突破，从而提高学科的战略地位和影响力、贡献力。

1.2.3 学习高等医学教育管理学的意义

学习高等医学教育管理学对于贯彻国家办学方针政策、提升高等医学教育办学水平、推动高等医学教育管理创新、促进高等医学教育管理学的学科发展具有十分重要的现实意义。

1. 端正指导思想

“三尺讲台有政治”。当前，社会思想文化多元，意识形态领域斗争尖锐

复杂，各种错误思潮和灰色文化盛行，特别是西方敌对势力推行“和平演变”、“颜色革命”不择手段，个人主义、功利主义、享乐主义、实用主义等很有市场，并借助网络、微信等新兴媒体快速传播，不可避免地影响着“象牙塔”里的医学校园。开展高等医学教育管理学的学习、培训，有利于促进广大教育工作者自觉贯彻落实党和国家的教育方针政策，在教育工作实践中传递正能量、激发潜能量、汇聚高能量，引导青年学生坚定理想信念、澄清错误认识，端正价值取向、校正思想偏差，陶冶道德情操、抵御消极沉沦，使高等医学教育适应社会政治、经济、文化、科技的发展，始终保持正确的方向。

2. 提升决策水平

决策是管理的首要环节，“决策失误是最大的失误”。在经济全球化、教育国际化的浪潮中，高等医学教育既面临着难得的发展机遇，也经受着前所未有的竞争挑战。开展高等医学教育管理学的学习、培训，有利于广大教育管理工作者正确认识并准确把握高等医学教育管理的规律，并在教育管理实践中自觉按照规律筹划工作、协调工作、开展工作，推进科学决策、民主决策、依法决策，防止“拍脑袋决策、拍胸脯保证、拍大腿后悔、拍屁股走人”，有效规避决策风险，从而促进高等医学教育的规模、结构、质量、效益、特色全面协调可持续发展。

3. 提高管理绩效

高等医学教育管理的根本任务是通过计划、组织、指挥、协调、控制等管理活动，提高高等医学教育体系的运行效率。开展高等医学教育管理学的学习、培训，有利于广大教育管理工作者掌握高等医学教育管理的基本原理和方法技术，建立科学合理、灵活高效的管理体制和运行机制，形成政府宏观调控、社会积极参与、高校自主办学的管理格局，营造合作、竞争、开放、公平、有序的高等医学教育内外部发展环境，不断提升医药卫生人才的培养质量。

4. 促进改革创新

高等医学教育创新(higher medical education innovation)是提高人才培养质量、保持医学教育活力的根本途径。高等医学教育要适应经济社会的发展、科学技术的进步、卫生体制的改革和健康需求的变化，必须深化高等医学教育管理改革，不断吸纳国际医学教育一切有益的新理念、新经验、新成果。开展高等医学教育管理学的学习、培训，有利于提升广大教育工作者研究、破解高等医学教育问题的能力，使他们能够结合工作实践，发现、分析、解决高等医学教育领域不断出现的新情况、新问题、新矛盾，推进高等医学教育的创新转型，促进高等医学教育事业的又好又快发展。

1.3 高等医学教育管理学的发展简史及展望

高等教育管理学是一门与教育管理学、高等教育学有着密切联系的学科，它的兴起和发展深受这两门学科的影响，在一定意义上可以认为它是从这两门学科中分化、整合而发展起来的。教育管理学作为一门学科，在世界上也只有一百多年的历史，中国的教育管理学初创于20世纪初，在20世纪20～40年代有过一段较快的发展时期，但新中国成立后在相当长的一段时期成为一门"被人遗忘的学科"，直到改革开放以后才步入正常轨道，成为体系较为完整、在教育诸多学科中占有重要地位的学科。17世纪以来，国外学者虽然在高等教育领域已有诸多的研究，但高等教育学在国外"直到20世纪50年代还没有被认为是一个专门的科学领域"，至今还仍将其作为一个研究领域来看待。在中国，高等教育学作为一门学科来研究萌芽于20世纪50年代，而作为一门独立的学科获得确认，是1983年国务院学位委员会正式将其列为学科专业目录中的一个二级学科，在学术成果上的标志是1984年潘懋元先生主编的《高等教育学》的正式出版。

中国高等教育管理学的形成和发展大致可以划分为三个阶段：萌芽阶段、初创阶段和发展阶段。

1.3.1 萌芽阶段(1951～1983年)

在这段时期，中国高等教育研究者和管理人员对高等教育的管理经验进行初步的整理归纳，是高等教育管理研究的启动阶段。从20世纪50年代初到"文化大革命"前夕，已有学者开展高等教育管理方面的研究，有关研究成果也陆续刊登。但有组织地开展研究，应以1979年3月制订的《教育科学发展规划纲要(草案)(1978—1985)》、1979年4月召开的第一次全国教育科学规划会议以及1979年10月成立的全国高等教育学会筹备会为标志。《中国高等教育研究50年》"高等教育管理"基本论文目录中列出1951～1980年间发表的有代表性的文献102篇，内容涉及高等教育管理工作的各个方面，这些文章以工作研究和经验总结为主，从理论层面探讨高等教育管理基本问题的文献很少。1982年，蔡克勇教授发表了《应把高等学校管理作为一门学科来研究》，从学术界发出了创建高等教育管理学的呼声。这个阶段，有关高等教育管理研究的学术研究团体、协会还未成立，高等教育管理研究处于一种自发的萌芽状态，还未形成一个系统的学术研究体系。

1.3.2 初创阶段(1984～1996年)

高等教育管理学作为一门学科创立,以下列事情为起点：1984年,中国高等教育管理研究会成立,各省和许多学校也纷纷成立了高等教育学会和高等教育研究机构;1985年12月,中国高等教育管理研究会在广西柳州召开学术研讨会,提出"要建立有中国特色的高等教育管理学,作为第一步,应组织力量编写《高等教育管理学体系》专著",中国高等教育管理研究会的成立及有目的、有计划地组织编写高等教育管理学著作等活动,表明中国高等教育管理学的学科建设实现了由无意识、自发状态向有意识、有组织的主动发展状态转变。1986年,国务院学位委员会首次批准在北京师范大学等3所大学设立教育经济与管理硕士学位授予点;同年,批准在厦门大学设立首个高等教育学博士学位授予点,在研究高等教育学基本理论的同时,也开展了高等教育管理方向的研究。1987年4月在上海召开的"全国高等教育管理学理论体系研讨会"上,华东师范大学薛天祥教授提出要"从一个新的视角,按科学方法论来构建一个高等教育管理学的学科体系"。此后,研究高等教育管理学学科体系构建成为一个热点,一批著作相继出版。这个阶段,中国高等教育管理研究主要集中在两个方面：20世纪80年代期间,主要研究如何实现高等教育管理的科学化、规范化;20世纪90年代初、中期主要集中在从理论上探讨中国高等教育急剧变革引起高教管理中诸多的新问题。

1.3.3 发展阶段(1997年至今)

1997年,薛天祥主编出版了《高等教育管理学》,标志着中国高等教育管理学学科体系由经验体系、工作体系向理论体系的转变。此后,学术界对高等教育管理学中的基本理论问题,如逻辑起点问题、理论基础问题、高等教育管理中学术权力与行政权力问题、教育产业化问题、高等学校办学自主权问题等研究得到加强,高等医学教育管理领域中,医学教育办学体制、医学教育认证及质量保证、学分制及整合医学课程模式下的教学管理改革、以住院医师和专科医师培训为重点的毕业后医学教育管理问题等成为研究的重点和热点。同时,在高等教育研究经费增加、比较教育学发展、高等教育国际化进程加快等多重因素的共同作用下,对国外高等教育管理的研究也更加丰富和深化。

伴随着中国高等教育管理学的发展,高等医学教育管理学也走过了一条从无到有、从自发到自觉、从简单经验总结到深入体系研究的发展历程。尤其是1991年12月18日中国高等教育学会医学教育专业委员会的成立,标志着高等医学教育管理学的研究进入了一个规范化、常态化、科学化的阶段。当前，中国高等医学教育管理学大致有 6 种理论生成方式：一是侧重理论演绎与管理高层或管理者视角的“从上看”的理论生成方式；二是侧重实践经验与管理基层或被管理者视角的“从下看”的理论生成方式；三是向其他学科和其他国家学习的“向外看”的理论生成方式；四是坚持学科自身属性与中国本土情境关怀的“向内看”的理论生成方式；五是关注历史经验与时间意识的“往回看”的理论生成方式；六是关注教育管理未来前景与趋势的“往前看”的理论生成方式。

虽然近年来高等医学教育管理学得到了长足的发展，在促进高等医学教育质量和水平的提升方面，发挥了重要的作用。但不容忽视的是，其学科发展的依附性还比较强，如现代大学制度可以说是西方大学制度的翻版，管理的理念和方式也多借鉴企业管理或行政管理的成果，存在着重宏观研究、轻微观研究，重思辨方法、轻实证研究等问题，需要高等医学教育管理者、研究者不断破旧立新，正确处理好思辨与实证、定性与定量、理论与实践、学术与经验、国际化与本土化等关系。

第2章 高等医学教育管理体制

2.1 高等教育管理体制

2.1.1 高等教育管理体制的概念及分类

体制(system),《新华词典》的解释是国家机关、企业和事业单位的机构设置、管理权限、工作部署的制度。高等教育管理体制(higher education management system)是一个国家或地区高等教育机构设置、领导隶属关系以及管理权限划分的体系、制度和模式的总称。高等教育管理体制包括两个层面:一是高等教育宏观管理体制,即中央与地方、中央教育行政部门与其他业务部门、政府与学校在高等教育事业中的管理职责与权限划分;二是高等学校内部管理体制,即高等学校内部的管理机构设置、领导隶属关系和管理权限划分。

2.1.2 高等教育宏观管理体制

高等教育自中世纪创办一直到20世纪以前,高等教育机构的主体都是大学,它要么作为宗教机构的仆从,要么作为纯粹的知识机构,充当着社会精神领袖与价值权威的角色。20世纪之后,随着民族国家的兴起,高等教育作为社会经济发展动力的特征日益突显,国家、社会部门对大学的介入逐渐加深,各国政府、社会普遍加强了对高等教育的投入力度,形成了投资主体多元化的格局。投资主体的多元化,反映了高等教育利益主体的多元化。由于各国政治、经济、文化等的差异,这种不同利益主体间的关系也呈现出各自不同的特点,因而形成了当今世界各国不同的高等教育宏观管理体制,大致可以区分为三种模式。

1. 中央集权制的高等教育宏观管理体制

即高等教育完全由国家举办,高等教育的管理和决策权力集中于中央政府，由中央政府通过一定的计划、法律、命令、拨款和监督手段直接调控高等教育活动。高等教育经费几乎完全由国家拨付，高校必须对政府负责。法国、意大利、瑞典等欧洲国家的高等教育宏观管理体制可归于此类。由于权力过于集中统一，往往会抑制社会、大学的自主性和积极性，影响高等教育的办学活力。

2. 分权制的高等教育宏观管理体制

即高等教育管理的决策权不在中央政府，而是由地方政府或利益集团独立行使。分权制的高等教育宏观管理体制多出现于实行高度地方自治分权的国家。地方政府一般是地方公立高等教育的举办者，行使宏观指导、服务和监督功能。高等学校作为法人实体在地方政府的政策框架下，依法独立办学。社会中的各种利益集团，如政治组织、学生家长群体、实业界人士以及教育界各种团体，通过各种途径将自己的意志渗透到高等教育的管理和决策活动。美国是该模式的典型代表，联邦政府对高等学校没有直接管理权，虽然设有联邦教育部，但只作为一个指导和信息咨询机构。各州政府下辖的高等教育管理委员会或高等教育协调委员会是各州公立高等教育的决策权力机构。当然，私立学校具有高度独立的决策权。

3. 集权与分权结合型的高等教育宏观管理体制

即由中央政府、地方政府和高等学校共同承担高等教育管理职能，中央政府一般发挥宏观指导和协调职能，并与地方政府和高等学校共同行使一定的决策权力。该模式的代表有德、日、英等国。以德国为例，联邦政府通过与州政府共同制订总体教育计划，统筹高等教育发展，并与州政府共同监督计划落实情况，同时通过经费支持等手段，加强对高等学校的引导和控制；州政府作为地方高等教育的举办者，拥有较大的决策权力；为便于各州间的协调，德国的各州部长联合会、大学校长联席会等半官方中介组织，也在高等教育的整体协调和发展方面发挥着重要作用。

2.1.3 高等学校内部管理体制

人们把大学比喻为“象牙塔”，说明其神圣、纯粹和无瑕。学术性是高等学校最基本的组织特性。由于学科的特性，使高等学校内部分化为各种不同的领域，而不同的领域又都有自己的专业属性和共同话语，因此，围绕各种专业人员的活动实施管理成为高等学校管理的基本特征。高等学校应构建以学术管理为核心的内部管理体制，行政管理（administration）的主要任务是搭建一个兼顾效率与公平的服务平台，支持学术管理工作；学术管理（academic management）则充分利用行政管理提供的服务平台，根据学术运行规律，不断提高高等学校人才培养、科学研究、社会服务以及国际交流的水平。

由于学术系统自由民主的运行依靠学术管理来维系，行政系统严谨有序的运行依靠行政管理来维系，高等学校必须妥善协调学术系统和行政系统的关系，使两者在功能上互相支持、互相补充、互相协调，防止以行政管理的思维方式处理学术事务，甚至是以行政管理代替学术管理。英国著名数学家和教育家怀特海曾说过："教师的意见以及对大学办学目标的共同热情是办好大学的唯一有效的保证"。应当强化教授治校的理念，充分发挥学术力量和学术群体在高等学校管理中的核心地位以及咨询、决策和监督作用。

2.2 中国高等医学教育宏观管理体制及其历史变迁

新中国成立以来，我国高等医学教育事业的发展，既波澜壮阔，又迂回曲折，成绩很突出，教训也很深刻，回溯起来，大致可以划分为以下六个阶段。

2.2.1 初创阶段(1949～1957年)

1949年以前，我国的高等教育主要有国立和私立两种办学形式，私立学校又以接受外国津贴的教会大学所占比例最重。新中国成立后，中国人民解放军各地军事管制委员会接收了新解放区的各级、各类公立学校，并采取"维持现状、立即开学"的方针，使学校的原有教职工(除个别反革命分子外)一律照常供职。1950年6月25日，朝鲜战争爆发，中美严重对立，这对与美国有密切关系的教会大学产生了重大影响。1950年12月16日，美国政府宣布冻结中国在美国的资产，并于同月宣布禁止向中国汇寄资金，当时中国的20所教会大学中，接受美国津贴的达17所，教会大学的经济来源受到严重威胁。中国政府也针锋相对地宣布冻结美国在中国的资产，同年12月29日，中央人民政府政务院第65次会议作出《关于处理接受美国津贴的文化教育救济机关及宗教团体的方针的决定》，指出："政府应计划并协助人民使现有接受美国津贴的文化教育救济机关和宗教团体实行完全自办。接受美国津贴之文化教育医疗机关，应分别情况或由政府予以接办改为国家事业，或由私人团体继续经营改为中国人民完全自办之事业，其改为中国人民完全自办而在经费上确有困难者，得由政府予以适当的补助"。又于同日通过了《接受外国津贴及外资经营之文化教育救济机关及宗教团体登记条例》。1951年1月11日，教育部颁布《关于处理接受美国津贴的教会学校及其他教育机关的指示》，截至1951年底，由政府接收改为公立学校的有11所，协和医学院(改为公立后定名为中国协和医学院)就在其中;改为中国人民自己办理仍维持私立,政府予以补助的有9所,上海的震旦大学、圣约翰大学就在其中(1952年全国高校院系调整时,震旦大学医学院、圣约翰大学医学院与同德医学院合并成为上海第二医学院,今上海交通大学医学院)。到1952年年底,中国教育机构中的大多数外国教职员和行政人员离开了中国,所有私人控制的学校都被取消,这为整个高等教育体制全面学习苏联经验铺平了道路。应该说,建国初期我国的高等医学教育是比较落后,仅有38所高等医学院校,且规模普遍小,年招生数仅3 806人。

为了充分发挥中国高等教育的潜力、迎接大规模经济建设,中共中央和政务院决定从1952年起以苏联教育为样板,以培养"专才"思想为指导,对全国高等学校分批进行了大规模院系调整。由于华东地区的高等院校、大学生数、大学教师数均占全国的1/3,不仅数量多、种类全,而且还有不少名牌私立大学,所以全国高等学校的系科调整工作是从该地区开始并推及全国的。1952年年初,在华东军政委员会教育部指导下,成立了华东地区高等学校院系调整委员会,形成了"大区—省、市—院校—系"的四级院系调整组织机构,并制定了有关人员、校舍、图书、设备等一系列调整规则,开始了全国的院系调整工作。这次调整的主要目的是将高等教育纳入到为经济建设培养专门人才的轨道,加速培养工程技术和科技人才,提高教育效率和改变教育布局的不均衡状态。在调整过程中,全国共新设高等学校31所,一批隶属于综合性大学的医学院要么独立出来,要么并入其他院校。如北京大学医学院独立出来成立北京医学院(今北京大学医学部);武汉大学医学院则与同济大学医学院合并成立中南同济医学院(今华中科技大学同济医学院);浙江大学医学院并入浙江医学院;中山大学医学院与岭南大学医学院合并成立华南医学院,随后广东光华医学院也并入,成为后来的中山医科大学(今中山大学中山医学院);而并入第四军医大学的原第五军医大学前身则是南京大学医学院。1952年9月24日,《人民日报》发表《全国高等学校院系调整基本完成》的社论,至此,全国3/4的高等学校完成了院系调整和专业设置的工作。至1953年年初,全国高等学校共设专业215种,其中医科4种。经过这次调整后,全国共有高等院校182所,其中医学院校29所。1953年是新中国高等教育学习苏联、快速发展的一年,全年国家教育投资16 600多亿元(旧币),1年建设工程量相当于1949年前中国高等学校50年建筑面积总和的37.74%,达到了102万平方米,哈尔滨医科大学的苏联风格建筑就建于该年。1954年,高教部正式宣布,全国高等院校短期内不再轻易调整变动。

1955年年初,为了逐步改变中国高等院校过于集中在少数大城市,特别是沿海地区的不合理状况，经国务院批准，高教部制定了1955～1957年对高等院校的调整方案，将沿海地区一些高等院校的同类专业迁到内地建新校或加强原有的学校，并将一部分学校全部或部分迁到内地，重庆医学院（今重庆医科大学）就是1956年由上海医学院部分院系迁建组建的。1955～1957年的院系调整基本改变了全国高校原有布局不合理、不能适应国民经济建设需要的状况。在全国229所高校中，上海高校从1949年的43所减少到19所，而地处大西北西安的高校从3所增加到13所，新疆从1所增加到5所。通过这次调整，中国绝大多数省份都有了一所综合性大学和工、农、医、师范等专门学院，为当地政治、经济、文化发展做出了重要贡献。

1952年的院系调整是一道分水岭，将20世纪中国的高等教育鲜明地一分为二。以20世纪初建立第一个现代学制（癸卯学制）为标志，中国现代教育的体制是向西方学习，仿效美、日教育制度的产物。50年代初期高等学校的院系调整，是现代中国高等教育发展史上的一次大规模改革，这次调整改革以苏联的高等教育制度为蓝本，在高等教育体制及教学等各个方面，对旧的教育制度进行了改造，并由此建立了全新的社会主义高等教育制度。1953年10月，政务院作出《关于修订高等学校领导关系的决定》，由中央高教部和中央其他行业部门分工负责各高等学校。至1957年年底，全国（除港、澳、台外）共有高校229所，全部由高教部和中央其他业务部门领导和管理。

2.2.2 "教育革命"阶段(1958～1960年)

这个阶段，国家进行了以扩大地方管理权力为中心的行政和经济体制改革。为调动地方的积极性，国家把高等教育宏观管理权大部分下放到地方。1958年4月，中共中央发布《关于高等学校和中等技术学校下放问题的意见》，同年8月，发布《关于教育管理权力下放的决定》，教育部根据这些指示精神，会同有关部门将主要由中央有关部门领导和管理的229所高等学校中的187所下放给地方管理，并确立了地方党委对高校的管理体制。比如，这一年里，卫生部将哈尔滨医学院（今哈尔滨医科大学）移交给黑龙江省管理，将内蒙古医学院（今内蒙古医科大学）移交给内蒙古自治区管理。这种权力下放，对改变高等教育管理权限过分集中、发挥地方办学积极性起了很好的作用，但由于国家对高等教育管理缺乏宏观指导，也没有建立必要的法规，加上当时处在"大跃进"特殊的社会环境之中，仅仅三年时间，全国高等学校由229所猛增到1 289所。1958年，高等医学院校数量由新中国成立初的38所猛增到134所，1960年又扩增至204所，由于不顾办学条件，盲目过快发展，极大损害了高等医学教育人才培养的质量。

2.2.3 调整阶段(1961～1965年)

这个阶段处于我国国民经济的调整阶段,高等教育发展相对稳定,国家在总结20世纪50年代高等教育管理经验教训的基础上,尝试既能保证中央对高等学校的有效领导,又能顾及地方积极性的管理体制。伴随着中苏两党关系的逐步恶化,高等教育领域逐渐"脱苏化"。1963年5月,中共中央和国务院颁布《关于加强高等学校统一领导,分级管理的决定(试行草案)》,明确规定"对高等学校实行统一领导,中央和省、直辖市、自治区两级管理的制度",并对两级的分工作了具体规定,这个文件基本上确立了中国高等教育的管理体制。到1965年,全国高等学校由1 289所调整到434所,其中高教部直接管理34所,中央有关业务部门管理149所,省、市、自治区管理251所。尽管高等医学教育受到了来自各方面的干扰,但这段时间培养的大批人才和科研成果,对中国医药卫生事业的发展产生了积极的作用。比如1965年6月12日,第二军医大学附属长海医院胸心外科蔡用之教授运用自行研制的二尖瓣球型人造心脏瓣膜,实施了世界第二例、中国首例心脏瓣膜置换术,这是我国心脏外科进入世界先进行列的重要标志,当时世界上只有美国研制成功这种球形瓣膜,我国是第二个研制成功的国家。

2.2.4 破坏阶段(1966～1977年)

1966～1972年,中国高校停止招生,正常的教学科研活动陷入瘫痪。1969年,中共中央发布《关于高等院校下放的规定》,指出:国务院各部委所属高等学校,设在北京的,仍归各有关部门领导;如果搬到外地,可交由当地省、市、自治区革命委员会领导;设在其他地方的,交由当地省、市、自治区革命委员会领导。教育部所属的高等院校,全部交由所在省、市、自治区革命委员会领导。高等医学教育的宏观管理权力再度下放地方,特别是院校的大规模下放和撤迁,破坏性极大。1972年,部分高校恢复招生,在最初试行了简单的入学考试后,决定在继续废除高考制度的前提下,招收学员。由于免试入学,学生的知识水平参差不齐,使高等医学院校的课程设置、教学安排等常陷入困境。这一时期,由于"文化大革命",高等医学教育宏观管理处于极度混乱状态,对高等医学教育事业的发展造成了空前灾难。

2.2.5 恢复重建阶段(1978～1992年)

1979年9月,中共中央批转了教育部党组提交的建议,重新颁发《关于加强高等学校统一领导,分级管理的决定(试行草案)》,高等医学教育宏观管理体制恢复到统一领导、分级管理的基本格局。高等医学院校归口由国家或省、市、自治区卫生部门为主负责管理。1985年《中共中央关于教育体制改革的决定》明确指出:“当前高等教育体制改革的关键,就是改变政府对高等学校统得过多的管理体制,在国家统一的教育方针指导下,扩大高等学校办学自主权”,还提出“为了调动各级政府办学的积极性,实行中央和省(自治区、直辖市)、中心城市三级办学体制”。1986年,国务院颁布《高等教育管理职责暂行规定》和《普通高等学校设置暂行条例》,分别就国家教委、国务院有关部委、省(自治区、直辖市)政府在管理高等教育方面的职责、关系等作了规定,扩大了地方及高校的办学权限,调动了中央、地方、高校和社会的办学积极性。但这一阶段处于计划经济向社会主义市场经济体制的转变过程中,高等医学教育宏观管理体制仍未摆脱以往的模式,政府集举办者、办学者、管理者于一身,呈现出高度统一的特征。

2.2.6 稳步发展阶段(1993年至今)

1. 打破条块分割,下放管理权限

1993年2月13日,中共中央、国务院颁布《中国教育改革和发展纲要》,标志着我国新一轮高等教育管理体制改革正式拉开帷幕。1994年全国教育工作会议颁布的《国务院关于〈中国教育改革和发展纲要〉的实施意见》指出:“深化高等教育改革,建立政府宏观管理、学校面向社会自主办学的体制”,“政府要切实转变职能,改善对学校的宏观管理”,“属于学校的权力坚决下放给学校”;关于行政体制中中央和地方的关系,指出“高等教育逐步实行中央和省、自治区、直辖市两级管理,以省级政府为主的体制,逐步扩大省级政府的教育决策权和统筹权”;就部门办学管理体制改革问题,指出要“逐步改革高等学校条块分割、小而全的状况,优化高等教育的结构和布局,提高办学效益”。1994年上海高教体制改革座谈会后,高等教育领域加快了改革进程,按照“共建、调整、合作、合并”的原则,采取“共建、合并、划转、协作、合作”五种改革形式,旨在打破条块分割的管理体制,建立条块结合、以块为主的模式。

2. 实施合并重组,丰富办学模式

1998年,全国范围内掀起了一轮高校合并浪潮。1998～2000年,全国共完成涉及医学院校的合并23次,有16所医学院校与综合性大学或多科性大学合并。将医学院校并入综合性大学或多科性大学是我国医学教育办学模式的创新和回归,也是学习国际医学教育成功经验的结果。通过将大批行业、部门举办的医学教育院校合并、裁撤,并将绝大部分原卫生部直属的医科大学并入综合性大学或多科性大学，将由地方卫生部门主管的医学院校划转同级教育行政部门管理，仅保留一定的业务指导关系，一大批地方医学院校被重新合并重组。我国医学院校“形式单一、学科狭窄”的局面得以改善，单科医学院校一统天下的局面被彻底打破，医学教育的办学模式进一步丰富。2001 年，卫生部、教育部联合颁布《中国医学教育改革和发展纲要》，进一步明确：通过高等医学院校与其他科类大学联合办学或合并等形式，形成综合性大学医学院与独立设置的医学院校并存的管理与办学体制。

3. 转变政府职能，完善治理体系

为适应卫生事业与医学教育改革发展的需要，及时协商解决医学教育在发展过程中出现的困难和问题，2004 年 12 月 9 日，教育部、卫生部决定建立“教育部、卫生部医学教育宏观管理工作部际协调机制”，并于 2005 年 4 月 6 日，成立医学教育管理协调小组、医学教育管理工作小组和医学教育政策咨询委员会。2010 年 7 月 8 日，中共中央、国务院印发《国家中长期教育改革和发展规划纲要(2010—2020 年)》，明确指出：以转变政府职能和简政放权为重点，形成政事分开、权责明确、统筹协调、规范有序的教育管理体制。中央政府统一领导和管理国家教育事业，制订发展规划、方针政策和基本标准，优化学科专业、类型、层次结构和区域布局。完善以省级政府为主管理高等教育的体制，合理设置和调整高等学校及学科、专业布局，提高管理水平和办学质量。转变政府教育管理职能，改变直接管理学校的单一方式，综合应用立法、拨款、规划、信息服务、政策指导和必要的行政措施，减少不必要的行政干预。积极发挥行业协会、专业学会、基金会等各类社会组织在教育公共治理中的作用。2011 年 12 月 6 日召开的全国医学教育改革工作会议提出：加大医学院校共建工作力度，教育部、卫生部在 2010 年共建北京大学、北京协和医学院等 10 所中央部属高校医学院(部、中心)的基础上，进一步共建一批部属高校医学院(部、中心)，加快世界一流和高水平医学院校建设。同时，开展教育部、卫生部、省级政府共建地方医学院校试点，提升地方院校办学水平，为区域医疗中心建设提供支持。2013 年 11 月 12 日，《中共中央关于全面深化改革若干重大问题的决定》提出：加快事业单位分类改革，加大政府购买公共服务力度，推动公办事业单位与主管部门理顺关系和去行政化，创造条件，逐步取消学校、科研院所、医院等单位的行政级别。深入推进管办评分离，扩大省级政府教育统筹权和学校办学自主权，完善学校内部治理结构。强化国家教育督导，委托社会组织开展教育评估监测。健全政府补贴、政府购买服务、助学贷款、基金奖励、捐资激励等制度，鼓励社会力量兴办教育。

在经济全球化、教育国际化的时代背景下，我国高等医学教育宏观管理改革，不再是对权限结构的局部调整或对高校隶属关系的调整，而是对政府、社会、学校各自角色的重新定位，是对整个教育资源配置方式的根本调整。在中央政府职能转变上，将从直接行政管理转变为运用立法、拨款、规划、信息服务、政策指导和必要的行政手段进行宏观管理，建立健全咨询、审议、评估等社会中介机构，吸引社会各界人士参与教育决策，提高科学决策、民主决策、依法决策的水平；在中央与地方的关系上，省级地方政府具有对本地区所有高校的统筹决策管理能力，使高校布局、结构优化，也使得地方和高校能够根据区域卫生规划和卫生人力需求，发展高等医学教育，促进地方经济建设和社会发展，满足人民健康需求；在政府与高校的关系上，按照政事分开、管办评分离的原则，明确高等医学院校的权利与义务，使之真正成为面向社会自主办学的法人实体。

2.3 中国高等医学院校内部管理体制

2.3.1 中国高等医学院校内部管理体制的变迁

新中国成立以来，我国高等医学院校内部管理体制先后经历了以下7个阶段的发展变迁：

1950～1956年　校长负责制
1956～1961年　党委领导下的校务委员会负责制
1961～1966年　党委领导下的以校长为首校务委员会负责制
1966～1978年　"文化大革命"中的革命委员会领导制
1978～1985年　党委领导下的校长分工负责制
1985～1989年　校长负责制的试行
1989～　党委领导下的校长负责制

回顾历史，影响高等医学院校内部管理体制的主要因素有三：一是社会的政治、经济形势，特别是政治体制和经济体制的发展变化；二是党的领导和行政领导关系的处理、集体领导和个人负责关系的处理；三是对高等医学院校性质、特点以及医学教育基本规律的认识程度。1998年8月29日，《中华人民共和国高等教育法》正式颁布，以法律的形式对我国高等学校的内部管理体制作出规定：国家举办的高等学校实行中国共产党高等学校基层委员会领导下的校长负责制。中国共产党高等学校基层委员会按照中国共产党章程和有关规定，统一领导学校工作，支持校长独立负责地行使职权（第三十九条）。

2.3.2 当下中国高等医学院校内部管理体制亟待把握的几个关系

当下中国高等医学院校内部管理体制需要辩证处理好三个方面的关系。

1. 党委集体领导与校长独立负责之间的关系

既要确立党委在高校中的核心领导地位，又要充分体现校长在行政管理中的主责作用；既要坚持党委集体领导，发扬党内民主，贯彻民主集中制原则，又要保证校长独立负责地行政职权；既要防止内耗扯皮、议而不决，行政效率低下，又要防止大权独揽、个人专断，搞"一言堂"。

2. 行政管理与学术管理之间的关系

我国高等医学院校的内部管理始终处于学术管理与行政管理的二元结构矛盾中，普遍存在着过分强调行政权力、相对忽视学术管理的现象，一定程度上抑制了广大教师参与院校管理的积极性、主动性和创造性，不利于科学决策、民主决策和群众监督。

3. 推行目标管理与坚持科学发展之间的关系

有的高校对自身的发展定位不够准确，提不切实际的口号、目标，或者过分追求指标、片面追求排名，对机构的考核、对教师的考核层层加码、指标量化，导致高校内部学术空气浮躁，急功近利，学术 GDP 思想泛滥，容易滋生腐败和学术不端。

2.3.3 中国高等医学院校内部管理体制的改革发展趋势

高等医学院校必须根据国家高等教育体制和医药卫生体制改革形势，按照有利于发挥综合性和多科性大学举办医学教育的优势、有利于调动广大教职员工积极性、有利于培养高素质医学人才、有利于推动医学科技创新的原则，不断优化完善内部管理体制，主要改革方向有以下五个方面：

1. 建立现代大学制度

制订大学章程，坚持教授治校和学术独立，形成遵循医学教育的基本规律，符合国情特点、文化传统及学校实际的高等医学院校内部治理结构。

2. 构建高效运行机制

按照责权利一致的原则，理顺大学、二级学院、系室之间的关系，理顺综合性大学、下设医学院(部、中心)、附属医院之间的关系，既要促进医学与其他学科的资源共享、交叉融合、协同创新，又要保证医学教育的系统性、连续性和完整性。

3. **完善医学教育体系**

推动医学教育改革发展与卫生事业改革发展的紧密结合，根据多层次、多元化卫生人力需求，加强院校教育、毕业后教育、继续教育连续统一体的建设，深化人才培养模式改革，创新人才培养机制，彰显教改与医改的有机衔接。

4. **推动转化医学研究**

高等医学院校要准确把握医学学科发展新趋势，高度重视临床应用对基础科研的新要求，高度重视科研创新对学科交叉渗透、整合发展的新要求，加快转化医学平台的建设，促进医学各学科之间以及与其他学科的深度融合，积极培育医工、医理等新兴交叉学科，密切医学院校与医学科研院所、医疗单位和医药企业的深度合作，开展多学科、多单位联合参与的重大科研项目攻关，解决疾病诊断、治疗和预防保健的重大问题。

5. **回归学术管理本真**

摒弃“官本位”思想，真正实现“去行政化”，回归学术理性，倡导学术民主和学术自由，淡化数量概念，强调成果价值，使大学回归到公众心中的“象牙塔”，有独立之思想、自由之精神、济世之情怀、求真之风骨。

第3章 高等医学院校人才培养方案管理

3.1 人才培养方案

3.1.1 人才培养方案的概念及作用

人才培养方案(training program)是高等学校根据专业培养目标和培养规格所制定的实施人才培养活动的具体方案，是实施人才培养工作最基本、最主要的指导性教学文件，是人才培养工作的逻辑起点，体现了一所学校的培养目标、培养规格、培养模式和办学特色，是安排教学任务、组织教学过程、推进教学改革、评价教学效果和保证教学质量的主要依据。

3.1.2 人才培养方案的特征

人才培养方案是高等学校人才培养的设计蓝图，具有科学性、权威性和相对稳定性等特征。

1. 科学性

高等医学院校的人才培养方案应符合医学教育的基本规律，贯彻国家、省级(自治区、直辖市)教育、卫生行政部门有关人才培养的规定、标准和要求，满足社会和行业人才需求，注重学生知识、能力、素质的协调发展。

2. 权威性

人才培养方案一经确定，就必须成为组织教学工作的基本依据，院校教务部门必须严格按照方案规定的课程设置和进程，编制学年、学期教学实施计划，所有承训单位和个人必须遵照执行，不得随意变动和调整。

3. 相对稳定性

人才培养方案作为指导教学工作的纲领性文件，是学校教学组织和管理的基础，应保持相对的稳定，不宜频繁变动，特别是课程设置，不能凭主观意愿，任意增减，甚或因人设课，否则就会打乱教学节奏，导致教学秩序的混乱。但也不能一成不变，应根据时代的发展、形势的变化、科技的进步以及社会对卫生人才素质的需求，对人才培养方案进行适时地调整和修订，淘汰陈旧内容，引进进展内容；确有必要时，经专家论证后，可随时变更。

3.1.3 学年制、学分制与学年学分制

人才培养方案有以下三种模式。

1. 学年制

学年制起源于17世纪的西欧，是一种模式单一、要求统一的人才培养方案。它规定学生在校学习，一律按入学先后，编入相应的年级上课。课程基本上按学年安排，同一年级，所学课程(除选修课外)及其顺序一致。学籍处理以“学年”为单位，每修完一个学年，允许升一级，不及格课程，很难安排重修。

学年制的主要优点是：整齐划一，便于管理，能保证学生达到基本规格的要求，也便于国家、地方对人才的计划培养和统一分配。它的缺点是：由于采取统一管理模式，忽视了学生的个体差异(包括天赋、智能、特长、身体及家庭状况等)，学生的自主选择空间小，缺乏弹性，学习的主动性得不到很好的发挥，不利于因材施教、个性化培养和优秀拔尖人才的脱颖而出。

2. 学分制

学分制起源于19世纪末的哈佛大学，当时的第十七任校长艾略特在吸取德国的选课制和英国的导师制的基础上，推行了学分制管理。学分制是一种具有弹性的人才培养方案，也是一种较为灵活的教学管理制度。它的主要特点是：以“学分”作为计算学生学习量的单位，学生以取得规定的最低学分数，作为毕业标准。

学分的计算原则是以课程为单位，把每门课程的各种教学形式所需要的课内外学习时间合并计算，再折算为学分。最常用的计算方法为：每周上课一学时，自学大约两学时，学满一学期，经考试及格，取得一个学分；课外自学时间少的，如体育课、实验课等，每周上课二至三学时，才能计算一个学分；但有些课程，需要课外自学时间较多的，也可上课一学时，计算为两个学分；科研训练、毕业论文与毕业设计、生产实习等，可以对照相应的学习量计算，大约1周的集中学习时间(50小时左右)，可计算为一个学分。

学分制适应了学生的个体差异和个性化学习需求，使每个学生在达到培养规格基本要求的前提下，可以根据自身的基础、兴趣、特长，在教师指导下自主、灵活地安排学习进程，选择学习时间、课程、教师和修读年限，有利于调动学生学习的主动性、积极性，有利于因材施教，促进优秀拔尖学生的脱颖而出。学分制也有其局限性：少数学生以完成学分为最终目的，可能在

选课中选易避难、盲目选课，造成所学知识的系统性差、零碎割裂，从而影响人才培养的质量。

学年制和学分制各有优势，也都有其自身的局限性，没有绝对的“好”和“坏”，即使是美国这样的发达国家，也不是一刀切，如普林斯顿大学、西北大学、芝加哥大学等采用的是学年制，哈佛大学采用的是选课制，但是这些学校都是美国的顶尖学府，公认的世界一流大学，教育质量在全球高校中均名列前茅。

3. 学年学分制

学年学分制是学年制与学分制调和的产物，人才培养方案编制和执行中，按学时计算学分，学生修满规定的学分可以毕业，以学年或学期学分修读情况作为降级、退学等学籍处理标准。

学年学分制最显著的特征是吸取了学分制弹性之长，又保留学年制计划性之优，灵活性和计划性有机统一。如果结合得好，不失为一种有效的管理制度。众所周知的日本模式就是产生于“二战”之后，在吸取西方学分制灵活性的基础上，与日本传统文化相结合，形成了学年学分制。它在限定修业年限下拥有灵活的教学计划，给予学生相当多的选课自由度并实行严格考试制度，为日本的经济腾飞培养了大批高等人才，使日本成为创造世界一流生产力的发达国家。

3.1.4 人才培养方案的管理

人才培养方案管理是指高等学校对人才培养方案的论证制订、决策咨询、审核批准、落实执行、评估反馈、修订完善等实施的全过程、全要素的管理活动。我国高校人才培养方案在1998年《高等教育法》颁布之前，由国家统一制订；之后则由各高校自行制订。

高等医学院校人才培养方案管理的组织结构应当是基于学术委员会和教务委员会的横向二元组织体系和基于校、院、系三个能级的纵向分层管理模式。这种组织结构和管理模式权责分明，有利于自上而下与自下而上的结合，有利于学术管理与行政管理各司其职，比较符合我国高等学校内部权力结构的运行特点。

当前我国高等医学院校人才培养方案管理还或多或少地存在一些不足，主要表现在：

1. 利益相关方参与不充分

人才培养方案直接决定着高校医学院校人才培养与社会卫生人才需求的匹配程度，涉及社会需求、政府要求、教师教学、学生学习、条件支撑等不同的层次和维度。在人才培养方案制订过程中，应吸纳各利益相关方参与，《本科医学教育标准——临床医学专业(试行)》指出，“课程计划管理必须尊重教师、学生和其他利益方代表的意见”。然而在现实工作中，制订主体参与面不广、听取意见不充分等现象比较普遍。囿于专业背景和利益相关方的参与广度，容易导致方案的实际操作难度大、课程体系不严谨、社会需求体现不充分等问题。

2. **学术管理相对弱化**

卫生人才需求信息的甄别、培养目标的确定、课程内容的选择、培养方案的科学性评价等都需要方案的设计者根据高等医学教育的内在规律和学科专业知识进行价值判断和决策，具有很强的学术性。但多数高等医学院校人才培养方案的决策权掌握在行政管理人员手中，往往以政策、指令等自上而下地管理人才培养方案，导致广大教师的积极性得不到充分调动，方案的学术性得不到充分体现。

3. **制订程序不够规范**

人才培养方案的制订是一个决策过程，“分析情况，明确问题，调查研究，制订方案，评价修正”都是必不可少的步骤，任何环节的短板或遗漏都会降低决策的科学性。但不少高校存在制订程序不规范的问题，比如有的调查论证不够充分，有的方案审议流于形式，有的沟通渠道不够畅通，有的方案评估落实不力，从而影响了方案的科学性、执行的效果以及后续的持续改进。

欧美国家高等学校的人才培养方案通常是由各系的课程委员会或分委员会负责编制，参与人员构成多元，注重吸纳各方代表、不同学科背景人员的参与，这种团体共管模式可以汇集不同专业背景、不同利益相关方的智慧，从而提升人才培养方案管理与决策的科学性，值得我们借鉴。

3.2 人才培养方案制订的原则

制(修)订人才培养方案应当遵循下述原则。

3.2.1 系统完整，衔接有序

人才培养是一个系统工程，人才培养方案作为人才培养的总依据，必须以其系统的顶层设计，使必修课程与选修课程、理论课程与实践课程、基础课程与专业课程、显性课程与隐性课程等构成一个完整的体系，确保培养目标的实现。课程纵向排布要注重循序渐进，体现知识从低级到高级、螺旋上升、不断前进的认识过程，基础课一般先于专业课，理论教学一般先于实践环节，先修课与后续课应保持有序衔接。课程横向排布要理顺逻辑关系，关注学科知识之间的关联性，使各门课程之间互相配合，既要避免重复，又要防止脱节。

3.2.2 符合规范，彰显特色

高等医学院校人才培养方案的制订应当遵循国家、行业的专业规范和认证标准，力求对接医学教育国际标准和全球医学教育最低基本要求，确保培养的人才符合共性的、基本的规格要求。在此基础上，学校要根据自身的办学特色和学科优势，积极探索多样化的人才培养模式，使培养的人才打上独特的烙印。即使在同一学校的同一专业，也可根据生源情况的不同，制订不同的人才培养方案，甚至是“订单式”人才培养方案，以满足不同的、个性化的培养需求。

3.2.3 知行合一，因材施教

医学是一门实践性很强的学科，高等医学院校的人才培养方案应当体现理论与实践的紧密结合，传授知识、培养能力与提高素质的紧密结合，全面发展和个性发展的紧密结合，加强实验实训环节，提高综合性、设计性、自主性实验比例，突出早期接触临床，尤其是考核环节，要注重考查学生发现、分析、解决实际问题能力，培养知行合一的合格医学人才。要注重发展学生的个性、特长，因材施教，适度减少必修课，扩大选修课的种类和数量；组织学有余力的学生参加创新实践和各种学习竞赛交流，通过科研设计、实验操作、撰写论文、学术交流、研讨辩论、比武竞技等活动，培养学生的创新意识、创新精神和创新潜能。

3.2.4 统筹兼顾，科学可行

高等医学院校在制订人才培养方案时，要充分考虑教师素质、学生水平、支撑条件等的制约，特别要关注教室、实验室、实训基地的数量、规格和通过能力以及临床实习基地的床位规模和带教能力，切实从实际出发，确保人才培养方案的科学、可行。要照顾学生合理的负担，每学期课程门数以5～7门为宜，其中繁难的“重头课”不宜超过3门；年级越高，安排总课程门数与教学时数应越少，以便让高年级学生有更多的自学时间和从事创新实践活动的时间。

3.2.5 海纳百川，创新转型

高等医学教育具有学制长、课程多、学时高、负担重、投入大等特点，因此，世界各国均高度重视医学教育的改革发展。高等医学院校在制订、修订人才培养方案时，应善于借鉴国内外医学教育改革的有益经验，顺应医学科学发展以及医学模式与卫生服务模式的转变，根据国家医药卫生体制改革对卫生人才的新需求新期待，动态调整培养目标与规格要求，及时固化人才培养模式改革的成果，积极发展整合医学课程、转化医学课程以及 PBL (problem-based learning)、CBL(case-based learning)、RBL(research based learning)课程，充分利用现代教育技术和信息技术，大力发展视频公开课、资源共享课以及大规模开放在线课程(massive open online course, MOOC，简称慕课)等新型立体化课程，形成显性与隐性、课内与课外、线上与线下、理论与实践相辅相成、衔接配套的课程体系和教学环节，促进学生的知识、能力、态度协调发展。

3.3 人才培养方案的要素及要点把握

一个完整的人才培养方案一般应具备以下要素。

3.3.1 专业名称与专业代码

专业名称与专业代码一般根据教育部颁布的《普通高等学校本科专业目录》和国务院学位委员会、教育部联合颁布的《授予博士、硕士学位和培养研究生的学科、专业目录》确定，高等医学院校设置未列入专业目录的新专业，在经过教育部依规定程序审批后，可以列为“特设专业”开办。

3.3.2 招生对象、基本学制与授予学位

招生对象、基本学制与授予学位根据教育行政部门下达的专业目录和招生计划确定。实行学分制的高校，可以推行弹性学制，但一般应规定提前毕业的最低修业年限和延长毕业的最长修业年限。

3.3.3 培养目标与规格要求

医学任务正从以防病治病为主逐步向以维护和增进健康、提高人类生命质量为主转变，医学模式正由传统的生物模式向着生物—心理—社会—环境模式转变，卫生人才需求更趋全面、个性与多样，培养目标应根据国家、区域经济社会对卫生人才的需求来确定，既应包含国家、地方、行业对专业人才的统一要求，又应包含各高校的人才培养特色，明确培养什么样的人才及人才应具备什么样的知识、能力、素质标准，表述应力求全面、准确、具体，且与高等教育学业标准和学位授予标准相一致。

《本科医学教育标准——临床医学专业(试行)》明确:“本科临床医学专业教育的目标是培养具备初步临床能力、终身学习能力和良好职业素质的医学毕业生”,并对“思想道德与职业素质目标”、“知识目标”、“技能目标”作出具体描述,需要高等医学院校予以贯彻。

《中华人民共和国高等教育法》第二章高等教育基本制度第十六条规定,本科学历教育应当符合下列学业标准:应当使学生比较系统地掌握本学科、专业必需的基础理论、基本知识,掌握本专业必要的基本技能、方法和相关知识,具有从事本专业实际工作和研究工作的初步能力。

《中华人民共和国学位条例》第四条规定:高等学校本科毕业生,成绩优良,达到下述学术水平者,授予学士学位:① 较好地掌握本门学科的基础理论、专门知识和基本技能;② 具有从事科学研究工作或担负专门技术工作的初步能力。

3.3.4 课程设置、学时分配及教学进程

课程设置是人才培养方案的核心内容,直接关系着培养目标的实现。要坚持通识教育与专业教育、医学教育与人文教育相结合,妥善处理理论与实践、传承与创新、共性与个性之间的关系,精选核心课程,在确保基本规格的前提下,扩大学生的选课自由度,满足不同基础、不同兴趣、不同特长、不同能力学生的学习需求。要紧扣培养目标要求构建课程体系,防止“因人设课”和“因无人而不设课”的现象。要根据知识体系构建的层次和规律,科学确定开课次序,确保课程之间的系统配套、有序衔接。要根据学生的学习承受能力、个性化的成长需要和德智体全面发展的要求,处理好公共基础课程、专业基础课程、专业主干课程和专业方向课程之间的关系,合理确定课程结构、课程总量和总学时量,科学编排每学期开设的核心课程、一般课程和学时量,把握控制好周学时量。

3.3.5 毕业与学位授予要求

对毕业应达到的课程考核要求或最低学分要求作出规定,明确授予何种学位及授予学位应具备的条件。

3.3.6 教学实施建议

对课程教学模式、教学方法手段、实验实训实习、考核评价方法等提出参考意见。需要强调的是,一个系统完整人才培养方案的实施,不仅要重视显性课程的教学,还要重视发挥隐性课程的作用,要围绕培养目标,有计划、

有目的地设置隐性课程，着力培塑学生的价值观念、理想信念、道德情操、审美情趣、思维方式和态度风格；不仅要重视第一课堂的教学，还要重视发挥第二课堂的作用，引导教师在第一课堂之外，组织学生开展科研创新、社会实践、社区服务、文体活动等第二课堂活动，发展学生的才能、才华、才艺，拓宽视野、激发潜能、张扬个性。

除上述要素外，有些院校还结合自身的传统，设置了专业特色、品牌课程、条件保障、编制说明等条目。

3.4 人才培养方案的执行与反馈调控

制订人才培养方案是一项系统工程，凝聚着广大教师和教学管理工作者的心血和智慧，如何把这些心血和智慧有效转化为培养人才的举措和成效，需要高等医学院校在人才培养方案的全面执行、监督检查和反馈调控等方面下功夫、花气力，重点要把握好以下四个环节。

3.4.1 统一思想

人才培养方案经专家充分论证、系统征求意见、履行报批手续后，以学校文件形式颁布执行。教务管理部门要围绕方案的贯彻执行，组织院系、教研室、教师、学生学习、研读人才培养方案，新开专业或改革变动大的专业，要进行人才培养方案的宣讲，使全校师生全面、系统地了解教学思想、课程设置、学时安排、开课学期、考核方式、承训单位以及毕业和学位授予标准等，既有利于统一思想、方便教学安排，也有利于规范管理、形成育人合力。

3.4.2 严格执行

方案一旦颁布，就是执行力的问题。教务部门要严格按照方案要求，编制年度教学实施计划和课程教学进度，组织课程编排、选课授课，防止和纠正各种随意现象。各承训单位要以课程建设为核心，落实师资力量配备、落实课程标准制订、落实教材编写选用、落实实验实训条件，同时开展备课试讲、预实验等工作，确保人才培养方案顺利实施。在执行过程中，确因各种情况和突发事件，需要调整计划安排的，应当履行审批手续。还应倡导、鼓励教学管理者和广大教师围绕培养目标要求、学生学习需求和学科专业发展，创造性地执行人才培养方案，确保教学工作有力、有效、有序运行。

3.4.3 监督检查

高等医学院校要建立教学督导制度，对人才培养方案执行和落实的各个环节进行监督检查，督查结果应有分析、有总结、有讲评、有反馈，全面保证人才培养方案的落实质量，及时纠正倾向性问题，加强薄弱环节的建设。要建立人才培养方案的评估机制，不仅要对校内运行过程、实施效果、培养质量等进行客观的、定性与定量相结合的评估，还要对学生进行毕业后的跟踪，了解毕业生的反馈、用人单位的反馈，开展改革调整前后的纵向比较研究、同类院校之间的横向比较研究，对人才培养方案的科学性、先进性、可行性以及与社会人才需求的匹配度等作出客观、精准的评价。

3.4.4 反馈调控

在人才培养方案执行过程中，特别是完整执行一个周期后，要对执行情况进行系统的分析、梳理，根据教师、学生、用人单位以及各级教学管理人员，乃至教学服务人员的意见和建议，总结经验、固化成果、修正不足、充实进展，使人才培养方案始终处于一个发现问题→分析问题→破解问题→再发现问题→再分析问题→再破解问题的持续改进中。

第4章 高等医学院校教学运行管理

4.1 教学运行管理的内涵、任务及特点

4.1.1 教学运行管理的概念

教学运行管理是高等学校遵循教育教学规律，以课堂教学为核心，综合利用并合理配置教育资源，服务于教学环节，以提高教学质量为目标的一种教育组织管理行为。教学运行管理是按照人才培养方案对教学活动实施的最核心、最重要的管理。

4.1.2 教学运行管理的任务

教学运行管理包括以教师为主导、以学生为主体、师生相互配合的教学过程管理和以校、院（系、部）教学管理部门为主体进行的教学行政管理。

教学过程管理的主要任务是依据人才培养方案，通过编制年度或学期教学实施计划、课程表、教学进度表、考核安排表等教学文件，做好课堂教学、实践教学、科研训练、课程考核、学籍管理、师资管理、资源调配以及教学档案管理等组织管理工作。

教学行政管理包括两个层面：一是教学运行管理的领导体制，在学校党委领导下，校长负总责，主管教学副校长主持经常性工作，并通过职能部门的作用，统一调动学校各种资源为教学运行服务，重大事项由学校党委（常委）会或办公会讨论决定；二是校、院（系、部）两级教学运行管理机制，教务处代表学校实施学校层面的教学运行管理职能，各院（系、部）负责本单位的教学运行管理。教学运行管理的依据和保证是教学管理规章制度，教学管理规章制度应全面、系统，确保教学运行管理的各个环节均有明确的标准和依据。

4.1.3 教学运行管理的特点

1. 专业性

教学运行管理是一项专业性很强的工作，必须由专人负责，依据国家的教育方针政策，结合各专业人才培养的规律和学科知识体系，参照国内外的教改形势和发展方向，合理设置教学流程，有效协调处理教学运行中出现的各种矛盾问题。特别是在信息技术快速发展的时代，运用信息技术辅助管理和决策，提高管理的科学化、规范化、信息化和精细化水平，是大势所趋。

2. 周期性

教学运行管理的周期性特征非常鲜明，开学、毕业，编排课表、成绩处理等，这些工作周而复始、年复一年，每年在大致相同的时间段实施。但教学运行管理工作又非简单机械的重复劳动，新专业的开设、课程教学的改革等，不断对教学运行提出新的要求，教学运行管理者必须具备敏感性和前瞻性，才能应对各种突发问题，并持续改进人才培养工作中存在的问题和不足，探寻教学改革和建设的增长点、突破口。

3. 琐碎性

大到人才培养方案的执行与监控，小到考试的组织与安排、成绩的整理与登记、教室的使用与调配等，教学运行管理有大量繁杂而琐碎的工作，往往“细节决定成败”，课表编排有误，就可能出现“撞车”；成绩录入出错，将会影响学生评价；实验分班与实验室通过能力不匹配，就会导致教学秩序混乱等。做好教学运行管理工作，更加需要一种责任，一种严谨细致的工作作风。

4. 权威性

课程表、教学进度表、实习计划等一旦排定，必须严格执行，考风考纪必须严肃认真，教学事故、考试违纪等必须成为“高压线”，“高压线”因为有强大的电流，才让人生畏，但如果“高压线”不带电，也就成了普通铁丝，可以随意弯曲。因此，教学运行管理必须严格严谨严肃，强化权威性，强调执行力。严之要有据，一旦相关规定经教师、学生认可，固化为制度后，就要严格执行，不得随意变通。当然，靠行政式、命令式的管理随意破坏制度，也是非常不可取的。

4.2 教学过程管理

教学过程管理中，最重要的管理事项主要有五个：以课堂教学为核心的教学调度管理、以教风学风为核心的教学监督管理、以成才导向为核心的学生学籍管理、以科学调配为核心的教学资源管理以及以回溯利用为核心的教学档案管理。

4.2.1 以课堂教学为核心的教学调度管理

课堂教学是高等医学院校最基本的教学活动，以课堂教学为核心的教学调度管理是高等医学院校教学运行管理中最经常、最大量、最活跃的管理活动，也是检验一所学校教学管理水平最重要的标志之一。

1. 教学调度管理的基础：课程表与进度表的编制

教学调度管理最基础性的工作是依据学年、学期教学实施计划，科学编制课程表与进度表，有了课程表、进度表，教学任务就能落实到某一个教学单位、落实到某一位任课老师、落实到某一个具体的教学场所和某一段具体的教学时间。

课程表(curriculum schedule)是由课程、教师、班级、教学场所、时间五个相互作用、相互关联的要素结合而成的具有特定功能的有机整体。编制课程表应遵循下述原则：一是统筹兼顾原则，编排课程表前，要充分研究、熟知人才培养方案，把握学期开设课程的课程内容、课程性质、总学时数、周学时数、理论与实践教学所占的比例等，科学地编排课程表。要全面掌握教学设施情况，了解全校所有教室、实验室的信息(如地点、容量、管理单位等)，只有全面掌握教学场地及用房情况，才能根据课程的性质及教学要求进行综合调配。二是以学为本原则，课程表编排要遵循学生的认知规律，准确把握课程内容之间的承接关系，由浅入深、由易到难、循序渐进，要妥善处理专业课与公共课的搭配、难度大的课程与难度小的课程的搭配，确保课业安排均衡、间隔合理，使学生每天的学习负担平衡，给学生课外学习、作业、自学、娱乐或个人特长的发挥以及创新实践活动留有余地，应尽量避免前后两门课教学场地距离过远。三是效率优先原则，把握学生的生理、心理特点，特别是学习疲劳和学习注意力的转移，每天上午时间是师生精力最为旺盛的时间，且第1～2节课上课效果最好，第3～4节上课效果稍次，故上午应当多安排一些难度大或较为重要的课程。每天下午和晚上是师生相对疲劳和精力容易分散的时间，可以多安排一些较易理解的课程，如实验课、实践课、选修课等。体育课一般不要安排在上午第1～2节课，体育课后一般不要排课。四是先难后易原则，在排课过程中，应优先考虑公共课以及难度比较大、课时比较长的课程，优先级如下：① 体育、大学英语、政治理论等公共基础课优先。② 合班课优先，先排跨院系、跨专业的合班课或班级人数多的课。③ 特殊教师优先。先排教学任务重的教师、有特殊情况需要照顾的教师或外聘教师的课。④ 学时优先。先排周学时、总学时多的课。⑤ 实验实训课程优先。五是注重效益的原则，在坚持质量标准的前提下，尽可能降低办学成本，提高办学效益，合理地调配利用教室、实验室、图书馆、运动场馆、实训基地等教学资源，使各种类型的教学设施达到最大的使用效率。

教学进度表(teaching progress chart)是对课程表的进一步细化，其内容主要包括每节课具体的授课时间、授课地点、授课内容以及授课教师，也即明确 4W：who(谁讲课)、what(讲什么内容)、where(在哪里讲)、when(何时讲)。教学进度表一般由教学组长带领任课教师制订。教研室在分配教学任务时，要根据师资力量、教医研工作任务以及教师教学基本工作量要求，尽可能安排最合适的教师上课。有条件的院校应开发教务管理信息系统，实现网上填报，并应建立网上查询通道，既方便教师定制个人教学进度表，又方便学生查询教学进度，提前了解上课时间、地点以及授课内容，针对性做好预习和相关课前准备工作。

2. 教学调度管理的关键：课程表与进度表的执行

教学调度管理的关键是课程表与进度表的严格执行和贯彻落实，一旦排定，原则上不得变更。凡申请调课，包括调时间、调地点、调人员、调进度以及停课、补课等，必须经所在教研室、院(系、部)逐级审核，并报校级教学管理部门同意后方可变更。调课事项批准后，要下达调课通知，以文件、电话、网络等形式通知到任课单位、上课学生、教学场所管理单位以及督导部门，确保相关工作的衔接。同时要建立教学督导制度、教学信息员制度等，督查、跟踪课程表、进度表的执行情况，并及时反馈信息。

4.2.2 以教风、学风为核心的教学监督管理

教风与学风是一所高校管理水平最直观的反映，教风和学风的好坏直接影响着人才培养的质量。加强教风学风的监督管理，对于营造良好的学习成才环境、净化学术空气具有十分重要的意义。

1. 教风的监督管理

教风是指高等学校教师开展教育教学工作的特点和作风，是教师精神风貌、职业道德、专业水准、教学能力等要素的综合体现。教风的监督管理主要通过教学督导和学生评教两种手段。教学督导主要依靠院校、院(系、部)两级督导考评和教研室内部的同行评议，同时可利用教学场所电子监控等手段，加强巡查。学生评教主要有四个路径：一是教学信息员反馈，依靠信息员收集班级对教师教学工作存在问题及意见、建议；二是按规定召开教学联席会、教学总结会，了解学生的反映；三是采取整群或抽样的方式，发放

教学反馈表，问卷调查学生的评价；四是开发基于网络的学生评教系统，网上评估教师的教风及教学效果。需要强调的是，对于发现的教学工作中存在的问题，学校层面和院（系、部）层面要认真研究分析，并通过教学工作会议等形式进行讲评，以简报、网络等形式公布结果，促进教师及时整改。这其中，最严肃的管理和惩戒机制是教学事故的认定和处理，高等医学院校应当对教学事故的类型、等级及处理标准等进行界定，并依据情节轻重予以认定、处理，以达到惩前毖后、治病救人的目的，发挥警示、教育和威慑作用。

2. 学风的监督管理

学风是指学生的学习目的、学习态度、学习方法、学习精神等内在品格在学习上的外在表现和反映。学风的监督管理主要是学习态度、考风考纪和学术诚信。

(1) 要加强教育管理　注重学生的理想信念和价值观教育，注重对学生成长成才的引导，充分利用先进典型、创新实践、社区服务、文体活动、人文艺术等，全方位营造积极进取、奋发有为、健康向上、诚实守信的校园文化。

(2) 要改革考核办法　建立形成性与终结性相结合的考核评价机制，体现理论与实践、笔试与口试、闭卷与开卷、课终与平时、单项与综合的有机结合；推进教考分离，有条件的院校可以建设试题库，开发网上考核系统；临床医学专业，要积极采用客观结构化临床技能考核（objective structure clinical examination, OSCE）、标准化病人（standardized patients, SP）等进行考核。

(3) 要严格考试纪律　特别是期末考试，毕业考试，全国大学英语四、六级考试等大型考务工作，要组织专门的考风考纪及诚信教育；要严格遴选监考教师，实行主考责任制；要加强考场巡视，及时了解考生考试和教师监考信息；要严肃考试违纪处理，院校应制订考试违纪与作弊认定及处理办法，规范违纪、作弊的处理。

(4) 要应用技防手段　如考场信息屏蔽仪、电子监控、学术论文查重检测等，维护公平公正的考场环境和学术诚信。

4.2.3 以成才导向为核心的学生学籍管理

1. 学籍与学籍管理

学籍是指一个学生属于某个学校的一种法律上的身份或者资格。学籍管理（student status management）是指高校对学生的学籍资格进行的管理活动的总称，一般包括入学与注册、考核与成绩记载、升级与留级、转专业、休学与复学、退学、毕业、结业与肄业等内容。与大学生的基本权益紧密相关，对于稳定教学秩序、优化育人环境、实现教育目标、维护教学秩序、保证培养质量有着举足轻重的作用。

2. 学籍管理在人才培养中的作用

（1）导向功能　　学籍管理体现了一所学校的教育理念和培养目标，并通过学业标准，发挥人才培养的导向作用。

（2）激励功能　　学籍管理规定明确了一所大学提倡什么、鼓励什么、发展什么，以激励学生张扬个性、发挥潜能、健康成长。

（3）约束功能　　通过规定强制性的要求，明确学生应遵循的准则、学业应符合的标准以及淘汰条款。

3. 学籍管理中应把握的原则

（1）坚持刚性与柔性的统一　　坚持“刚性”，就是严格人才培养规格的质与量，包括学生学习的课程与学分的数量、质量标准以及纪律约束办法等。而注重“柔性”，就是遵循质和量的规定性前提下给学生以充分选择的余地，包括学习年限、内容、方法与途径，如弹性学制，在一定条件下，学生可自行选择免听、免修、辅修。

（2）坚持合法与合情的统一　　学籍管理的实质就是为了保障学生能顺利完成学业，使他们明确在大学期间应该做什么，不应该做什么。因此，学籍管理制度必须具有合法性，应该建立在法律法规的基础上，必须修正那些违反法律法规和教育教学规律的人性缺失的条文，并建立学生申诉的渠道。总的来说，入学、毕业等方面要体现制度的严肃性，必须合法，而休学、复学、转专业等方面要有一定的灵活性，体现合情，体现以人为本。

（3）坚持教育与惩戒的统一　　大学教育的目的在于育人，处分学生不是最终的目的，而是要通过处分起到警示作用，让学生能够认识自己的错误、改正自己的错误。因此，在实施惩戒处分时，应坚持以教育为主，处罚为辅，在维护规章制度权威性的前提下，要给学生改正的机会，防止“量刑”过重。

4. 学籍管理流程中的重点环节

（1）新生信息核对环节　　需仔细核对录取新生的姓名、性别、身份证号等关键字段信息是否准确，防止出现错误字段，影响后续工作。

（2）学生入学资格审查及学籍注册环节　　此环节关系着学生毕业后能否拿到相应的学历证书。

（3）学籍异动环节　　转学、转专业、转换学习形式、休学、复学、退学等异动处理后，需相应调整学生的修读计划。

(4) 成绩管理环节　包括学生每学期各科课程成绩的录入、核查以及免修、学分互认、免考等，必须准确、及时。

(5) 归档环节　学籍档案包括学生的录取信息、注册信息、异动信息、成绩信息、奖惩信息等，只有完整、综合的信息，才能准确反映和评价学生在校学习各阶段的表现。

5. 学籍管理信息化

学籍管理工作涉及许多的烦琐数据，信息量很大，任何一个小的错误都可能影响学生的切身利益，应充分运用现代信息技术，建立集成绩报送、学分查询、补考预警、异动审核等于一体的基于网络的信息化学籍管理模式，提高学籍管理的质量、效率。

4.2.4 以科学调配为核心的教学资源管理

教学资源(teaching resource)是指高等医学院校在教学中所依赖和使用的资源。教学资源大致可以区分为信息资源和环境资源两大类，信息资源既包括书籍、报纸、杂志和挂图等传统印刷媒体资源，也包括课件、软件、视频公开课、资源共享课、慕课(MOOC)等以现代信息技术为支撑的数字化资源；环境资源既包括物理环境资源，如教室、实验室、图书馆、运动场、教学基地以及相应的仪器设备等，又包括网络虚拟环境资源。教师进行高质量的备课和教学训练，离不开丰富的教学资源。学生开展自主学习，提高分析、研究、解决实际问题的能力，同样也离不开教学资源的支撑。因此做好教学资源管理，对于实现教学目标、保障教学秩序、提高教学质量，具有十分重要的意义。

教学资源管理(teaching resource management)是指高等学校在教学资源的获取、保持、利用和开发等方面所进行的计划、组织、协调和控制等的活动。高等医学院校应科学规划教学资源的开发、建设和利用，既要立足当前的教学需求，又要适当前瞻，适应未来的发展趋势和教学改革的需要；要合理配置教学资源，规范管理流程，认真做好账物登记、借用登记，使教学资源总账、分类明细账和实物之间始终保持“账账相符、账物相符”；要做好经常性的维护、保养、更新以及物资储备和信息备份，制订应急保障和处置预案，确保满足教学需要；要推进教学资源管理的信息化，依托基于网络的教学资源管理系统，对教学资源的种类数量、技术性能、完好状态和使用频率等进行动态管理，科学评估教学资源的使用效益；要大力推动大型仪器设备共享共用，通过建立电话、网络等预约机制，实现资源的合理配置和充分利用，有效避免重复购置、减少浪费。

4.2.5 以回溯利用为核心的教学档案管理

教学档案(teaching archives)是指高等学校在教学活动中直接形成的具有保存价值的文字、图表、声像等各种形式的历史记录。教学档案是教学质量管理的重要组成部分。教学档案管理(teaching archives management)的基本任务是对教学档案进行系统收集、准确鉴定、科学整理、安全保管、有效利用,为院校教学工作服务。

1. 高等医学院校教学档案管理特点

(1) 分散性　　教学档案来源于教、学、管三个方面,许多材料分散在各个教学部门及教师、学生或管理者手中,材料往往是分散的、不集中的。

(2) 复杂性　　涉及教学工作的方方面面,既有招生计划、分配措施,又有专业设置、教学安排,还有教师管理、学生管理、教育研究等。

(3) 周期性　　高等医学院校的教学活动是以学制和校历为时间划分的周期性活动,教学活动的周期性决定了教学档案的周期性特点。

(4) 系统性　　教学活动是有计划、有组织、有目的的活动,其产生的教学档案既有指令性的"招生计划",又有依据性的"培养方案";既有原始性的"讲义"、"试题",又有成果性的"教材"、"论文";既有规章性的"课程表",又有凭根性的"学籍";既有实践性的"实验记录",又有理论性的"教学论著"等。教学活动的规律决定了教学档案必须围绕教学活动的主线进行系统的收集、整理、分类、归档。

2. 做好教学档案管理工作需把握的重要环节

(1) 理顺管理体制,成立组织机构　　高等学校应成立教学档案室或综合档案室,负责教学档案的集中统一管理,并配备专人负责,且相关管理人员应有相应资质(档案专业本科以上学历;非档案专业毕业的,应当经过系统的档案业务培训,获得相应上岗证书)。应建立学校—院(系、部)—教研室三级教学档案管理体制。

(2) 编制归档目录,完善管理制度　　高等学校应编制适应本校教学工作特点的三级教学档案目录和明细的归档范畴,并制订教学档案管理细则,规范档案工作的各环节。高等学校在下达教学任务的同时,应提出教学文件材料的归档要求;在检查教学工作时,应检查教学文件材料的形成积累情况;在教学管理考评时,应考评教学档案管理工作。

(3) 组织收集整理,确保及时完整　　教学档案的收集整理是教学档案管理的起点和基础,收集整理工作的好坏,直接影响着教学档案的完整性和质量。

1）归档范畴：凡反映本院校教学活动情况，对当前和今后工作及历史研究具有保存价值的教学文件材料均属归档范围。主要包括：本院校在教学工作中直接形成的教学文件材料；上级关于本院校教育和建设的指示、决策等教学文件材料；本院校与其他单位在教学合作（协作）中形成的教学文件材料。

2）档案收集：教学文件材料应采取随时收集与定期收集相结合的办法。定期收集通常在年中、年末或者每个教学期班毕业（结业）后进行，重要的教学文件材料在办理完毕后及时收集。归档的教学文件材料应当手续完备，质地优良，书绘工整，声像清晰，符合规范，利于长久保存。随着信息技术的发展进步，高等学校应逐步推进档案管理工作转型，构建以数字化、网络化、信息化为主，纸质档案为辅的新型档案管理模式。

3）档案整理：整理教学档案应当保持文件材料之间的历史联系，符合统一规范、便于保管和利用的要求，一般按年度、问题分类，按年级、专业、班次组卷，并进行编目；卷内文件的排列，应当根据材料内容的联系情况、重要程度、时间先后等进行排列，重要的在前，一般的在后；批复在前，请示在后；正文在前，附件在后；正本在前，定稿在后。当年形成的教学档案，应当在第二年12月份以前整理完毕。

4）档案保管：教学档案的保管期限，分为永久和定期两种。具有长远保存价值的档案列为永久保存；在一定时期内具有保存价值的档案列为定期保存，定期保存的时间通常为50年。永久档案和定期档案应当分别整理、分开保管。

（4）规范保管利用，严格技术标准

1）严格保管：教学档案库房应当配备防火、防盗、防虫、防尘、防潮、防高温、防强光、防有害气体等设施设备。照片（底片）、影片、录音带、录像带、光盘、磁盘等教学声像档案，应按照有关技术要求保管。应定期检查和维护教学档案，发现有损坏或者变质的，必须及时修复或者复制，最大限度地延长档案的寿命，确保档案的完整与安全。对超过保管期限或者经过鉴定无继续保存价值的定期教学档案，应当造具清册，经批准后，按照保密规定销毁。

2）规范借阅：要规范借阅登记制度，定期评估教学档案的利用效益。借阅教学档案一般在档案保管场所进行，复制、外借或者阅览不便公开的档案，应履行审批手续。教学档案管理人员对借出的档案应当适时催还；对退还的档案应当检查验收，及时注销、入库。应积极采用计算机辅助管理，方便教学档案的编目、检索、利用。

3）加强编研：保管教学档案的最终目的是为了更好地利用，为教学和管理工作服务，为此，要加强教学档案的编研工作。所谓教学档案编研工作是指在研究教学档案内容的基础上，有目的、有重点地对原始档案资料进行系统的收集、分析、选择、加工和编排，进行科学的研究，从而开发出具有一定学术价值、使用价值和有针对性的编纂和资料汇编。高等医学院校教学档案编研的选题应以需求为导向，围绕教学工作的重点、难点和热点问题。比如，通过对优秀教案、课件、先进教学方法与经验、考试分析、教研成果等进行编研，为教学领域的总结评估、经验推广、科学决策提供依据，为教师提高教学质量、开展教学研究提供支持。

4.3 教学运行流程再造

由于教学运行管理涉及的部门多、人员多、项目多、环节多，因此高等医学院校必须建立科学、规范的教学运行流程，并根据运行缺陷，不断进行流程的优化和再造，提升教学运行管理的水平，最终达到提高人才培养质量的目的。

4.3.1 业务流程再造与教学运行流程再造

业务流程再造（business process reengineering，BPR）于 20 世纪 80 年代末 90 年代初由美国学者提出的，是迅速发展的信息技术与 80 年代企业管理中出现的各种重构、再造、重组、改组等思路相结合的产物。迈克·哈默和詹姆斯·钱皮的经典著作 *Reengineering the Corporation* 1993 年的问世，标志着流程再造理论的确立。乔·佩帕德和菲利普·罗兰认为，流程再造是一种改进的哲理，它的目标是通过重新设计组织经营的流程，使这些流程的增值内容最大化，其他方面的内容最小化，从而获得绩效改善的跃进。流程再造的核心是面向顾客满意度的业务流程，而核心思想是要打破企业按职能部门设置的管理方式，以业务流程为中心重新设计企业管理过程，从整体上确认企业的作业流程，追求全局最优，而不是个别最优。

高等医学院校的根本任务是以学生为主体，培养合格的高素质医学人才，以流程再造来促进教学运行过程的优化，对于提升教学系统的运行效率，提高人才培养质量具有十分重要的意义。所谓教学运行流程再造是指以确保学生进行有效的学习为核心，对教学过程的各个环节进行重新设计和建构的过程。

4.3.2 教学运行流程再造应遵循的原则

1. 以人为本原则

教学运行流程再造中，管理层要把教师、学生摆在主人、主体的位置，关注他们的合理诉求和发展需求，本着服务师生的核心准则，简化烦琐的工作流程，减少各种不必要的行政审批，将师生的满意度作为衡量管理活动成效的基本评判标准。

2. 信息主导原则

要改造传统的管理流程，首先需要搜集和整理庞杂的教务信息，要实现这些信息的分类和科学分析，单纯依靠人工手段是不够的，必须坚持信息主导，充分利用现代信息技术手段，推动教务管理活动的信息化。

3. 持续改进原则

流程再造注重流程的优化和规范，更注重对流程的持续改进。教学运行流程再造应围绕管理目标，重视缺陷管理，通过发现问题—找到症结—优化流程，再发现问题—再找到症结—再优化流程，实现流程的不断优化和持续改进。

4. 协同协作原则

教学运行流程再造应重视管理部门之间的任务协同和协作机制的建立，促进管理部门之间的优化重组，明晰不同部门的职能定位，完善部门之间的衔接和协作机制。要坚持目标导向，促进部门之间的有效配合，利用最少的管理资源来实现最佳的管理效益。

4.3.3 教学运行流程再造需要解决的主要问题

当前，我国高等医学院校管理的组织结构是以"劳动分工论"为基础的，这种金字塔形层级管理存在的主要问题有三：一是组织结构分层太多、分工过细，容易导致信息传递迟缓，不能对突发情况、环境变化作出及时、有效的反应。二是部门之间实行的是分割管理，容易导致本位主义，各部门过于关注局部利益、自身利益，而忽视整体利益，不利于教学运行全流程的优化。三是审批与协调等环节过多，容易导致教学运行管理的效率低下。

4.3.4 教学运行流程再造的方法

教学运行流程再造强调以"流程导向"取代"职能导向"，重构组织结构和管理模式。

1. 职能内部的 BPR

当某些教学运行管理的中间管理层过多，而这些管理层级并不能创造价值和效益，只能做一些统计、汇总和上传下达的工作，这时就可以开展职能内部的 BPR。比如学生成绩管理，过去课程成绩单填报要教师填写、教研室领导审核、院（系、部）领导审核，然后再报教务处。现在利用基于网络的学籍管理系统，由任课教员直接网上填报即可，既能省却很多中间环节，又方便成绩的快速查询。

2. 职能间的 BPR

是指教学运行管理中跨越多个职能部门边界的业务流程重组。比如教室的管理与调配，过去高校管理中，教室维修由营房部门负责，仪器设备由教学保障部门负责，卫生由环卫部门负责，现在则由一个物业部门统管，保障效率更高，出现问题后，应急处置的效率更高、反应更迅速。再比如教学仪器设备的招标采购，可以成立由教务部门、设备部门、财务部门、纪检部门等参加的招标管理团队，既有效提高招标的质量、效率，又能规避风险与防范不正之风。

3. 组织间的 BPR

是指不同管理部门、单位之间的业务重组。比如教务部门与人事部门之间教师管理的协作，通过师资管理信息系统，教务部门可以及时掌握师资的数量、结构、分布、培训、在位等情况，便于教学调度、安排教学任务；人事部门可以掌握教师的完成教学工作的数质量等情况，形成客观的教学业绩评价，这样教务管理部门和人事管理部门之间可以开展有效的业务联动，形成管理的合力。

4.3.5 教学运行流程再造需关注的重点

教学运行流程再造既涉及教学调度管理、学生学籍管理、教学资源管理、教学档案管理等每个管理模块的流程设计和再造，又涉及各个管理模块之间的整体统筹及综合流程再造。流程设计既需要按时间顺序安排，又需要按服务与管理对象统筹安排。

1. 建立序贯人才培养全过程的教学运行流程

教学运行管理环环相扣，不同的管理工作由不同的主体完成，建立序贯人才培养全过程的教学运行流程即按人才培养规律对各个管理模块进行科学的统筹安排，使每一位教学管理者对人才培养的过程有整体概念，对每一个管理模块在人才培养过程中的功能定位有清晰的认识，这样既有利于整体教学运行的统筹安排，又便于制订各管理模块的工作流程。

2. 建立每一个管理模块的教学运行流程

教学运行管理中每个模块的工作既相互独立，又相互关联，建立每个模块的教学运行流程即要求管理者按照人才培养过程中各模块的功能定位，科学合理地安排工作。首先，要求各模块管理者理顺思路、条理清晰，对自己负责的工作了然于胸、有条不紊，增强工作的规范性。其次，各模块管理者要了解其他管理模块的运行流程，以取长补短、固强补弱，不断完善自己的流程，使各模块的工作更加有序，不会产生撞车现象。第三，对于某些必须确保连续性的教学环节、保障环节、服务环节，可以采用 A、B 角制，增强工作的可接替性。

3. 建立每一管理模块面向对象的工作流程及时间流程

教学运行管理有交互性的特点，各模块工作都是由管理者与执行者共同完成的，同时运行管理还有时效性要求。建立面向对象的工作流程及时间流程就是向运行管理的服务对象明确办事步骤、流程及时间要求。对于执行者，可以事前明确每项工作的步骤、完成时间、质量标准，从而有计划地、主动地开展各项教学工作，增强工作的严密性，减少工作内容或环节的遗漏，按时、保质地完成各项教学活动。对于管理者，可以节约时间，有更多的时间和精力用于工作汇总、分析、改进和提高，提高工作效率和工作质量，减少教学运行管理的随意性，增强规范性，提高教学运行管理的水平。

第5章 高等医学教育质量保障

5.1 高等医学院校教学质量保障体系

5.1.1 教学质量管理的概念及内涵

教学质量管理(teaching quality management)是指通过对影响教学质量的要素进行一系列有目的、有计划、有组织的质量监控、质量评估、质量分析后,对影响质量的因素进行持续性改进,是保证教学过程各环节质量的一种管理活动。

1. 质量监控

质量监控是对教学的关键环节(如课堂教学、实验与实习、毕业设计、考试等)设置质量控制点,以质量控制点为重点,制订质量保证流程和实施条例,按照"检查—反馈—改进—建设—检查"的运行机制具体实施,使执行过程与监督过程形成一个循环闭合的流程。

2. 质量分析

质量分析是对反映人才培养质量的各个指标(如生源质量、学生的学习状况、毕业生就业去向和就业质量、毕业生工作状况和成就感,用人单位的反映等)进行定期的分析。

3. 质量改进

质量改进是针对人才培养过程中存在的问题,及时采取纠正与预防措施,并进行持续性改进。

高等医学院校应建立完善的教学管理规章制度和质量监控机制,对主要教学环节的教学质量实施全方位有效监控;建立一支高水平的教学督导队伍,对日常教学工作进行检查、监督和指导。

5.1.2 教学质量标准

1. 教学质量标准的内涵及构建原则

教学质量标准是指政府、高校根据教育目的和人才培养目标，通过确定的教学质量规范性文件来衡量教学效果水平的标准。教学质量标准应符合三个方面要求：一是国家和地区对高校培养适应社会经济发展所需人才的基本要求；二是不同类别、层次高校差异化的培养目标和办学特色；三是学生及家长对高校教学质量的期望和要求。具体制订可参考 ISO 9000 全面标准的八项原则：

（1）以顾客为中心　高校在制订教学目标、教学计划时，应充分考虑到学生、家长以及用人单位的需求与期望，以增强顾客的满意度。

（2）充分发挥领导作用　高校的管理者要确立学校的发展目标和办学特色以增强学校的整体凝聚力，合理组织各项资源保证教学质量的提高。

（3）全员参与　坚持以人为本，树立和强化质量意识，引导全员参与教学质量管理。

（4）运用过程方法　采用“PDCA”方法，对教学过程实施计划、监控、改良、调整。

（5）管理的系统性方法　高校教学质量管理是一个多层次、多部门的复杂系统工程，在具体工作中必须贯彻整体最优化的原则，以人才培养目标的整体实现为出发点。

（6）持续改进　高校必须树立可持续发展的教学质量观，通过不断地自我监督、自我评价、自我改进、自我完善来提高教学质量。

（7）以事实为依据　高校教学质量管理必须建立和完善教学质量信息的收集、处理和反馈机制。

（8）保持与供方互利的关系　高校必须清楚认识到与供方是互利关系，致力于营造一个适合层次的沟通渠道以解决合作中发现的问题，保证合作的长期实现。

2. 教学质量体系文件

教学质量体系文件是高等医学院校开展教学质量管理和教学质量保证的基础，是教学质量体系审核和教学质量体系认证的主要依据。通常由三部分组成：质量手册、质量体系程序和质量记录。

（1）质量手册　质量手册是高等医学院校开展质量活动的纲领性文件，是建立、实施和保证质量体系长期遵循的依据。质量手册应阐述高等医学院校的质量方针和质量体系结构，描述每一职能部门应开展的质量工作。

通常包含下述内容：质量方针；对质量有影响的相关人员职责、权限和相互关系；质量体系程序和说明；有关手册本身的信息（如对手册的修改、评审和控制的规定等）。

（2）质量体系程序　　质量体系程序是质量体系文件的主要组成部分。它将质量手册中的纲要性要求具体落实到作业文件中，从而为实现对教学质量的有效控制创造条件。每个质量体系程序都应包含：程序目的和范围，应做什么，谁来做，何时、何地以及如何去做，应使用什么材料、设备和文件，以及如何进行控制和记录。也就是说，在质量体系程序中，应明确各体系要求和各项质量活动的标准，既要重视采取预防措施以避免问题的发生，又不能忽视发生问题后加以纠正的能力，从而使每一个过程、每一次活动都能得到恰当而连续的控制。

（3）质量记录　　质量记录是对完成的活动或达到的结果提供客观证据的文件。教学质量记录反映了教学质量形成过程的真实状况，为正确、有效地控制和评价教学质量提供客观证据；质量体系记录应如实记录教学质量保证体系中每个要素、过程和活动的运行状况和结果，为评定质量体系的有效性，进一步健全质量体系提供依据。

5.1.3　教学质量管理机构

教学质量管理机构是负责教学质量管理工作的各级组织和人员组成的职能机构，是教学质量保障体系构建不可或缺的部分。通过建立机构，明确机构及其成员的任务、职责和权限，形成教学质量保障的组织体系。高校内部组织质量管理可分为各级组织质量管理和专设机构质量管理。

1. 各级组织的质量管理职能

学校实施教学全面质量管理，校领导主抓全面质量管理基础工作，其主要职能是对全校重大教学及其质量问题进行决策，包括组织制订学校质量方针、目标和质量建设规划，组织制订质量计划、标准和质量管理规章制度，对下一级单位的教学质量管理工作进行检查、监督和指导。

教务主管部门统管全校的教学质量工作，组织落实学校有关教学质量问题的决策，保证实现教学质量管理目标；具体组织拟定教学质量计划、教学大纲和质量标准；对全校的教学质量工作进行组织和协调，抓好教学质量管理主要环节，组织实施教学质量检查和评估，组织实施教学质量改进和提高的各项工作；组织全校考试工作；负责学员学籍管理和学位工作；指导基层单位的质量工作。

政治主管部门协助制订教学质量计划，主要是把握好学校教学质量的政治合格关；负责学校质量方针、政策的宣传教育；抓好教师队伍质量建设；组织思想政治类课程的教学实施及质量改进，抓好招生和毕业质量关。

科研主管部门通过抓好教学与科研的结合和科研工作中的质量管理，来促进教学质量的提高；以学校办学指导思想为依据，制订科研工作具体质量标准和工作计划；组织教学质量改进相关科研工作，建立教学科研一体化、科研促进教学机制。

院系级组织根据学校教学质量总计划、总目标和总要求，制订本院系专业、课程质量工作计划和目标；组织实施本院系范围质量检查和改进工作；组织下属教研室成立教学促进小组。教研室组织全体人员学习理解院校教学质量方针、政策、制度以及质量计划和目标，明确各门课程、各个教学环节组织和管理的要求，确保达到质量标准；抓好教师培养，提高教师专业素养和授课质量。

学生管理部门应教育学生端正学习目的和学习态度，遵守教学规章制度，树立良好学风；指导学生改进学习方法，组织开展第二课堂活动，提高学习质量；建立教学信息反馈机制，协助教师组织教学活动，协助学校、院系开展教学评估，推进教学质量持续改进工作。

2. 质量管理专设机构

院校实施教学全面质量管理，有大量的决策分析、整体协调控制工作，同时鉴于教学质量管理与学校所有部门相关联，因此，高等医学院校应成立教学质量管理专门机构——教学质量委员会，由校领导牵头，其成员可包括各部门领导，主体是各学科专家教授，其主要职能是领导、组织、协调全校教学质量保障活动，根据学校授权，依据学校的任务、目标和条件，贯彻执行学校的教学质量方针和政策。

学校教学质量委员会下设质量管理办公室，负责质量体系的建立、质量体系文件的编写、人员培训、组织校内教学督导与评价以及外审的准备工作等具体事务，负责组建校级教学督导队伍。

5.1.4 教学质量保障流程

高等医学院校可以从组织体制、激励机制、实施流程三个方面来建立有效的教学质量保障体系。

1. 组织体制

学校教务部门作为教学管理的职能部门，应切实加强对院、系的指导、监督和考核力度，充分调动二级学院、系在教学管理中的主体作用；高等医学院校可以根据实际情况，建立适当规模的质量评估部门，将质量评估体系和现有的职能部门进行有效融合；建立健全校、院两级教学督导体制，教学督导组专家应经常参与听课，特别是对年轻教师课堂教学进行指导；成立专门的教学事故认定和处理小组、校教学质量监控工作组和学生信息员队伍，切实保证教学管理信息沟通顺畅，真实反映教学管理水平。

2. 激励机制

高等医学院校应以调动学生、教师和管理人员的主动性和积极性，保证教学质量为目标。因此，在激励机制上，需深化人事分配制度改革，建立切实有效的激励约束机制。具体而言，需建立岗位设置管理制度，完善校、院两级工作奖惩机制，将教师的教学质量考核结果和职务晋升、工资等级和奖金额度挂钩，努力调动教师在教学质量改革创新中的积极性和创造性；此外，高等医学院校需建立健全以岗位聘任为核心，以教师实际教学水平和科研能力为依据的职务评审办法，通过科学设岗、量化考核等措施，完善竞争激励机制。

3. 实施流程

(1) 定期教学检查制度　定期教学检查是指每学期的期初、期中、期末的常规性教学检查工作。期中教学检查制度是三段式教学检查的核心，主要内容包括以下几个方面：

1) 学生问卷调查：教师授课对象学生是课堂教学效果的直接受益者，期中通过组织学生对教师教学态度、教学方法、教学内容、教学效果等的评估，能从学生方面反映教师课堂教学的质量。

2) 教学档案、作业和毕业论文检查：通过检查，对教研室教学档案、教师批改作业的状况进行客观评价。此项工作主要检查教研室档案文书质量、教师布置作业、批改作业的情况，以及学生完成作业的情况；既有利于检查教师的教学工作，又督促了学生保质保量地完成作业。通过每学年对各专业毕业论文质量进行评价，规范和加强毕业论文工作，从而提高毕业论文设计和撰写的水平，确保毕业论文的质量。

3) 学生座谈会：召开学生座谈会，可以较全面地了解教师教学及学生学习状况。对学生提出的有关问题可以及时给予答复和说明，对学生在座谈会上反映出来的有关教师教学的问题，应与教师及时沟通，以利教师改进，提高教学质量。

(2) 实验教学质量检查制度　实验教学是高等医学院校实践教学的重要组成部分，实验教学质量检查的主要内容有：

1) 实验教学组织与管理：包括教学计划、上课安排、任务落实、指导教师、实验规范等。

2）实验教学文件：包括实验实习的大纲、指导书、教案讲稿、教学进度等。

3）实验教学过程：包括教师的讲解、示范、指导，学生的操作、活动、课堂秩序等。

4）实验教学效果：包括学生的作业、报告、考核等。

5）实验教学改革：包括教研项目、论文、经验总结、教学创新等。

实验教学质量检查主要采用下列形式：

1）抽查：主要针对教师教学的准备工作以及实验教学管理工作。

2）课堂听课检查：由听课人员填写评估反馈表单。

3）学生问卷调查：由学生填写评估反馈表单，调查人数一般不少于上课人数的50%。

4）召开座谈会：听取教师和学生的意见和建议。

5）反馈调控：对教学问题的整改情况进行核查。

（3）听课制度　　高等医学院校组成以资深专家教授为主要力量的教学督导组，同时组织各系主任、辅导员、教学管理人员与教学督导组成员一起通过听课、评课，全面了解课堂教学情况，并就存在问题及时向单位和个人做出反馈。

1）领导听课制：学校、院（系）领导须深入课堂听课、查课，掌握课程教学状况，并根据存在的问题和薄弱环节，协调相关课程的教学活动。

2）专职教师听课制：应将学科教师每学期听课次数列入教师教学工作考核，在评审教学质量奖时作为参考指标之一。

3）管理人员、辅导员听课制：通过定期或不定期的实地听查课，了解教学任务的落实情况，掌握教学动态；收集学生对教学工作的意见和建议；协调教学各环节的问题，建立学生与教师之间的桥梁。

（4）学生课堂考勤和学生信息员制度　　学生课堂考勤实行任课教师点名、班级学习委员点名、学生会干部考勤小组抽查等制度。任课教师课堂点名应在学生点名册上如实记录学生上课情况。主管学风工作的辅导员应根据任课教师考勤、学习委员汇报和学生会干部考勤小组抽查等记录，全面评估各班级考勤情况并备案，并根据考勤结果对学生进行学风教育。

高等医学院校应在每个班级设置教学信息员，通过信息员及时收集、汇总、反馈教学信息，为教学管理和教学监控提供参考依据。应定期组织教学信息员召开教学质量专题座谈会，针对问题教师，组织督导专家开展诊断性听课，并对教师给予指导性意见，以帮助教师提高教学质量。

(5) 定期教学工作研讨制度

1) 教研活动：学校和院(系)层面均应定期组织任课教师(含兼职教师)参加教研活动，交流教学经验，探讨学生的特点及教学方法的改进，深入研究教纲和考纲的优化改革，及时解决存在问题。

2) 教学工作研讨会：教学工作研讨会是更深层次、更学术化的教研活动，其着力点是怎样根据本专业培养目标与学生实际情况，优化教学内容，改进教学方法，提高教学质量。通过教学工作研讨，使任课教师在主要问题上达成共识，以促进教学质量持续改进。

(6) 考试管理制度

1) 考试命题：试卷题量、难度适当，一般应按中等水平题量准备 A/B 试卷。学校或院(系)层面可建立试题库或试卷库，推进教考分离，更客观地评估教学质量和学习效果。

2) 巡考制度：为保证监考教师在整个监考过程中的公正、公平，在考试期间，教务管理部门应安排巡考在考场巡视，督促监考人员认真履行监考职责，严肃考风考纪。

3) 阅卷要求：为保证考试成绩的公正性、可靠性，应实行双盲试卷评阅。试卷评阅完成后，应进行考试情况分析和成绩分析，评估学生知识、技能的掌握情况，并组织讲评反馈。

(7)教学事故认定及处理制度　教学事故是指由于任课教师、教辅人员、教学管理人员、教学服务人员的直接或间接责任，导致正常教学秩序、教学进程或教学质量受到影响，并造成不良后果的行为或事件。根据事故性质和所造成的影响程度，教学事故可界定分为三级：重大教学事故(Ⅰ级)、严重教学事故(Ⅱ级)、一般教学事故(Ⅲ级)。高等医学院校应制订明细的教学事故认定及处理办法，并与责任人的经济利益、业绩评定、评优奖励、职务晋升、任期考评等挂钩。

(8)教学质量考评联动处理制度　高等医学院校应建立教师业务档案，通过学生问卷调查、学生座谈会、多层次听课、学生成绩等多方面的反馈信息，对教师进行全面的考核，作为年度先进个人、教学优秀奖、职称晋升等方面依据。对教学质量优秀的教师进行奖励，对教学质量综合评价为“中等”以下的教师，应实行“一票否决制”，并将其作为督导跟踪对象。

5.1.5 教学督导

1. 教学督导的内涵与目的

教学督导(teaching supervision)是指在教学运行过程中，借助一定的评价指标体系，科学督查教师教学质量、学生学习效果以及教学管理工作，引导教、学、管三方适时调整教学行为的一项有计划、有组织的日常教学管理活动。教学督导是院校教学质量保证体系的重要组成部分，是保证教学制度落实、教学秩序稳定、教学质量提高的有效措施，也是院校依法治教、从严治学的具体体现，有利于促进优良教风、学风的形成。

2. 教学督导的地位与作用

督导，“督”意指督促、评价；“导”有引导、指导和导向之意。教学督导是对教学活动实施全过程、全方位质量监控的有效机制，是评教、评学、评管以及检验教学效果的重要手段，是连接教员、学员与管理人员的桥梁和纽带，是稳定教学秩序、强化管理职能、深化教学改革的重要保证。其主要作用有以下三点。

(1) 诊断作用　通过督查，全面系统地了解学校一线教学的基本状态，及时诊断存在的问题与不足，为管理层采取针对性管理措施，提供决策依据。

(2) 激励作用　督导成绩、督导评价意见以及与督导工作相匹配的奖惩政策，可以激发被督导者的荣辱观念和进取意识，既形成压力，又产生动力，促进他们不断改进教学艺术，优化知识结构，最终达到提高教学质量、提升教学水平、加快专业发展的目的。

(3) 导向作用　评价指标体系是教学督导的主要依据，既是被督导者努力的方向，也是院校贯彻办学思想、普及教育理念、落实教改措施的重要途径和机制杠杆。管理层通过制订、修订评价指标体系，体现管理意图和目标导向，引导教、学、管三方面不断调整教学行为，沿着学校确立的办学思想、目标定位和改革思路前进。

3. 教学督导的机构与组成

教学督导机构一般由督导专家组、秘书组和办公室组成。

(1) 督导专家　应遴选热爱教学、师德高尚、责任心强，既有丰富教学经验，又有较高学术水平的离退休和在职专家教授担任督导专家。鉴于同行专家既懂得教育规律，又把握学科专业发展，督导结果的客观性、准确性和权威性高于非同行专家，因此，应尽可能遴选同行专家开展相关领域的督导。其主要职能是参与督导方案、计划的制(修)订，实施分管领域的督导，并根据督导情况，向管理层提出改进教学管理、加强质量建设的意见建议。

(2) 督导秘书　一般选聘助教担任，其主要职责是协助督导专家开展工作，通知督导时间，收发、录入、统计督导成绩，同时也通过观摩课堂教学，参与教学管理，提升自身教学能力，把握教学基本规律。

(3) 督导办公室　一般设立在院校的教务处或医学教育研究、评估机构，负责具体组织教学督导工作，建设督导队伍，汇总、分析、发布督导信息。

4. 教学督导的内容与方式

教学督导的主要内容包括：考评教员授课质量；检查教学基本制度落实；提供教学管理与改革咨询；收集、反馈教学双方的意见与建议。

教学督导的方法：在督导的主体上，应实行学校、院(系)、教研室三级协同，专家督导、同行评议、学员评教三结合。在督导的组织实施上，应采取计划督查与随机督查相结合、理论课督查与实践课(含实验课、床边教学、病例讨论等)督查相结合的方式。

5. 教学督导信息的处理与反馈

各类评议表的信息处理量比较大，根据督导的不同目的和方式，可采取以下一种或多种相结合的处理方式：一是开发基于网络的管理平台，教学管理干部、教师、学生在网上进行评议，可进行各种类型的统计分析，并直接生成统计报表；二是把评议表制作成标准机读评价卡，通过光标阅读机及其配套软件进行信息采集、处理、统计、分析；三是逐层手工统计汇总，先由督导秘书分别统计汇总，再由督导办公室全面汇总。督导考评的成绩可以进行“标准分”换算，以提高区分度和可比性。

“督导结合，以导为主”是教学督导工作的精髓。教师授课质量考评，在课堂教学督查结束后，督导专家和办公室应以适当形式(既可以是面对面，也可以利用书面或网络)向教研室和被督导教师反馈意见，并结合自己的教学经验，通过传帮带，引导被督导者不断改进授课方式，提高授课艺术。由于学生在经验、知识、能力和水平等方面与督导专家相比均存在差距，因此在综合评价时，要合理确定专家评价与学生评价的权重，一般情况下，专家评价的权重应高于学生。经教务管理部门授权，督导办公室应实时或定期，以简报、网络、公告等形式，公布督导结果。

6. 教学督导的关键环节和注意事项

(1) 督导组织实施　督前，要统一思想、统一标准、统一要求，并可采取全体督导专家集中试评的方式，帮助专家掌握适当的督导宽严尺度，以确保督导结果可比性、准确性和区分度。督中，要加强组织领导，确保计划落实，坚持实事求是，确保实施过程的公平公正，防止督导结果的虚假，同时，要引导学生积极参与评教、评管活动，确保学生评议结果的可信度。督后，要汇总分析，剖析问题，研究对策，对带有倾向性的问题，要集中讲评、限期整改，促进教学质量不断提升。督导结果应由教务处存档，并报院(系)和人事部门备案。

(2) 督导队伍建设　督导者的学识水平、治学态度、督导动机、道德品质等，直接影响着教学督导的效果，如果督导专家的权威性很强，对院校办学的政策、制度把握准确，公正、公平，那么在督导过程中，就能得到被督导者心悦诚服的配合和支持，促进被督导者更加重视课前的准备，课中的教学设计、教学方法与手段的改革创新，课后的教学经验总结，从而促进被督导者不断提高教学能力和水平，推动教学质量的提高，并能有效推动院校办学政策、措施的贯彻落实。反之，如果权威性差，对指标内涵、政策导向把握不准确，就可能导致督导方向背离办学要求，并引发被督导者的抵触情绪，失去教学督导应有的作用。因此，院校必须建立一支学术水平较高、热心教学、结构合理、相对稳定的督导专家和秘书队伍，通过业务学习、工作研讨、形势分析、通报讲评等形式多样的措施，提升评估理论和政策水平。同时，可以推行督导评优制度，通过评选优秀督导专家和督导秘书，激发工作热情和积极性。也可把担任督导秘书作为青年师资培养的重要途径，既有利于督导工作的组织实施，也有利于年轻教员提高授课水平。

(3) 评价指标体系构建　为使督导工作更准确、更科学、更合理，一般采取定量考核与定性考核相结合的办法，除量化指标外，还可设置单项主观评价和总结性评语。各级指标的遴选、内容的表述、权重的设定、考察的要点，必须遵循教育规律，适应教改形势，符合现代教学思想观念，可用 Delphi 法、层次分析法等确定各项指标的重要程度和权重系数。为确保督导结果的区分度，可设立重要指标项或一票否决项，不达标者，评价得分只能在某一规定范围。需要注意的是，设立的评价指标不宜太杂，不必苛求面面俱到，针对性要强，表达要力求准确，便于评价双方能够正确理解和执行。

(4) 督导配套机制建设　管理层只有从政策层面上，保证教学督导结果对教师、学生和教学单位建设的影响力，才能有效发挥其作用。在政策机制上，可把督导结果与评优评先、职称评审、任期考评、津贴发放等挂钩，通过建立以奖优罚劣为核心的配套措施，强化教学督导的作用。

5.2　院校教学评价

5.2.1　院校教学评价的发展

1. 普通高等学校本科教学评估

(1) 普通高等学校首轮本科教学评估　普通高等学校本科教学工作水平评估(以下简称“高校本科教学评估”)，是我国高等教育评估体系的主要组成部分，对促进我国高等教育事业的全面发展具有十分重要的现实意义。我国首轮大规模本科教学评估从2003年开始，2008年结束，历时5年，对全国589所普通高等学校的本科教学工作水平进行了全面评估。

通过首轮评估，促进了政府转变教育管理职能，推行依法行政、依法治教；促进了高校进一步明确办学指导思想，强化教学中心地位和教学质量意识，全方位深化教育教学改革；促进了高校规范教学管理，建立教学质量保证的长效机制，加大经费投入和人力、资源建设力度；促进了高校凝练办学特色，建设校园文化，弘扬大学精神。

但也存在不少问题：评估指标体系单一，缺乏明确的分类指导功能；评估方式单一，过于依赖专家进校考察方式；评估优秀率过高，与社会公众的印象反差较大；符合中国高校实际的评估制度尚待完善或重构；评估工作的效能有待加强。

（2）普通高等学校新一轮本科教学评估　从2007年开始，教育部组织对新一轮本科教学评估方案进行立项研究。2011年10月，《教育部关于普通高等学校本科教学评估工作的意见》印发，对新一轮本科教学评估制度进行了顶层设计，提出了五种评估形式：建立健全学校自我评估，建立教学基本状态数据库，分类开展院校评估，开展专业认证与评估，开展国际评估等。分类开展院校评估是指：对2000年以来没有参加过院校评估的新建本科院校实行合格评估，对参加过院校评估且获得通过的普通本科院校实行审核评估。

合格评估的重点是考察学校基本办学条件、基本教学管理和基本教学质量，学校服务地方经济社会发展的能力和应用型人才培养的能力，学校教学改革和内部质量保障体系建设和运行情况。评估结论分为"通过"、"暂缓通过"和"不通过"三种。通过的学校5年后进入审核评估。

审核评估的重点是考察学校办学条件、本科教学质量与办学定位、人才培养目标的符合程度，学校内部质量保障体系建设和运行状况，学校深化本科教学改革的措施及成效。坚持"以评促建、以评促改、以评促管、评建结合、重在建设"的方针；强调目标性、主体性、多样性、发展性、实证性"五个原则"；着重判断"五个度"，即学校人才培养目标与培养效果的完成度、学校人才培养目标与社会需求的适应度、教师和教学资源对学校人才培养的保障度、教学质量保障体系运行的有效度、学生和用人单位的满意度。审核评估着重强调了学校的自主性和多样性，强调了学校用自己的尺子来衡量自己。审核评估形成写实性报告，不分等级，周期为5年。

2. **军队院校教学评价**

（1）军队院校首轮教学工作评价　军队院校教学工作评价是军队落

实国家教学工作评估要求，加强院校教育宏观管理，提高人才培养质量的重大举措。军队院校首轮评价采取的是水平式评价模式，即按照一定的评价指标和标准，对院校教学工作的状态和水平所达到的程度进行评价，这种评价对于规范院校教学工作、解决薄弱环节作用是明显的，是初次开展评价的常用模式。军队院校首轮教学工作评价从 1998 年开始，于 2011 年结束，共完成了对全军 62 所院校的评价工作。

1）评价原则：以评促建、以评促改、评建结合、重在建设。

2）评价目的：一是引导院校深入贯彻落实军委总部的办校方针和决策部署，深化对教学工作基本规律的认识，进一步明确办学思想和发展定位；二是强化院校教学工作的中心地位，促使院校领导和机关深入教学一线，扎扎实实解决教学工作中的有关问题，增强办学的凝聚力；三是推动院校更新教育思想观念，深化教学改革，把素质教育、创新教育的思想落实到教学的各个环节，提高人才培养质量；四是促进院校的全面建设，改善整体办学条件。

3）评价程序：分四步进行，院校自评自建→上级主管部门初评→总参评价→院校整改建设。

4）总参评价：共分三个阶段。第一阶段是军事体能与技能抽测，是军队院校所独有的，要求和标准很高；第二阶段是课程抽测，包括基础课、专业基础课、综合知识和军事理论，几乎所有在校学员都要考核到，考核内容与地方院校有明显区别，地方医学院校主要是考核临床技能，对象是毕业班，相比而言，军队院校学员抽测准备的难度更大；第三阶段是专家组进校评价。

5）总参专家组进校评价工作方式：

① 听取院校教学工作评价准备情况汇报。

② 审核院校自评报告，查阅相关资料，并通过实地考察、组织座谈、跟班听课、随机抽测（外语交流能力、计算机应用能力、各类满意度测评等）、问卷调查、个别交谈等，掌握院校教学工作状态。

③ 集体讨论评议，形成评价意见，提出评价结果建议。

④ 与院校交换评价意见。

⑤ 向总参军训和兵种部上报评价意见、评价结果建议。

6）评价指标体系：军队院校本科教学工作评价指标体系是一个树型结构的指标集合，共设置了“6＋1”个一级指标（“1”指特色项目）、24 个二级指标、52 个评价点；24 个二级指标中，重要指标有 15 项，一般指标有 9 项；15 个重要指标如有一项为 D，就不能被评为“优秀”。

7）评价结论

A. 评价结果分为优秀、良好、合格、不合格四个等级，有效期5年。

B. 教学工作评价结果为优秀的院校，总参颁发“教学工作优秀单位”奖牌、奖状，并给予适当奖金。

C. 教学工作评价结果为不合格的院校，责令限期整改，需重新评价。

D. 教学工作评价结果作为遴选重点院校和重点学科专业、审批学位授予权、设立学位授予点、开设新专业、确定训练任务和建设投入等的重要依据。

（2）军队院校新一轮教学评价

2013年4月，总参军训部颁布新一轮军队院校教学评价方案。新一轮教学评价采用“1＋X”方案（即反映院校共性要求的基本案＋体现院校特色和实际的个性案）。

1）评价原则：以评促建、以评促改、着眼创新、重在发展。

2）评价模式：新一轮教学评价以发展性评价思想为基础，采取以审核式评价为主、水平式评价为辅的模式，即“审核＋水平”式评价模式，审核式评价是指对被评对象状况的核实，按照审核准则对院校发展规划和质量保障体系的完整性、科学性、有效性进行核实，作出价值判断。通过审核式评价，突出院校主体地位，引导院校根据自身实际，科学筹划，加快发展；通过水平式评价，坚守对院校的基本规范和共性要求，促使院校进行横向水平比较，激励院校在相互学习竞争中取长补短、共同提高。

3）评价体系：新一轮军队院校教学评价体系由三级构成，包括院校年度自评、大单位定期测评和全军随机抽评。同类院校尽量在同一个年度实施评价。全军抽评的考察时间为3年。

A. 院校年度自评。根据总参要求，自2014年开始实施，由各院校上报《年度自评报告》，并通过教学信息网上传有关统计数据。《年度自评报告》和有关填报数据作为总部评价的直接依据。

B. 大单位测评。把总部、大单位等组织的检查、考核、专项评价等结果纳入了评价结论依据。

C. 全军随机抽评。评价指标体系为“1＋X”方案，其中：“1”是共性部分，是军委总部对院校教学的共同要求；“X”是个性部分，体现不同院校个性特点。指标体系设一级指标4项，分别是总体设计、基本建设、过程管理、质量效果；二级指标共20项；基础分为60分。每项二级指标不规定具体分值，只有加分项和减分项，有的指标具有“一票否决”作用。总得分在60分基础分上加减。评价结论分为优秀、良好、合格、不合格四种，其标准如下：

优秀：总得分≥90 分；

良好：总得分≥75 分且＜90 分；

合格：总得分≥60 分且＜75 分；

不合格：总得分＜60 分。

4）专家组进校安排：总部通常在寒假或暑假后通知受评院校，给院校 2 个月左右的准备时间，专家组即进校实施评价。

新一轮评价由院校根据办学定位、培训任务和自身实际，在规定基本动作的基础上，制订个性化比较强的“1＋X”方案，自己提出要做什么、怎么做、达到什么标准。

5.2.2　本科教学评估的基本原则

评估作为一种管理手段，最终目的不是其本身，而是通过评估来推动学校各项事业的全面发展。深入理解和把握评估原则的基本内涵，能够使评估工作更加有效。

1. 以评促改

指要通过评估推动高等医学院校转变教学思想观念，深化教育教学改革，建立与时俱进的人才培养体系，主要包括：一是改变传统的人才质量观，重视学生德智体美、知情意行的和谐发展；二是改变传统培养模式，加快教育教学改革步伐；三是改变传统办学体制，建立现代高等学校运行机制。

2. 以评促建

指要通过评估推动学校教育教学条件的建设，加快学校发展步伐，主要包括基础设施建设、师资队伍建设、专业学科建设、课程教材建设、校园文化建设、教风学风建设等方面。

3. 以评促管

指要通过评估改革学校教育教学管理体制，优化学校治理结构，建立健全教学管理制度，提高管理效率。一是优化学校管理体制，增强管理人员的治理意识；二是规范管理结构设置，提高管理效率；三是健全管理规章制度，规范教学管理行为；四是建立教学质量监控机制，促进教学质量持续改进。

4. 评建结合

指在评估过程中，要坚持评估与建设相结合的原则，通过评估来推动学校的各项建设，通过不断加强建设来争取更好的评估结果。

5. 重在建设

指在评估过程中，要清醒地认识评估不仅是一个价值判断的过程，更是一个学校持续改进的过程，评估的最终目的是推动学校教学工作的全面发展。为此在评估过程中要处理好当前与长远、发展与稳定、教学与科研、学校自评与专家评估等方面的关系。

5.2.3 审核评估元素解读

《教育部关于普通高等学校本科教学评估工作的意见》对参加过院校评估且获得通过的普通本科院校实行审核评估。审核评估与上轮采用分等模式的水平评估有很大区别。审核评估不设指标体系，只规定审核范围。审核范围只给出审核评估的主要内容，对标准与指标不作统一规定。审核评估就是在审核范围内，依据学校自设的目标与标准进行评估。

审核范围包括三个层次：项目、要素和要点。其中审核项目为“6＋1”，包括 6 个必审项目，即定位与目标、教师队伍、教学资源、培养过程、学生发展和质量保障，以及 1 个学校自选特色项目。后者由学校提出申请，经同意后列入审核范围。每个审核项目包括若干个审核要素，每个审核要素包括若干个审核要点，涉及学校的办学定位及人才培养目标，教师及其教学水平和教学投入，教学经费、课程资源及其他教学条件，培养方案、教学改革及实践教学的开展，招生就业情况、学生学习效果及学风建设情况，质量保障体系的建设及运行情况等，共 24 个。

1. 定位与目标

(1) 办学定位　办学定位是指根据国家教育方针、经济建设和社会发展需要、自身条件和发展的潜力，找准学校在人才培养中的位置，明确一定时期内学校的总体目标、层次、类型、人才培养目标和服务面向定位等。经济建设和社会发展的需要、自身条件和发展的潜力，是学校定位的依据，学校要从实际出发，主动服务国家、地区(行业)经济社会发展的需要。办学定位要充分体现在学校的发展规划中，并应在人才培养中得到全面落实。

(2) 培养目标　培养目标反映了学校对人才培养质量的预期与追求，包括学校人才培养总目标和专业培养目标两个层面。学校应根据人才培养总目标，制订各专业具体培养目标。专业培养目标要与学校办学定位及人才培养定位相符合，要与国家、社会及学生的要求与期望相符合；专业培养目标应涵盖学生的毕业要求，能反映学生毕业后一段时间在社会与专业领域的预期发展；专业培养目标应体现于人才培养的全过程。

(3) 培养标准　培养标准是人才培养的行动准则，应符合培养目标要求。满足培养标准意味着能够达到培养目标。学校应坚持多样化的人才观和多元化的质量观，确定符合自己培养定位和培养目标的、反映自己培养特色的科学合理的培养标准。培养标准包括专业毕业要求(或与此相当的质量标准）和课程（包括各主要教学环节）教学要求（或与此相当的质量标准）两个层面。学校应根据专业培养目标制订相应专业的毕业要求，再根据专业毕业要求制订相应的课程教学要求，由此形成学校本科培养的标准体系。要在专业培养目标、专业毕业要求以及课程教学要求之间建立起对应关系，全体学生和任课教师都应清楚这种对应关系。

（4）教学中心地位　　学校应把本科教学作为学校最基础、最根本的工作，领导精力、师资力量、资源配置、经费安排和工作评价都要体现以教学为中心。

2. 师资队伍

（1）数量与结构　　师资队伍的数量与结构是教学工作的基本保障。学校专任教师、实验技术人员和教学辅助人员三支队伍的数量应满足教学要求。师资队伍要在年龄、学历、学科、学龄及职称等方面结构合理，符合学校的定位，适应教学的需要，满足专业和学科发展的需求。学校应制订师资队伍建设规划，并根据专业与学科发展需要，对师资队伍的数量与结构进行合理规划，且有效落实。

（2）教育教学水平　　教书育人是教师的基本职责。教师应切实肩负起立德树人、教书育人的光荣职责，以高尚师德、人格魅力、学识风范教育感染学生，做学生健康成长的指导者和引路人。教师的教育教学水平包括两方面：一是教师的专业水平与教学能力，二是师德师风。

（3）教学精力投入　　学校不仅要拥有一支数量充足、结构合理、教育教学水平高的教师队伍，而且教师要能够自觉履行教书育人的基本职责，把主要精力投入到教学工作中。积极参加教学改革、专业建设、课程建设和教材建设。正确处理教学与科研的关系，并能自觉地将科研资源及时转化为教学资源，将最新研究成果及学科前沿知识带进课堂。

（4）教师发展与服务　　办学以教师为本。学校应重视教师专业发展，加强教师管理，满腔热情地关心教师、服务教师，努力改善教师的工作、学习、生活条件，为教师履行教书育人职责创造良好环境。

3. 教学资源

（1）教学经费　　教学经费是教学资源建设和日常教学运行的基本保障。学校应优先保障教学经费投入，保障教学经费满足教学改革、建设及日常运行的需要。

（2）教学设施　　教学设施主要包括实践教学设施、课堂教学设施和辅助教学设施等。实践教学设施主要包括实验室、实习实训基地等，课堂教学设施主要包括教室、语音室、计算机房等，辅助教学设施主要指与教学有关的公用设施，例如图书馆、校园网、体育场馆等。学校的教学设施应满足教学要求，并得到有效利用。

（3）课程资源　课程是教学的基本单元。课程资源包括课程、教材以及网络资源、学科与科研资源等辅助教学资源。这是进行课堂教学及其他教学活动的“软”基础。学校应加强课程资源建设，形成与培养目标相适应的、多样化、高水平辅助教学资源。

（4）专业设置与调整　专业是人才培养的基本依托。学校应根据办学定位制订专业建设规划，提出明确的专业设置条件，调整并优化专业结构，形成学校人才培养的优势和特色。

（5）社会资源　社会资源是学校教学资源的重要补充和延伸。学校要积极开拓和有效利用社会资源。要积极开展合作办学、合作育人、合作就业、合作发展等，共建教学资源。积极拓展社会捐赠渠道，为学校发展筹措更多的经费。

4. 培养过程

（1）人才培养方案　人才培养方案是高等医学院校教学组织与管理的基本依据，是人才培养的设计蓝图。人才培养方案主要包括招生对象，基本学制与授予学位，培养目标与规格要求，课程设置、学时分配及教学进程，毕业与学位授予要求等。人才培养方案应符合学校人才培养总目标，具有科学性、权威性和相对稳定性；应建立人才培养方案的制订和审批程序，以及监控和评审制度；应确保人才培养方案得到全面落实；应将培养要求细化到每一个具体的教学环节中，保障每一个教学环节都能达到教学要求。

（2）课堂教学　课堂教学是高等医学院校人才培养的主渠道。学校要制订并严格执行课程标准；要积极促进教与学、教学与科研的紧密结合；要重视备课、试讲、讲授、讨论、作业、答疑、考试等各个环节；要积极推进教学内容、教学方法、教学手段以及考试评价方法等改革。

（3）第二课堂　第二课堂指培养方案中所规定的主要教学环节以外的其他教育教学环节。学校应高度重视第二课堂在人才培养中的重要作用，建立并完善第一课堂与第二课堂紧密结合的人才培养体系；积极支持各种健康向上的学生社团和俱乐部建设，开展丰富多彩的课外活动；应注重校园文化建设，使学生受到良好的感染、熏陶和激励；应加强德育教育体系建设，在充分发挥第一课堂主渠道作用的同时，充分发挥第二课堂德育教育优势；应充分利用学科和科研资源，为学生提供学术环境，支持学生开展课外创新实践活动；应采取有效措施，引导学生积极投身社会实践和社区卫生服务；应积极创造条件，推进开放办学，给学生提供更多的跨校和跨文化学习交流机会。

(4) 实践教学　实践教学包括实验、实习和社会实践等环节，本科教学评估主要考察其内容、体系、组织和实施等方面。高校应牢固树立实践育人理念，坚持知行合一、学以致用，强调“学中做、做中学、做中思”；应高度重视实践教学，建立与理论教学紧密结合的实践教学体系；应大力推进实践教学内容及方式方法改革，增强实践育人效果。

(5)教学改革　教学改革主要包括人才培养模式改革、教学内容和体系结构改革、教材建设与更新、教学方法及手段改进等方面。学校应将教学改革作为提高教学质量的内驱动力，贯穿于人才培养的全过程；应将教学改革与研究变成广大教学工作者的自觉行为；应大力推进培养体系、教学模式和管理机制改革，推动教学质量的不断提升。

5. 学生发展

(1) 生源数量与质量　招生工作是人才培养工作的起点，生源质量是培养质量的起点。生源数量与质量在一定程度上反映了学校的人才培养质量与社会声誉。高等医学院校应高度重视招生工作，采取有效措施吸引优秀考生，提高生源质量。

(2) 学生指导与服务　教育的本质是培养人，人才培养要以学生为本。高等医学院校应关心每个学生，把促进医学生健康成长作为一切工作的出发点和落脚点。学校应建立完善的学生指导与帮扶体系，帮助学生成长成才；应采取有效措施鼓励教师积极参与学生指导，关爱学生。

(3) 学风与学习效果　学风是指在共同目标指引下，在认识一致的基础上，经过学校全体成员长期共同努力而逐渐形成的一种教师教学和学生学习的行为风尚，是一种比较稳定的精神状态、文化氛围和育人环境。学风主要包括两层含义：教学风气和学习风气。学风是一种无形力量，它通过潜移默化的作用，对人才培养质量起着重要作用。在一定程度上，学风是衡量一个学校办学水平、教学质量、学生素质的重要标志。高等医学院校应采取有效措施加强学风建设，有明确的建设理念、科学的建设规划和切实可行的措施，形成充分调动学生自主学习的机制、环境和氛围，引导学生明确学习目的、端正学习态度，勤奋学习、刻苦钻研。学习效果是指学生的学习成就，也是学校人才培养的结果，具体体现为德、智、体、美等方面。

(4) 毕业生就业与发展　毕业生就业率与就业质量，反映了一所学校人才培养被社会的认可度。毕业生的职业发展情况，是对一所学校人才培养工作的总体反映。学校人才培养目标确定的合理性、人才培养目标的达成度等，最终由毕业生的职业发展来检验。毕业生的职业发展主要指学生毕业后一段时间(例如 5 年后)在社会与专业领域的发展情况。

6. **质量保障**

(1) 质量保障体系建设　　人才培养质量保障体系是指学校以提高和保证人才培养质量为目标,运用系统方法,依靠必要的组织结构,把学校各部门、各环节的质量管理活动严密组织起来,将人才培养和信息反馈的整个过程中影响培养质量的一切因素控制起来,形成的一个有明确任务、职责、权限,相互协调、相互促进的质量管理的有机整体。只有建立一个完善有效的人才培养质量保障体系,才能确保人才培养质量持续提升。

(2) 质量监控　　质量监控是质量保障体系的重要职能之一。学校应建立完善的教学管理规章制度和教学质量监控机制,对主要教学环节的教学质量实施有效监控;应建立一支高水平的教学督导队伍,对日常教学工作进行检查、监督和指导;应建立完善的评教、评学制度;应定期开展课程评估、专业评估和学校二级学院(系)的教学工作评估。

(3) 质量信息的统计、分析及反馈　　质量信息的统计、分析及反馈是质量保障体系有效运行的重要保障。建立质量信息公开制度,是高等教育质量接受社会监督和评价的重要途径。高等医学院校应对能反映教学质量的信息进行跟踪调查与统计分析,例如:生源质量、在校学生学习状况、应届毕业生就业去向和就业质量、毕业生职业满意度和工作成就感、毕业生社会满意度等;应对本科教学基本状态数据进行统计分析,并将结果及时反馈给相关机构与个人。高等医学院校有责任向政府报告和向社会公开人才培养质量信息,接受监督与评价;应当让学生、家长和用人单位等利益相关者能够及时了解学校的人才培养质量,尊重他们的知情权。

(4) 质量改进　　所谓质量改进是指针对教学质量存在的问题和薄弱环节,采取有效的纠正与预防措施,以达到持续改进的目的。高等医学院校应针对质量监控和质量分析中发现的问题和薄弱环节以及提出的质量改进建议等,制订整改措施,并认真落实;配备必要的资源,进行质量改进,并对纠正与改进措施的有效性适时进行评价。

5.2.4　审核评估的主要过程

审核评估程序包括学校自评、专家组进校考察、评估结论审议与发布等。

1. **学校自评**

参评高等医学院校根据评估方案及上一次本科教学工作评估存在问题的整改情况,结合自身实际,认真开展自我评估,按要求填报本科教学基本状态数据，在此基础上形成《自评报告》和《教学基本状态数据分析报告》，同时提交各年度《本科教学质量报告》。

2. 专家组进校考察

专家组在审核学校《自评报告》、年度《本科教学质量报告》及《教学基本状态数据分析报告》基础上，通过查阅材料、个别访谈、集体座谈、考察教学设施与公共服务设施、观摩课堂教学与实践教学等形式，对教学工作做出公正客观评价，形成《审核评估报告》。

3. 评估报告内容

《审核评估报告》应在全面深入考察和准确把握所有审核内容的基础上，对各审核项目及其要素的审核情况进行描述，并围绕审核重点对学校本科人才培养总体情况做出判断和评价，同时明确学校教学工作值得肯定、需要改进和必须整改的内容。

4. 评估结论审议与发布

各省(区、市)教育行政部门和教育部评估中心按年度将所组织的审核评估情况形成总结报告报教育部。教育部组织评估专家委员会进行审议，公布审议结果，并由教育部评估中心和各地教育行政部门公开发布参评高校的审核评估结论。

5. 评估结果

审核评估结果是学校教育教学质量的综合反映，与学校办学声誉、长远发展直接相关。高等医学院校要根据审核评估中提出的问题及建议进行整改，有关教育行政部门应对评估学校的整改情况进行指导和检查，并在政策制订、资源配置、招生规模、学科专业建设等方面予以充分考虑，促进学校教学质量不断提高。

5.3 专业评估与认证

5.3.1 专业评估与认证概述

1. 评估

评估是记述、获取和提供最终决策所需的有用信息的过程。记述是指对即将进行评定的专业的各个方面进行明确的界定和详细的说明；获取是对信息进行收集、整理和分析；提供是指将综合处理过的信息以某种有用的方式提供给决策者。

2. 专业评估

专业评估(professional assessment)是依据评估标准，利用可行的评估手段，通过定性与定量分析，对专业进行价值判断的过程，它既是对高等医学院校各专业教育质量的评判，也是高等医学院校办学水平评估的重要组成部分。专业评估的对象是高等医学院校所设的专业。评估目的是：① 发现专业的优势和差距，明确建设目标，促进专业的发展；② 为科学决策专业建设规划、专业布局调整、专业培养目标定位等提供依据。专业评估既是对高等医学院校各种专业的教育质量评判，也是学校办学水平评估的重要组成部分。我国开展的专业评估主要有两种方式：一是学校自身作为评估主体，组织对校内各专业的评估；二是行政主管部门对学校专业办学水平进行评估。其核心在于校内学者治学和校外同行评议的统一。专业评估的基本程序可分为五个阶段，即申请阶段、自评阶段、自评报告审阅与视察阶段、申诉与复议阶段、质量保持阶段。

3. **专业认证**

专业认证（professional certification）是指由专业认证机构对高等医学院校举办的专业进行专门性（specialized）认证，为其人才进入专门职业工作的预备教育提供质量保证。通过认证，向公众提供专业教育质量的权威判断。

5.3.2 临床医学专业认证产生的背景及发展

2001 年，世界医学教育联合会（Word Federation for Medical Education，WFME）颁布了《本科医学教育国际标准》（*International Standards in Basic Education*），并提出了"建立世界医学教育注册制度"的建议。随即，WHO 西太区医学教育协会（AMEWPR）制定了区域性医学教育标准——《本科医学教育质量保证指南》和纽约中华医学基金会（China Medical Board of New York，CMB）资助成立的国际医学教育专门委员会（Institute for International Medical Education，IIME）制定了《全球医学教育最低基本要求》（*Global Minimum Essential Requirement in Medical Education*，*GMER*）。随着国际医学教育质量标准的出台，全球六大区域内医学教育专业认证的研究与实践也随之迅速推广和发展，医学专业认证已经成为国际医学教育质量保障和学历互认的重要前提条件。2010 年，美国外国医科毕业生教育委员会（ECFMC）发布新规："至 2023 年，所有申请 ECFMC 证书的外国医科毕业生，其毕业的学校必须经过正式的认证（采用与 LCME 或 WFME 相当的国际认可的程序及标准进行认证）"，这一规定进一步凸显了建立与国际接轨的医学专业认证制度的重要性。WFME 于 2011 年启动并于 2012 年完成了"全球标准"的首次修订，其修订版本于 2013 年颁布，即《本科医学教育质量改进全球标准（2012 年修订版）》。

2002年教育部召开专题会议部署本科医学教育国际标准本土化的研究工作，并组建"医学教育国际标准本土化研究与实践"课题组。2003年教育部、卫生部联合委托中国高等教育学会医学教育专业委员会设立专门项目，组建"中国医学教育质量保证体系研究与实践"研究课题组，正式批准研究和制订《中国本科医学教育标准》。2004年该课题组在广泛调研论证的基础上，基本完成了《中国本科医学教育标准》和《中国本科医学教育认证办法》(讨论稿)的制定；2005年6月向教育部提交研究成果并正式出台《中国本科医学教育标准》；2006年5月，课题组组织国际医学教育认证专家依据WFME颁布的《本科医学教育国际标准》对哈尔滨医科大学进行了试点认证实践；2007年医学专业认证正式列入教育部"教学质量工程"；2008年9月教育部、卫生部联合发布《本科医学教育标准——临床医学专业(试行)》，标志着由两部委共同发布的首个中国医学专业认证标准产生；同年成立"教育部医学教育认证专家委员会"、"教育部临床医学专业认证工作委员会"，并对华中科技大学进行了医学专业试点认证。与此同时，中医学、药学、口腔医学、护理学、中药学等本科专业教育标准或认证标准，在其专业教指委组织下相继制定。2009～2013年，汕头大学、中南大学、吉林大学、广西医科大学、中国医科大学等20多所医学院校相继通过临床医学专业认证。

5.3.3 医学专业认证教育政策规范

1. 实施主体的政策规范

2008年颁布的《教育部办公厅关于成立教育部医学教育认证专家委员会和教育部临床医学专业认证工作委员会的通知》，对临床医学专业认证的主体和客体进行了规范，其实施主体为教育部设立的临床医学专业认证工作委员会。而中医学、药学、口腔医学、护理学等专业认证的实施主体为教育部委托其下设的高等学校各专业教学指导委员会。总体而言，医学专业认证实施主体仍然是教育部宏观管理下由其设立或委托的机构，自然实施客体为高等院校及其所设置的医学类专业，这就需要教育部临床医学专业教学指导委员会与医学专业认证工作委员会之间建立畅通的联系和工作渠道，并有明确的分工，如此才能保证专业建设和专业认证工作的有效实施与无缝衔接。与本科教学评估不同，教育部对医学专业认证工作更加强调行业或专业学会的作用，突出高等院校专业建设及其人才培养的自主性，这对于充分吸纳相关利益方参与高校医学类专业建设及其人才培养工作具有积极作用。认证的核心内涵是被认证的学校证明能够按照医学教育标准和本校设定的人才培养目标达到办学标准、人才培养标准及保障人才培养质量，并进一步证明这种保障的可持续性。

2. 实施目的的政策规范

医学专业认证政策在对“医学专业认证实施目的”进行规范时，首先对“医学专业认证”进行规范。即医学专业认证归根结底是为了提高高等医学教育质量；医学专业认证制度是整个高等医学教育质量评估或评价制度的重要组成部分。梳理医学专业认证政策文本不难发现，涉及医学专业认证的相关政策文件基本上都以“教育或教学质量”为文件核心主题词。具体而言，医学专业认证实施目的的政策规范主要表现在三个方面：一是规定“建立与完善专业人才培养的教学质量标准体系，形成我国高等教育教学质量标准体系”；二是规定“逐步建立高等学校、政府和社会共同参与的中国高等教育质量保障体系”；三是规定“建立起具有中国特色与国际医学教育实质等效的医学专业认证制度”。

3. 实施措施的政策规范

关于医学专业认证实施措施的政策规范主要包括三个方面：一是规范医学专业认证的实施依据。为此，教育部与行业主管部门共同以政策文件的形式发布了临床医学、中医学两个专业的《本科医学教育标准》，其他医学类专业教育标准尚在进一步试点和完善中。二是规范医学专业认证实施模式、运行机制和途径。即采用“院校个别试点—扩大试点范围—2020 年完成临床医学专业首轮认证”的“由点到面”逐步推进模式，以及“制订标准—试点—建立组织结构—完善标准和认证程序—扩大试点—完善政策体系”的管理运行机制。同时，明确实施的具体途径为国内评估和国际评估。三是规范学术研究支持是其实施基础。我国医学专业认证工作从一开始就依托教育部、卫生部的招标立项课题和课题研究成果，突显了医学专业认证的学术性、专业性和科学性。“医学教育认证体系”是“构建中国医学教育科学体系”的重要组成部分。

4. 实施结果及其效应的政策规范

对于医学专业认证结果及其效应的政策规范具体表现为三个方面：一是规定“以认证结果作为审核医学教育招生规模的依据，并将认证结果通过适当方式向社会公布”。二是规定“要定期向社会公布医学教育院校相关信息和评估结果，做好医学教育与卫生职业准入的衔接”。三是规定“建立健全临床医学专业本科教育和专业学位研究生教育准入制度”。以上政策内容规范了认证结果要定期发布的政策以及与“院校招生规模”、“卫生职业准入”、“专业学位研究生教育准入制度”相匹配的政策，对医学专业认证工作推进和高等医学教育质量保障有积极作用，但是缺乏更为具体的操作规范及实施探索，这也是医学专业认证政策的局限性及需要进一步完善之处。

5. **实施保障的政策规范**

对于医学专业认证实施保障的政策规范具体表现为两个方面：首先，对医学专业认证工作的经费支持进行了政策规范，明确“专家差旅费及认证工作经费由‘高等学校本科教学质量与教学改革工程’专项经费支出”，“批准教育部高等教育教学评估中心组织实施 120 个本科专业认证试点项目，每个专业点支持经费 15 万元”。其次，对加强医学专业认证政策制度保障的建设进行了政策规范，明确规定：“‘十二五’期间，总结经验，研究借鉴国际医学教育规范，进一步完善符合国际医学教育规范的我国临床医学教育专业认证标准和认证程序，扩大试点范围，完善政策体系”。

5.3.4 临床医学专业认证考察要点

临床医学专业认证指标体系包括 10 项标准(宗旨及目标、教育计划，学生成绩评定，学生，教师，教育资源，教学评价，科学研究，行政和管理，改革与发展)和 44 个亚标准。《标准》中的各项指标要求如下。

1. **宗旨及目标**

包括宗旨及目标、宗旨及目标的确定、学术自治、教育结果等 4 个亚标准，重点考察学校是否按照卫生需要和专业标准明确办学宗旨和目标，在宗旨和目标确定的过程中是否有共同利益方(学校领导、医学院的行政管理人员、教职人员、学生、用人单位及政府主管部门或学校的主办者)的参与，全校师生是否周知，在教学管理过程中，相关利益方是否参与，学校确定的培养目标、教育计划、教育评价是否实行基于职业能力的医学教育，符合毕业生应达到的基本要求。

2. **教育计划**

包括课程计划，教学方法，科学方法教育，思想道德修养课程，自然科学课程，生物医学课程，行为科学、人文社会科学及医学伦理学课程，公共卫生课程，临床医学课程，课程计划管理，与毕业后和继续医学教育的联系等 11 个亚标准，考查内容包括学校课程计划的制订是否依据医疗卫生服务的需要、医学科学的进步、医学模式的转变及学校实际情况，制订过程中是否有共同利益方的参与和理解，教育计划的制订是否考虑到培养学生自主学习能力、批判性思维、科学方法、终身学习能力、沟通协作意识的培养并为毕业后教育奠定基础和有机衔接，课程计划中是否进行或加强课程的整合(横向或纵向)，是否包含通识教育，全科医学、医学伦理、循证医学，早期接触临床，预防医学，社区医学及初级卫生保健知识，教学方法上是否开展以“学生为中心”、“自主学习”为内容的教育方式及教学方法改革，生物医学课程及临床医学课程阶段是否采取小班、小组方式教学，课程计划实施过程中是否有专门机构负责制订操作、信息意见反馈、规划调整等具体工作。

3. 学生成绩评定

包括学生成绩评定体系，考试和学习之间的关系，考试结果分析与反馈，考试管理等4个亚标准。考察学校成绩评定体系的建立与运行情况及是否符合学校的教育目标，能够全面评价学生的知识、技能、行为、态度、分析与解决问题的能力、获取知识能力及人际交流能力，是否采用先进、客观的考试方法，如平时的形成性评价方法、跨学科的整合式试题、客观结构化临床考试(objective structure clinical examination, OSCE)等，是否进行规范化的考试过程管理，考试后是否进行基于教育测量学的考试分析，是否为改进教与学提供有效的信息。

4. 学生

包括招生政策，新生录取，学生支持与咨询，学生代表等4个亚标准。考察学校招生政策是否合理规范、公开透明，是否有相应机构为学生提供包括课程选修、成绩评定、学习、心理、就业、生活等方面的指导，是否为经济困难学生提供经济帮助，是否有学生代表参与学校管理、教学改革、课程计划的制订、评估及其他与学生有关的事务，是否支持学生成立自我管理、自我教育、自我服务的相关组织，是否有完善的学生申诉机制。

5. 教师

包括聘任政策，师资政策及师资培养等2个亚标准。考察学校教师是否符合学校的办学规模和目标定位，满足教学、科研、教学改革的需要，师资队伍结构是否合理，是否有保障教师的合法权利和义务的政策并有效执行，是否能够作为共同利益方参与教学管理与决策，是否建立教师业绩考核评价体系，是否为保证教师的培养、考核及交流，建立教师发展中心，培训教育理论及技能。

6. 教育资源

包括教育预算与资源配置，基础设施，临床教学基地，图书及信息服务，教育专家，教育交流等6个亚标准。考察内容包括学校教育经费所占当年会计决算的比例是否达到国家有关规定，投入是否逐年增加；是否有足够的基础设施(各类教室、多媒体设备、小组讨论学习室、基础实验室、实验设备、示教室、临床模拟技能实验室、教学考核设施、图书馆、信息技术设施、因特网接入、文体活动场所、学生公寓等)供师生的教学活动使用，能否保证教育计划的完成；学校是否有足够的三级甲等附属医院，医学类专业在校生与病床总数比例能否达到 1∶1，是否有社区卫生服务中心、乡镇卫生院、疾病预防与控制机构基地，临床教学基地管理是否规范；学校图书与信息资源是否充足，能否有效地用于教学工作为师生提供服务；学校是否有教育专家参与医学教育的决策、教育计划的制订及教学方法的改革并发挥有效的作用；是否与其他的高等教育机构建立合作及学分互认的机制，是否有适当的资源促进教师和学生进行地区及国家间的交流。

7. 教学评价

包括教育评价机制，教师和学生的反馈，利益方的参与，毕业生质量等 4 个亚标准。考察学校是否在共同利益方的参与下建立有效的教育评价体系以确保课程计划的实施和教学各环节（尤其是教育计划、教育过程及教育结果）的运行，能及时发现和解决问题；是否进行毕业生质量调查制度，并将其反馈信息作为改进教育质量、调整教育计划和改进教学工作的主要依据。

8. 科学研究

包括教学与科研的关系，教师科研，学生科研 3 个亚标准。考察学校是否有相应的科研政策、发展规划和管理办法；是否为教师提供基本的科学研究条件；教师的科研活动能否引入教学工作，培养学生的科学思维、科学方法及科学精神；是否有足够的医学教育研究和管理；是否有对学生科研能力的培养，通过综合性设计性实验、开设学术讲座、组织科研小组等形式为学生创造参与科研的机会和条件。

9. 行政和管理

包括管理，医学院校领导，行政管理人员，与卫生部门的关系等 4 个亚标准。考察学校民主管理机制的建立与执行情况，是否设立学术委员会、教学委员会等组织，审议教学计划、教学改革及科研等重要事项；医学院校主管教学的领导是否有足够的管理权限；是否有结构合理的行政管理队伍并有相应的管理制度和教育培训；是否与卫生管理部门和机构建立建设性的关系。

10. 改革与发展

包括发展规划和持续改革 2 个亚标准。考察学校是否有发展规划并定期回顾和检查；是否顺应医学教育发展趋势，建立现代医学教育体系，建立完善、规范的管理体制，培养目标、教育计划、课程结构、教学内容和方法、考核方法与时俱进，适应社会需求。

5.3.5 临床医学专业认证的基本步骤

认证从毕业生应达到的基本要求和医学本科教育办学标准两方面来考

核。认证程序包括：向认证组织申请，学校自评，专家组进校考察，形成认证报告并提出认证建议，认证回访等步骤。

1. 申请认证

申请认证通常包括申请条件和申请审核两个方面。申请条件要求申请单位必须是经教育部批准或备案、已有三届毕业生、学制不低于五年、以本科教育为培养目标的专业所在高等医学院校。申请认证的院校还要向医学专业认证工作专家委员会秘书处递交申请报告和申请表，申请报告按照《医学专业认证学校准备工作指南》要求撰写，内容包括学校和专业概况、专业特色、基本办学条件等。申请审核是指认证专家委员会收到学校申请报告和申请表后，将对学校的申请进行审核，重点审查申请学校是否具备申请认证的基本条件，必要时，专业认证专家委员会可要求申请学校对某些问题做出答复，或进一步提供证明材料。

根据审核情况，专业认证专家委员会可做出以下两种结论，并做相应处理：一是受理申请，通知申请学校进入自评阶段；二是不受理申请，向申请学校说明理由，学校须在达到申请认证的基本条件后重新申请认证。

2. 院校自评

自评是申请认证学校专业所在院系对自身办学状况、办学质量的自我检查与评估，包括办学条件、培养目标等是否达到《中国本科医学教育标准》所规定的要求。自评工作由学校有计划地组织进行。自评应自始至终体现真实性、客观性、综合性，所在院(系)应组织教师、学生和相关工作人员共同参与。

撰写自评报告是自评阶段的重要工作，自评报告是学校向专家委员会递交的文件，要对专业教育标准的各项内容进行自我评价、说明并附以证明材料，以供审核。自评报告包括四个部分：一是前言，要求描述学校的办学指导思想、学校定位、专业介绍、在人才培养方面的总体思路等，其中专业介绍包括历史及现状、专业目标、本专业在学校及国内同类院校中的地位、作用、特色等；二是专业建设与水平，要求依据《中国本科医学教育标准》各项指标逐条描述，并围绕主要内容提供翔实的证明材料；三是目前存在的问题与今后的努力方向，要求重点描述本专业存在的不足与问题，需要进一步努力和改进的思路与具体措施等；四是以近五年为主的附件，包括教学文件(人才培养方案、课程标准、课程表与教学进度表等)，本专业教师名单、履历、职称、担任课程等情况，教育部对学校整体办学、教学工作的评价或评估结论及其他应提供的证明材料。

3. 审阅《自评报告》

收到受理通知的院校应在专家现场评估前 1 个月将自评报告递交到医

学专业认证专家委员会秘书处，认证专家委员会对申请学校的自评报告进行审阅，重点审查申请认证的专业是否达到《中国本科医学教育标准》的要求。认证专家委员会审阅自评报告后，可得出三种结论：① 通过自评报告。并于两个月以内组织、派遣专家组进行实地视察。② 基本通过自评报告。对自评报告中少量不明确或欠缺的部分，要求申请学校在 15 天内进一步提供说明、证据或材料，根据补充后的情况再决定是否派遣专家组。③ 不通过自评报告。自评报告的内容不能达到《中国本科医学教育标准》的要求，而学校又不能提供新的证据加以说明；自评报告未通过者，停止认证工作，且两年内不再接受申请。

4. 临床医学专业认证的现场考察基本程序

申请认证学校应为专业认证专家组准备一间专用工作（会议）室，室内应陈列考查所要求的有关教学和教学管理等资料，包括不同层次学生的文字材料和实物，如作业、设计、试卷、报告、论文等。入校考察应在学校正常教学期间进行，申请认证学校应安排专人负责配合专业认证专家组的工作。具体流程如下：

1）自评报告（书面和口头汇报）。

2）校领导作总体汇报。

3）访问各教研室和医院。

4）与教师会面。

5）与学生会面。

6）与管理人员会面。

7）与学校领导和高层管理人员会面。

8）会议：把初步发现问题向学校做口头反馈。

9）向学校提供改进和建议的报告。

10）打印报告终稿（英文和中文），并发送给 HMU、AMUCC、WFME、AMEWPR。

11）进行随访（认证第二年）。

认证结论通常分为完全认可、有条件认可和不予认可三种结论，并标明有效期限及各项指标评价结果。医学专业认证专家委员会应将认证结论及时通知申请认证学校，并呈报教育部备案。凡通过医学专业认证的学校，可获得医学专业认证专家委员会颁发的医学专业认证合格证书。医学专业认证委员会应在有关新闻媒介上公布认证结果。

第6章 高等医学院校教师专业发展与评价

6.1 教师职业的专业性

6.1.1 专业的涵义

职业是社会分工的产物，随着社会发展，劳动分工不断细化，职业种类随之增加。1893年，著名的法国社会学家涂尔干发表博士论文《社会分工论》，开启了社会分工和职业问题研究的先河。从此，社会学家们开始研究专业的形成和特性，研究专业（专门职业）与职业（一般职业）的判断标准。

较早系统研究"专业"的英国社会学家卡尔-桑德斯认为，专业的形成可以追溯到中世纪的行会组织（guilds）。他指出："所谓专业是指一群人在从事一种需要专门技术的职业。专业是一种需要特殊智力来培养和完成的职业，其目的在于提供专门性的服务"。根据这个定义，他指出，最古老而又最典型的专业是牧师、医生和律师。除了这传统的三大专业，工业革命和现代社会又催生出了工程师、机械师、化学师、药剂师、建筑师、会计师、经理人等新专业。

1933年，德国学者布兰德斯提出了对专业的认识："专业是一个正式的职业；为了从事这一职业，必要的上岗前的训练以智能为特质，包括知识和某些扩充的学问，它们不同于纯粹的技能；专业主要供人从事于为他人服务，而不是从业者单纯的谋生工具。"他提出了构成"专业"的最基本的三大属性，即全日制的正式职业，以深奥的知识、才能和技术为基础，为公众和社会提供无私的服务。他的观点得到了大多数社会学家的认同。

目前，普遍认为，专业是指具有高度专门知识和技能的职业，与一般职业相对，所以也称为专门职业，英文为 profession。从事专门职业的人员通常被称为专业人员。

6.1.2 教师职业的专业性分析

教师职业，指在社会中专门进行教育的机构里从事直接的教育、教学的工作。教师职业是否是专门职业，教师是否是履行教育教学工作的专业人员，一直是国内外学者关注与探讨的问题。

最早提出教师是一种专门性职业思想的是美国社会学家利伯曼，他于1956年发表文章《作为一门专业的教育》，获得很高的评价。他关于"专业"的定义，至今在国际教育界仍被广泛使用。利伯曼指出，教师这种职业具有：① 公共性即为公众服务的性质；② 具有知识、技术性；③ 需要经过长时间的训练；④ 职务的执行需要自觉性；⑤ 需要个人责任感；⑥ 具有非利润性；⑦ 具有明确的伦理纲领；⑧ 需要成员的自我管理。这八个方面是互相关联的组合体。

1966年，联合国教科文组织发出《关于教师地位的建议书》。建议书中提到"教育工作应被视为一种专业。这种专业要求教师经过严格且持续不断的研究，才能获得并维持专业知识及专门技能，从而提供公共服务；教育工作还要求教师对其教导之学生的教育和福祉具有个人的和共同的责任感。"其中，"应被视为"的表述，说明对教师职业专业性的认识尚存在分歧。事实上，有些学者认为，教师的专业性不及医生、律师、工程师、建筑师等职业，尚未达到"完全专业(full-profession)"的水平，应归类为"半专业(semi-profession)"人员。另一些学者认为，专业虽有一定的标准，但各种职业的结构与性质均在不断的发展变化之中，因此以专业的标准很难客观地衡量每一种职业，要想了解一种职业是否符合了专业标准，最好探讨这种职业在专业化(professionalization)的过程中达到何种程度。教师劳动是一种复杂、艰巨的，具有创造性和综合性的劳动，它既是科学，也是艺术，这就出现了教师是"准专业"，是"正在形成的专业(emergent-profession)"的说法。

从世界范围看，世界教师专业化发展主要经历了两个阶段。第一阶段在20世纪60～70年代，专业发展关注的是教师专业性职业地位的提升，即把教师视为社会职业分层中的一个阶层，专业化的目标是争取专业的地位与权利；第二阶段在20世纪80年代以后，专业发展开始关注教师的角色与责任，即把教师视为提供教育教学服务的专业工作者，专业化的目标是发展教师的教育教学知识与技能，提高教育教学水平。可见，教师专业化发展经历了从追求外在条件到完善内在素质的转变，经历了从追求教师职业的专业地位和权利向提升教师专业能力的转变。而在我国，1993年10月通过的《中华人民共和国教师法》第三条规定："教师是履行教育、教学职责的专业人员”，这表明我国确立了教师职业具有专业性的认识，并以法律形式将这种认识固定下来。

在世界教师专业化发展的趋势下，对于教师专业发展要旨的认识基本达成一致，它是指教师在从教生涯中，通过专业化教育，掌握专业知识技能，强化专业背景，获得专业自主和专业地位，发展专业伦理，提升从教的综合素质，成为一个能胜任现阶段教师角色的教育工作者的过程。而医学教师专业化是指对专门从事医学专业教育教学的教师进行严格而持续不断的教育，使之获得教育教学的专门知识和专门技能。

总之，对教师职业专业性问题的理论探讨将继续进行，而在实践中，发展教师专业能力、努力提高教师职业的专业化程度，是教师专业发展过程中的目标和主题。教师专业发展是指教师在其专业素质方面不断成长并追求成熟的过程，是教师专业信念、专业知识、专业能力、专业情意等各方面不断更新、演进和完善的过程，这个过程伴随教师的一生。专业发展的历程，一方面体现了教师专业素质的综合性，即专业化不仅是知识、技能的专业化，还包括其他素养的提升，如教师道德、伦理、情感、文化等，而“教育教学能力”、“教学成长”涵盖的范围较窄；另一方面，更体现出教师成长的自主性，表达了教师由被动接受培训向自觉、自发追求专业发展、提升专业能力的转变。

6.2 教师聘任与遴选政策

世界各国著名大学的共同经验证明，高素质的师资队伍是高等学校发展最重要的资源，是决定一所大学核心竞争力的关键所在。《本科医学教育质量改进全球标准(2012年修订版)》对教师聘任与遴选政策也提出了明确的标准，包括教师队伍结构、职责范围与业绩要求，要求重点阐明胜任生物医学基础科学、行为和社会科学以及临床科学教学的教师类型、职责范围，以及教师教学、科研和临床服务的业绩标准。高等医学院校要着力构建有利于教师专业发展的政策环境。

6.2.1 树立人才资源是第一资源的观念，切实把教师队伍建设摆在院校建设的核心位置

哈佛大学前校长詹姆斯·科南特曾说：“大学的荣誉不在于它的校舍和人数，而在于它一代代教师的质量。一个学校要站得住，教师一定要出色”。清华大学梅贻琦老校长的名言——“大学者非谓有大楼之谓也，有大师之谓也”，更为国内高等教育管理者所耳熟能详。“十年树木，百年树人”。人才

培养是一个长期的系统工程。我国高等学校的党委书记、校长以任命为主，能不能树立正确的政绩观，至关重要。因为教师队伍的培养，与基础设施建设不同，很难立竿见影，在短时间内显示出突飞猛进的建设成效。对教师队伍建设的投入，可能到他们的继任，甚至更后任，才能产生效益。如果院校的决策层和管理层不能以长远的战略眼光看待教师队伍建设，就难以采取切实有效的措施，就可能导致高等学校偏离正确的发展轨道。必须牢固树立人才资源是第一资源的观念，切实把教师队伍建设摆在院校建设的核心位置。

要努力营造一个既规范又灵活、既严格又民主、既有利于发挥个体的主观能动性又有利于发挥群体协作攻关整体效能的软环境，使教师乐于为学校的建设和发展服务，能够专心致志干事业，并且能够干成事业。要“尊重知识、尊重人才、尊重劳动、尊重创造”，把能否调动教师的积极性和创造性，能否增强教师的凝聚力和向心力，作为制订各项政策、制度的出发点和落脚点。要发扬学术民主，倡导兼容并蓄，鼓励百花齐放、百家争鸣，营造严谨求是、开拓进取的学术氛围。同时，要把管理与服务有机统一起来，对教师队伍中存在的倾向性问题和苗头，特别是职业道德、学术诚信等问题，一定要严肃纪律、教育帮助，不能放任自流、任其发展。

6.2.2 树立正确的人才评价选用观念，切实把德才兼备、具有发展潜力的优秀人才吸引、安排到适宜的岗位

人才成长有其自身的规律。有的人大器早成，年轻时就能取得辉煌的成就，基金、论文、成果样样有建树，这类人比较容易受到院校管理者的重视，并很快纳入优秀人才一类，给予支持和重用。有的教师大器晚成，可能很长一段时间，没有标志性的成果，这类人如何评价他们、使用他们，是院校管理者们面临的难题。如何建立符合学术发展规律与人才成长规律的人才评价体系，科学、准确地反映教师的实际水平和能力，是科技干部人事制度改革的难点。

1. 人才评价、选用工作应主要由教授委员会完成

人事管理部门的主要任务是从事操作层面的具体工作，最终对人才的评价和选用，特别是学科、学术带头人的选用以及高层次人才的引进与聘任等，应当主要依据教授委员会。为了保证教授委员会的公正、公平，以及对人才的正确判断，教授委员会可以吸收校外、甚至国外的知名专家、学者加入。

2. 应实施以竞争择优为主要内容的聘任制

要推进人事制度改革，根除论资排辈的陈规陋习，建立竞争激励机制，

通过合理设岗、选拔竞聘、择优任用以及严格的德、能、勤、绩考核评估等管理措施，实行岗位竞争、优胜劣汰，促进优秀人才脱颖而出。要坚持按需设岗、科学设岗，推进教师管理由“身份管理”向“岗位管理”转变，明确岗位职责，界定各类型、各职务等级教师的教医研工作量和工作质量以及学科、专业建设任务，作为教师考核的依据。要积极探索教师分类管理，按教学型、教学科研并重型和科研为主型三类聘任，让不同专长的教师找到适合的发展道路。要打破校内人才的单位、部门所有制，尊重教师，特别是年轻教师的学科选择，实行人才的双向选择和优化组合。在立足于自己培养的同时，要制订各种优惠政策，引进高层次紧缺人才，或聘为兼职人员，以带动和促进薄弱学科的发展。

3. 刚性评价指标应适度

为了保证高校的学术、教学和医疗质量保持在较高的发展水平，应当给教师一个适度的压力，确定一定的教学、医疗工作量和工作质量标准，以及获得的基金、论文和成果指标。但学术研究有其特殊的规律，院校应当为教师提供一种相对宽松的环境，不能把他们错误导向到片面追求基金、成果、论文，把主要精力用到搞公关、拉关系、粗制滥造论文上，防止学术功利化的倾向，使广大教师静下心来，从事原创性研究工作。美国普林斯顿大学可以包容 9 年不出一篇论文，却解决了困扰世界的数学难题——费马大定理的安德鲁·怀尔斯教授；可以包容患有妄想型精神分裂症、多年像幽灵一样游荡，却最终获得诺贝尔奖的大数学家纳什。试想，这样的人才在我们的高校能取得如此的成就吗？也许连容身之地都没有。高校应当以一种博大的胸怀去包容、善待教师。

4. 保持合理的学缘结构

学缘结构是指师资队伍中，从不同受教育单位取得相同(或相近)学历、学位人员的比例。当前我国高等学校中，选留优秀本科生、硕士生、博士生的现象非常普遍，“近亲繁殖”现象比较严重，导致学缘结构失衡，一定程度上阻碍了人才的交流和学术争鸣。不同学术思想的交流、争论、融会，是学术发展的重要条件；吸收各学派之长，是发展学术，激发学者，特别是青年学者创新思维的重要途径。美国一些研究型大学的做法值得我们借鉴，一是公布招聘条件和选择标准，面向国内外学校、企业公开招聘；二是大量聘请外校优秀硕士、博士毕业生；三是建立聘后考核制度，“非升即走”。

5. 正确处理教学工作与其他工作的关系

教学工作是高等学校的中心工作，科研工作在造就大师、名师，在培养博士生、硕士生、八年制等高层次、创新型人才的方面，发挥着重要作用。医疗工作是附属医院的中心工作，也是医学生培养的重要环节。教学、医疗、科研都是为培养人才服务的，三者是相互促进、协调发展的。但当前高等医学院校中或多或少地存在着重科研、轻教学，重医疗、轻育人的倾向，必须重视教师的资格准入和待遇，教师应当在取得一定的科研和医疗业绩的基础上，才能承担教学工作，聘任相应教学岗位，同时享受比不具备教师职称的其他同级人员更高的岗位津贴。只有当教师职业真正成为令人羡慕的职业，教学才可能成为所有教师都积极争取的工作。

6.2.3 树立专家治校的观念，切实发挥专家教授参与民主管理的决策咨询作用

大学管理的根本目的主要有三个：一是激发学生发愤学习、努力成才；二是调动教师从事教学、医疗和科研工作的主动性、积极性和创造性；三是统筹各项建设，促进学校的各项事业全面、协调、可持续发展。这其中，调动教师从事教学、医疗和科研的主动性、积极性和创造性是关键。

英国著名数学家和教育家怀特海认为："管理一所大学的教师队伍与管理一个商业组织决然不同。教师的意见以及对大学办学目标的共同热情是办好大学的唯一有效的保证。"必须树立专家治校的观念，充分发挥专家教授参与民主管理的决策咨询作用，体现学术自主精神和教师工作的学术本质。

1. 成立以委员会为主要形式的决策咨询机构

委员会负责了解、分析教学、医疗、科研、教师队伍、后勤保障等各方面工作的现状，追踪国内外相关建设和发展趋势，了解师生的需求，并及时向党委、机关提供信息和政策建议；参与学校重要工作、规划计划、大型投资建设项目等的审议。

2. 实行重大决策专家咨询制度

凡涉及学校改革和发展的重大决策、重要规划、实施方案，领导和教师的选拔任用，职称评聘的办法和结果，科研课题的立项评奖，大宗物资、耗材和设备采购、教医研基础设施工程招标等，都应事先提交各委员会讨论、论证或听证，并采取多种方式，广泛听取专家教授的意见和建议，体现科学决策、民主决策、依法决策。

3. 推行校务公开

尊重教师的知情权、参与权、监督权，凡是涉及学校建设的重大问题、大型投资项目、重要事件的处理结果以及事关师生员工切身利益的问题等，应通过多种途径，向全校教师随时或定期通报。惯性运行的工作应定期公开；

临时性重大事项和群众关心的热点问题应及时公开。公开的主要方式有三种：一是会议，通过召开校务通气会或者各种工作会议公示；二是公文，主要是通知和简报形式；三是媒体，包括电视、广播、校刊、网络、公告栏等。

教师队伍建设是高等医学院校永恒的主题，是核心竞争力的根本所系，只有根据时代要求，结合学校的发展定位，建立科学有效的培养、选用和激励机制，建立起有利于吸引一流人才来校工作、有利于优秀人才脱颖而出、有利于年轻教师健康成长的机制和环境，真正做到能者上、平者让、庸者下，才能确保院校的质量、效益、特色协调健康发展。

6.3 教师的在职培训

教师的在职培训是教师专业发展中不可或缺的重要环节，是终身教育思想在教师教育中的具体体现，它能提升教师的执教水平，有助于教师实现自身价值，提高工作满意度，增强对学校的归属感和责任感，高等医学院校应重视并计划、组织好教师的培训工作。

6.3.1 教师培训的内涵

在教师的执教生涯中，教师培训包括职前培养和在职培训。职前培养主要指对本专业知识和技能的学习。在职培训是指对在岗位的教师进行有组织有计划的再培养，以提高教师的基本素质和专业水平，使其获得目前工作及未来工作所需的知识和能力，在职培训又可以分为入职培训和职后培训两个环节：入职培训是初任教师为获得教师资格证或上岗证而进行的学习与培训；职后培训是教师在初任教师之后的阶段所参与的学习、进修、参观、研讨等提高专业能力的过程。

6.3.2 初任教师的入职培训

初任教师，也称之为“新教师”，是教师职业生涯的开端。从教龄因素着眼，对初任教师进行界定较为科学、合理，因为教师专业发展是教师专业能力由不成熟到成熟的发展过程，随着教龄的延长，教师的专业素质将不断得以提高，而无论教师的年龄大小、职称高低、有无教师资格，都遵循这样一个历程。考虑到现在高校教师学历水平普遍较高，理解、运用知识的能力强，可以将教学工作时间划定在3年以内，处于这个阶段的教师为初任教师(新教师)。

初任教师的专业发展内容，其核心为角色转换，这是初任教师专业发展中最具特色性的内容。新教师形式上完成了从学生到教师的身份转变，但观念、思想等方面仍未脱离学生的意识和心态，从而产生出对于角色转换的困惑，集中体现在发展定位不明确、缺少归属感、工作压力较大、教学效能感缺乏等方面。要解决这些困惑，需要学校管理层和初任教师本身从教师的思想观念、行为举止、教育教学技能等三个方面加以引导和教育。

对初任教师的教育主要是入职培训，常说的岗前培训属于入职培训的一部分。开展入职培训工作，需要注意以下四个方面。

1. **系统规划**

初任教师对发展教学能力的积极性高、但规划性弱，有必要在充分论证的基础上，出台符合专业发展规律、贯穿专业发展历程的入职培训方案，方案应建立培训—实践—再培训—再实践的循环模式，使其教学能力不断提升。

2. **分级培训**

应建立学校、教研室共同配合的两级培训机制，扩展初任教师培训工作的深度和广度。学校针对新教师的共性，统一组织开展短期、集中培训；教研室针对专业、学科特点，通过试讲制度、跟班听课制度、课堂教学自评和他评制度、学术交流制度等常规制度的建立和实施，在初任教师教学基本功训练、教学能力发展上，进一步发挥主体作用。另外，老教师具有丰富的教学技巧和实践经验，充分发挥他们的传、帮、带作用，是提高初任教师教学能力的重要途径。教研室应该充当新、老教师之间的桥梁，使两者之间零散、个别、片段的咨询、交流上升为系统、有序的指导。

3. **突出重点**

入职培训的内容应以课堂教学方法与技能为主，涉及课程教学组织、课堂管理、师生互动、语言表达、启发学生思维等方面。对于校情校史、教学管理、教师权利与义务等校本内容的培训也不应忽视，以增强初任教员对学校教学工作发展重要性的认同感。

4. **形式多样**

应注意培训形式的多样化。理论讲授方面，可实行专题讲座、集中授课、分散自学和讨论答疑等相结合的方式。对于教学技能、经验、方法的掌握，要加强优秀教员授课观摩中的互动环节，还可以分组开展试讲，并请优秀教师进行点评，促使初任教员积极进行角色体验、缩短岗位适应期、尽快建立起规范的教学模式。

6.3.3 其他教师的职后培训

教师专业能力的提升是一个循序渐进的积累过程，初任教师之后，教师进入熟手教师(或被称为骨干教师)、专家教师阶段,处于这两个发展阶段的教师,其专业能力不同,发展需求不同,学校应在充分调研论证的基础上,确定职后培训目标,以增强培训工作的实效性、针对性,建设符合学校实际发展需要的师资队伍。

与初任教师注重角色转换的培训内容不同,对于具备相当教学经验的熟手教师和专家教师而言,虽然培训也涉及具体的教学技能,但理念、思维、态度等“软件”在培训中更为重要。具体而言,职后培训需要在宏观、微观层面注意以下几个问题。

1. 宏观层面,注重构建校际、校本两级培训模式

(1) 校际培训　要加强校际之间的交流、合作与互动,开阔教师视野,进一步增强师资培养的活力。合作包括与师范类院校合作,开展协作性的联合行动研究,请教育学专家进行专业发展上的指导;加强与同类院校的合作和交流,借鉴其成功经验,同时整合教师培养资源,做到资源共享,提升教师培养实效。另外,应积极拓展与国外优秀大学开展合作,选派优秀教师去国外进修,学习国际先进教育理念,提高教师的执教能力。

(2) 校本培训　与校际培训相比,校本培训由学校自行组织,具有针对本校教师实际、经济、方便、针对性强、易于操作等特点。可以请专家到学校进行专题讲座,或邀请外校或机构为本校教师开展某一专项知识或技能培训,也可以组织本校资深教师介绍教学经验、交流教学心得,或组织开展课程观摩学习或进行教学竞赛等。校本培训成本低、效果好,应在职后培训中加以重视。

2. 微观层面,注意充实培训内容,丰富培训方式

(1) 培训内容　可分模块构建培训内容,对不同阶段的教师进行不同模块或同一模块不同深度的培训。培训模块应包括以下内容:教育理念,教育教学理论,课堂教学方法与技能、授课艺术,教育技术(多媒体、网络技术等),教师情志、态度培养,校情、校史、教学管理等。

(2) 培训方式　除了完善课堂讲授、专题讲座、优秀教师授课观摩等传统培训方式外,应注重多元化培训手段的应用,如通过角色扮演、模拟活动、看录像后讨论等方法开展参与式培训,增强培训效果。还应注重开发和利用网络资源进行教学,使教师能够灵活、自由地安排自己的时间、空间参加培训。此外,应引导教师加强对教学实践的反思,开展反思性教学;组织教学科研活动,培养教师从事教学科研的能力;鼓励教师参与课程、专业、学科的建设工作,使他们站在更高的视角认识、思考和研究自己所从事的教学实践。

6.3.4 教师专业自主发展

专业自主(professional autonomy)指专业人员能够独立于外在压力,不受任何非专业人员的干扰与支配,在自己的专业领域内拥有专业自主意识、自主权利和自主能力,自主订立发展目标和计划,自主从事专业知识和实践。作为教师专业发展的基础,自主发展是教师作为发展主体不断超越自我、实现自我的过程,是教师本身自觉、主动、能动的可持续发展过程。事实上,教师专业发展是建立在教师自主发展的基础上,教师专业发展的根本动力源自教师内在的自我更新需求,来自教师内在的主观需要,具有自主成长、自主发展的意识和要求的教师是专业发展的主体。

在我国,学校或其他机构对教师的培训一直被关注,整个教师群体的专业发展也得到重视,而对教师自身在专业发展中的主体地位、教师自身发挥的主观能动性认识不足。事实上,教师拥有教学活动的自主权是专业发展的最基本的立足点,教师自我发展的自主意识才是促进新教师专业发展的根本,教师不单纯是受教育者、受培训者,并非被动地接受培训,教师自主专业发展的意识,发展的积极性、主动性,制约着培训作用的发挥及影响程度。学校应注重对教师的激励机制建设,使教师自觉、自发追求专业发展,同时,应注重教师发展的个性化,引导、鼓励教师个人制订自主发展计划,并通过教学研究、交流合作、自我分析、自学教育书籍、参加培训等方式提高其自主专业发展能力。

教师自主发展主要通过教师的个人反思和行动研究两种途径来完成。

1. 个人反思

个人反思是教师根据自己的需求,在培训者的指导下进行自主学习、自主实践、自主评价、自主完善。教师个人反思可以借助下列技术来进行:第一,头脑反思。在自己的脑海里凭借自己记忆力进行回顾和反思。第二,录像反思。观看自己教学全过程的录像,从旁观者角度对自己进行剖析,从而改善教学行为。第三,对话反思。通过与其他教师进行对话交流,了解其他教师的想法,从而反思自己未曾意识到的教学不足点。第四,关键事件记录反思。教师记录教育教学实践中感触特别深刻、对自己专业发展影响较大的事件,以此作为自己不断反思的素材和长远发展的促进剂。

教师个人反思一般包括下列步骤:第一,教师自查,找出自己在知识能力、观念等方面存在的缺陷或不足;第二,确定一个阶段的发展目标;第三,实施学习计划,调整充实自己的知识结构;第四,把所学知识运用于实践,转化成教育教学能力;第五,对个人反思提高成果进行自我总结评价,并进行修正、改进。

2. 行动研究

行动研究是近年来国内外教育研究所采用的一种新模式，旨在提高实践者的自我反思意识和调节行动能力，并以解决问题、取得成效为最终目标。主要特点是在行动中研究，研究中行动，为改善行动而研究。其最大优势是使教师真正成为研究的主体，教师即研究者，从经验中学习，在反思中成长，通过行动研究实现理论与实践的完美结合，从而完成自身素质的提高与飞跃。行动研究具体包括下列方式：

(1)教学模仿　通过示范课、公开课、优质课、比武课、说课等形式，让教师观摩别人的教育教学活动，学习模仿别人的成功经验，应用到自己的教育教学实践中去，以此提高教师个人的教育教学能力。

(2) 情境体验　在培训活动中创设一种让受训者身临其境的环境，使参与者的情感和认知能力得到深切的感染和深化，使他们在轻松愉快的氛围中获得知识及情感体验，亲身感受到某种教学效果的深刻性和有效性。

(3) 角色扮演　培训者提供一种情境，让部分学员担任不同角色并表演，通过表演去体验他人的感受。其余的学员观看表演，仔细观察在特定的环境中人会有什么反应和行为。表演结束后，举行情况汇报会，扮演者、观察者、培训者共同讨论表演中的行为表现和情感体验，从而深刻理解教育规律和心理规律。

6.4　教师培训中的微格教学

6.4.1　微格教学的概念、特点及起源

微格教学(microteaching)也称为“微型教学”、“微观教学”、“小型教学”、“录像反馈教学”等，是以教育学和心理学理论为基础，以现代视听教育技术为手段，将复杂的课堂教学技能分解细化为单一的、可操作的若干教学技能，对教师进行系统培训的一种方法。

微格教学由美国斯坦福大学艾伦教授等于 1963 年创立，逐步成为美、英、澳、日等国培训教师教学技能、技巧的一种方法。微格教学原是为师范生在当教师之前提供一个教学实践机会而设计的，旨在培训师范生掌握课堂教学技能。艾伦认为，“它是一种缩小了的，可控制的教学环境，它使准备成为或已经是教师的人有可能集中掌握某一特定的教学技能和教学内容。”它是一个有控制的实习系统，使师范生集中精力解决某一特定的教学行为，或在有控制的条件下进行学习。因其具有教学理论与教学实践紧密结合、

定性评价与定量评价相结合、可操作性强、参与性强、主体性强、能促进受训者进行教学反思等优点，被世界许多国家的教师培训所引入。

微格教学于20世纪80年代引入我国，经过三十余年的研究与实践，已广泛应用于师范生培养和教师在职培训。教师专业发展首先要求教师掌握基本的教学技能，而微格教学是提升教学技能的有力手段。

6.4.2 微格教学的实施方法

微格教学的实施可以划分为观察、训练、反馈和评价四个主要阶段。

1. 观察

视觉神经的信息通过能力比听觉神经的信息通过能力强15倍，观察"示范"能使受训者获得较大信息量。示范是以某种形式对教学技能进行形象化的解释和说明。它可以是实际教学或指导教师的教学模拟，也可以是编辑的有关教学片段的录像或整个教学过程的录像。简单的方法是从实际教学中选择一定数量的适宜片段，编辑成大约20分钟长短的录像。示范教学片段的选择有以下两种：一是正确的和错误的。正确体现教学技能和错误体现教学技能的两种示范相互对照；二是高层次的和低层次的。有经验的老教师的示范和新教师的教学相对照。这样可使受训者明确，什么是正确的，什么是错误的，什么是高水平的，什么是低水平的。

2. 训练

通过技能训练掌握复杂课堂教学技能。技能按本身的性质和特点，可分为心智技能和动作技能两种，在微格教学中，也同样包括这两个方面。外部动作是心智技能形成的最初依据，也是它的经常体现者；心智活动又是外部动作的调节者；在完成比较复杂的活动过程中，不仅需要心智技能，同样也需要动作技能。

所谓教学技能，是指课堂教学中教师运用专业知识及教学理论促进学生学习的一系列教学行为方式，包括教学设计技能、课堂教学技能、媒体使用技能、组织和指导学科课外活动的技能、教学研究技能等五个方面。日本研究者根据教学过程的需要，把教学技能分为导入技能、展开技能、结束技能、说明技能、提问技能和板书技能等；又对这些教学技能进行进一步的分解，如把提问技能进一步分解为：提问的作用、提问的目的、提问的种类、提问的时机、提问的范畴、提问的方式、使学生回答的方法、处理学生回答的方法、学生回答的形式、处理学生回答的程序等，使其更加明确具体，可操作性强，便于受训者学习和掌握。

教学技能的训练，在微格教学中通过分解为不同的教学技能模块，分别进行训练，当每一种技能都掌握以后，再将它们进行综合，形成较为完善的课堂教学技能。训练实施包括课程计划准备、教学材料准备、教学技能训练三个方面。

3. **反馈**

信息的及时反馈是教学中最重要的一条教学原则。通过反馈，使受训者自我观察、自我分析、自我改进，尽快达成培训目的。在微格教学实践中，录像设备的使用使受训者能以"第三者"的身份观看自己的教学实践，并客观分析自己教学行为的优劣，以便及时找出差距，调整自己。

4. **评价**

凡是存在，必有数量，既有数量，即可测量。客观准确的评价能使受训者改进教学。微格教学根据有关学习理论，把教学行为按目标分类，制订标准，明确某一教学技能的功能、目的和定义。受训者选择技能进行训练，然后对形成技能的一系列行为进行分析和评价。评价方法包括：讲课人的自我评价；指导教师或其他人根据评价标准进行的评价；利用计算机对记录数据进行分析评价。评价的目的不是给某类教学行为打分，而是向受训者指出哪些地方还需要改进，使受训者明确改进方向。

综上，微格教学主要是为培养、提高教师的课堂教学实际操作能力而设计的。在微格教学实施过程中，选取短小精悍的教学片段，在指导教师的指导下，按以下程序进行训练：观摩示范——技能训练（同时进行录像）——反馈评价（结合观看录像进行）——再技能训练——再反馈评价，以此达到提高受训者教学能力的目的。

6.4.3 微格教学的特征

微格教学蕴含了教学设计、分析和评价，能够对受训者的教学目标设计、教学计划决策、提问及反应技能、教学媒体使用和组织处理教材等进行有效的训练。概括起来，具有下述四个鲜明的特征。

1. **微型性**

课堂规模小，参与人数一般控制在5～10人；教学内容少，以某一教学技能训练为主题；教学时间短，一般持续5～15分钟。

2. **合作性**

受训者的教学过程有导师、同伴或学生、教学评价人员和摄录像设备操作人员组成，共同合作才能达到训练的目的。

3. **反思性**

受训者通过录像反馈、导师指点、同伴评价，反思自身的不足，并在训练中加以矫正。

4. 研讨性

小组成员通过对受训者的演练进行研究、讨论，交流理论与实践经验，共同取得进步。

微格教学是提高教师专业素养和教学能力的一种行之有效的方法，被广泛运用于教师的职前培训和职后培训，对于培养学习型、研究型、创新型教师，促进教师专业发展具有十分重要的意义。

6.5 教师评价

完整的教师专业发展体系离不开教师评价制度的建立，评价制度不仅对教师专业发展具有导向、激励和促进作用，而且是判断处于职业生涯不同阶段的教师是否实现其培养目标的必要手段。

6.5.1 教师评价的内涵

教师评价(teacher evaluation)指依据教育的培养目标和教师的根本任务，运用现代教育评价的理论和方法对教师的素质能力、履职表现、工作业绩做出价值判断，并对教师素质的提高、工作的改进以及效能的提升给予指导的过程。

对教师评价内涵的理解，需要注意以下几点：第一，教师评价的本质是进行"价值判断"，是评价者在教育价值观的支配下，根据评价信息、经过思维加工，对教师的价值做出判断的过程。该过程主要包括搜集教师评价信息、分析评价信息、测定评价结果、做出综合判断等环节。第二，教师评价的对象是教师，评价内容包括教师素质和能力、教师工作过程(主要是教学行为)和教师工作成果(工作绩效)。第三，教师评价必须"按照一定的价值标准"进行评价。第四，教师评价有不同的目的，但最终的目的是为了改进与发展，在于促进教师专业发展，提高教学效能，提升学校师资队伍质量。

6.5.2 教师评价的类型

我国对教师评价的研究始于20世纪80年代初，目前国内教师评价主要有三种类型：一是素质评价，是指对教师应具备的知识、能力、态度、伦理、价值观等素质进行评价，被广泛运用于教师聘任中。二是教学行为评价，是指在建立优秀教师教学行为模式的基础上，根据理想的教学行为来评价教师的工作。三是成果评价，是指根据教师的教学成果——学生的学习进步幅度与行为变化来对教师的劳动价值做出判断。

这三种评价可以同时使用，相互补充、相互检验。与这三种评价类型相对应，在教师评价实践中，评价维度主要集中在素质（胜任能力）、教学行为（教师效能）和成果（绩效）三方面。

6.5.3 教师评价制度

20 世纪初至 20 世纪 80 年代中期，是教师评价的传统时期，即奖惩性教师评价制度形成、发展和盛行的时期。20 世纪 80 年代中期后，教师评价开始进入转型时期，教师评价的理论和方法发生了深刻的变化，许多国家开始尝试、倡导和推行发展性教师评价制度，形成了奖惩性教师评价制度与发展性教师评价制度并存的局面。

奖惩性教师评价制度以加强教师绩效管理为目的，根据对教师工作的评价结果，做出解聘、晋级、增加奖金等决定。发展性教师评价制度以促进教师的专业发展为目的，在没有奖惩的条件下，通过实施教师评价，达到教师与学校共同发展、个人与组织共同发展的双赢结果。两种教师评价制度在评价目的、评价功能、评价方向等多方面存在显著不同。

1. 评价目的

奖惩性教师评价制度主张高度集权，从严治校，依据教师评价的结果，对教师做出奖励或惩罚决定，从而达到加强教师绩效管理的目的。发展性教师评价制度主张适度分权，民主治校，教师参与，通过实施教师评价，达到促进教师专业发展的目的，从而实现教师与学校、个人与组织的共同发展，提高办学质量。

2. 评价功能

奖惩性教师评价制度注重甄别与选拔，发展性教师评价制度弱化了甄别、选拔功能，强化了对教师的促进、发展功能。

3. 评价方向

奖惩性教师评价制度关注教师在评价前的工作表现，通过判断教师的工作结果和工作表现是否达到预设的评价标准，对教师做出奖励或惩罚的决定，是一种面向过去的评价制度。发展性教师评价制度也关注教师在评价前的工作表现，但更关注教师在现有基础上的未来发展，它是一种面向未来的教师评价制度。

4. 评价类型

奖惩性教师评价制度是一种典型的终结性教师评价制度，它特别注重教师评价的结果，较少关注教师专业发展的过程。发展性教师评价制度是一种形成性教师评价制度，或者说是兼具形成性评价和终结性评价特点的教师评价制度，它关注教师评价的结果，更关注教师专业发展的过程。

5. 评价关系

奖惩性教师评价是一种自上而下的教师评价制度。在评价中，评价者在上，是实施者或支配者；评价对象在下，是被动者或服从者，两者间的关系是戒备的、防范的，甚至是敌对的，其或多或少体现了家族式、压迫式的管理思想。发展性教师评价制度是一种平等协商的教师评价制度。在评价过程中，评价者与评价对象共同参与制订评价标准、评价方法等，教师获得了参与学校管理的机会，充分体现了民主式和参与式的管理思想。

6. 评价结果

奖惩性教师评价制度依据评价结果，对教师做出奖励或惩罚的决定。因此，它反对评价对象对评价结果（尤其是导致惩罚的评价结果）的介入和干预，反对评价者与评价对象之间的沟通与协商，甚至禁止评价对象之间的相互交流。在这种评价过程中，评价双方缺乏沟通协商、理解与合作，情绪难免对立，评价结果可能无法得到评价对象的认同。发展性教师评价制度以促进教师专业发展为目的，因此非常关注评价对象对评价结果的认同，要求评价对象最大程度地接受评价结果，并通过积极的反思，把评价结果视为教师未来专业发展的新起点。为了提高评价对象对评价结果的认同程度，发展性教师评价制度努力创造评价双方共同参与的机会，强调评价双方的沟通、协商、理解与合作，欢迎评价对象介入评价过程，大大提高了评价对象对评价结果的认可和接受程度。

研究和实践表明，两种教师评价制度各有利弊。奖惩性教师评价制度加强了教师的绩效管理，使优秀教师得到应有的奖励，不合格教师得到应有的惩罚，但是它不同程度地忽视了教师的自我诊断、自我提高和自我发展；发展性教师评价制度促进了教师的专业发展，但是不同程度地削弱了某些教师的危机意识、竞争意识和责任意识。无论哪种教师评价制度，对于提高办学质量都是必要的。尽管不能"合二为一"，但可以同时实施这两种教师评价制度，努力发挥两者的优势、克服两者的弊端。也就是说，一方面实施奖惩性教师评价制度，旨在加强教师的绩效管理，使之成为一项长效制度；另一方面实施发展性教师评价制度，旨在促进教师的专业发展，使之成为一项长期任务。

6.6 教师专业伦理

教师专业伦理是教师专业化发展中的重要内容，在规范教师行为、提升教师专业品质方面发挥着重要作用，其建设日益受到各国学者的普遍关注。

6.6.1 教师专业伦理的表述与内涵

教师专业伦理，以前常被表述为“教师职业道德”或“教师职业伦理”，但随着人们认识上的转变，“教师专业伦理”一词被越来越多的人认可和使用。

从“伦理”和“道德”来看，在日常用语中，两者常常通用，但也有人把它们分开使用。德国哲学家黑格尔将“道德”专指个体的品性、行为和良心，而“伦理”则指家庭、社会和国家关系，认为个体的道德价值只有通过社会、国家才能实现。近代有人则认为，“道德”多指人们之间的实际道德关系和道德行为；“伦理”则多指关于这种关系和行为的理论。另外，“道德”侧重于个体，更强调内在操守方面；“伦理”侧重于社会，更强调客观方面。可见，以往常用的“道德”一词，偏重于教师个体，强调个人修养，主要指现实的道德现象、道德行为；而“伦理”则偏重于教师专业共同体这个整体，指的是团体伦理，强调公共意志，多指抽象、客观的“应然”规则。

比起“职业”一词，“专业”也更符合世界教师专业化发展的现实状况。在教师专业化发展中，从最初的一般性的德行要求到具有道德法典意义的许多专业伦理规范教育，从重视知识、技能教育的技术性培养逐步过渡到专业精神与专业知识、技能水平提升的兼顾是教师专业化历史发展的一个重要侧面。其主要原因在于，教师专业化实质上是回应时代要求提升教师质量的运动，而教师质量与专业精神不能分离，且随着人们对教师专业特性的研究、理解程度也不断深入，由抽象、模糊、未分化的师德走向具体、明确和专业化的伦理规范是历史的必然。

6.6.2 国外高校教师专业伦理建设概况

1. 专业伦理研究

国外对教师专业伦理理论的探讨开始于20世纪80年代，其后，有关教师伦理的思考在视角上不断丰富，形成了哲学分析、经验探究与案例反思并行的格局；在论域上不限于教学的道德性质、教师专业伦理以及教师面临的道德困境，而且将这些分析拓展到道德教育、教育政策、教师教育、社会公正等具体层面。总体来看，其研究呈现出专业、实践、规范三种取向。具体来说，国外学者或者将教育看作一种专业，从专业义务、专业动机等不同角度进行论证，或者将教育看作一种渗透着伦理意义的实践活动，旨在提升教师的实践智慧，还有学者分析教师伦理准则制订的核心问题和一般维度，或针对已有教师专业伦理准则的文本进行批判性研究，重在规范教师的教育行为。这些对教师专业伦理理论进行的广泛讨论对其实践具有积极的指导意义。

2. 专业伦理规范

在保障道德践行方面，国外重视法律规范的制订，在这方面积累了宝贵的经验。美国教师专业伦理规范数目众多，最著名的是《教育专业伦理规范》。它由美国全国教育协会(National Education Association，NEA)制订于1929年，当时名为《教学专业伦理规范》，为了使其适用范围从教师扩大到包括教育行政人员等在内的所有教育工作者，1968年修订时更名为《教育专业伦理规范》，1975年，又经重大修改，成为美国教育界最具影响力的专业伦理规范。它详细规定了教师必须履行的两方面义务，即对学生的义务和对本专业的义务，在内容结构上，包括了师德理想、师德原则、师德规则三个层面。近年来，美国教师专业伦理规范的制订呈现出细化的特点，如大学教授联合会发表了《教授职业伦理声明》、美国心理学会制定了《心理学家伦理规范》等。英国最大的教师组织国家教师联合会(National Union of Teachers，NUT)，也制定了教师专业伦理规范和行为规范，并在2007年对其进行补充、完善。此外，加拿大不列颠哥伦比亚省教师联合会(British Columbia Teachers Federation，BCTF)也建立了类似的专业伦理规范。

值得注意的是，在国外，教师伦理规范的制订主体为教师专业团体，其规模庞大、人数众多，教师占绝大多数。作为自治性团体，这些教师组织在教师专业伦理规范的制订过程中，注重实证研究，通过调查、访谈等研究方法的使用，使专业伦理规范具科学性和民主性，切合教师专业发展的现实需要。

3. 专业伦理教育

在专业伦理教育方面，国外的实践经验也相对成熟。教师的学习内容主要包括三方面，一是围绕专业伦理规范展开学习；二是学习如何将功利主义、康德的义务论等伦理理论运用到教育或教学实践中；三是采用案例分析法，理解诸如公平、尊重之类的抽象概念，同时学习如何分析现实问题，如道德上的两难抉择。这三方面内容在专业伦理教育中缺一不可。其原因在于，专业伦理规范往往只代表了专业行为的“最低”标准，而且规范本身无法穷尽所有的专业行为，并容易给教师产生一种印象，只要是规范所未明文规定禁止的行为，均可以去做。对于伦理理论的简单学习，未必能使教师应对复杂的教育实践活动。相比较而言，案例学习的效果比较好，但值得注意的是，在现代社会，道德标准常常是复杂的、多元的，很多道德判断、抉择不是在黑与白之间进行选择，更多的是在灰色中进行相对最优的选择，因此，案例的设计非常重要。

6.6.3 我国高等院校教师专业伦理发展现状

我国自古对教师伦理有较高的要求,“德才兼备”、“学高身正”、“为人师表”等,是直至今天仍然存在的对教师的要求。近年来,在理论研究方面,“师德”的重要性一直被强调,学者对如何加强教师专业伦理建设进行了一定的关注和探讨;在专业伦理规范方面,《中华人民共和国教师法》也对教师专业伦理进行了规定。在实践层面,各高校重视教师专业伦理方面的发展,通过伦理理论学习、典型示范教育等手段,加强专业伦理教育工作,并通过对优秀教师、教学先进个人、教学先进集体等荣誉称号的评选与表彰,增强教师对学校教学工作发展的认同感与责任心,激发教师工作积极性。但从教师专业伦理建设的整体状况来看,仍然存在一些问题。

1. 对专业伦理的认识较为模糊

高等院校强调“师德”的重要性,但对教师专业性的把握不够深入,对专业伦理的认识模糊且笼统。大部分教师缺乏伦理角色意识、未建立专业伦理思维,将教育视为实现教学目的的技术行为,重心仍放在传授知识、课堂组织等方面,尚未意识到渗透在其中的一点一滴的伦理意义,更谈不上主动反思和研究教学活动中的专业伦理实践。即使部分教师具有伦理意识,对专业伦理的理解也呈现出多元化、见仁见智的特点,事实上,在教育、教学实践中,多数教师是依靠个人品德、价值观、既往经验做出伦理判断、进行伦理决策的。

2. 专业伦理规范质量不高

多数高等院校没有制订教师专业伦理规范,部分院校将其纳入学校教师行为管理规范中,但条文表述常常较为原则、笼统、抽象和概括,未很好体现出教师的专业性。另外,没有在规范中建立教师专业伦理的具体评价标准,对相关权利、义务、行为和责任的规定,不明确、不具体、不全面,致使规范可操作性不强,难以成为指导与约束教师专业伦理行为的准则。

3. 专业伦理教育针对性不强

对于教师专业发展,院校更注重教师专业知识与专业能力等“硬件”的培养,对伦理、态度、情志等“软件”缺乏足够的认识。宏观上,包括专业伦理在内的教师专业能力的提升是一个循序渐进的动态发展过程,而现行培训缺乏不同阶段培养目标的区分性,亦缺少持续性和连贯性,导致伦理教育的针对性不强。微观层面上,教师教育常侧重于教师教学水平、技能的培训与提高,专业伦理、专业态度等内容较少,即使有所涉及,进行宣传教育或典型示范的多,讲述伦理知识、理论及具体案例的少。

6.6.4 高等院校教师专业伦理建设举措

通过以上分析，可以看出，国外高校教师专业伦理建设较为成熟，其手段与我国传统文化要求教师在道德伦理修养上注重“内省”、“慎独”、自我约束有所不同，但对促进我国教师专业伦理建设、进一步提高教师专业素质具有借鉴意义。

1. 完善专业伦理规范

在形成、实施或修改专业伦理规范的过程中，首先，应在吸收、继承传统师德合理内核的基础上，以伦理学理论为指导，充分考虑教师教育、教学活动实践，体现其专业特点和本质，凸显区别于其他职业或专业的特殊性，避免成为一般伦理规范在教育活动中的简单演绎。其次，应与教师共同沟通、协商，理解、尊重教师的意愿，使规范要求适中、切实可行，从教师伦理修养的实际水平出发，并引导其提升至更高水准，达到约束与激励的平衡与统一，为教师专业伦理建设提供制度保障。

规范内容上，应既包括伦理原则，对教师进行伦理判断与决策的指导方针进行一般性的陈述，又包括具体规则，对权利和义务、行为和责任作出明确规定，以提升教师对规范的认同感，增强执行规范的自觉性。从其他地区或国家的教师专业伦理规范来看，具体内容通常以几种主体关系来划分。美国全国教育协会（NEA）通过的《教育专业伦理规范》（*Code of Ethics of the Education Profession*）是美国教师专业伦理的核心纲领，它几经修订，规定了教师专业伦理理想、两项原则（对学生的承诺、对专业的承诺）以及对待学生、对待教育工作和同事的具体要求；《香港教育专业守则》涉及教师对专业的义务、对学生的义务、对同事的义务、对雇主的义务、对家长/监护人的义务及对公众的义务。这些规定值得借鉴。

2. 加强专业伦理教育

在教师专业发展过程中，专业伦理教育应贯穿始终，以丰富教师的伦理知识，使他们建立伦理意识，培养伦理思维，同时培养专业认同感，建立专业服务意识。专业伦理建设不是教师被动遵守既定规范或单纯接受教育的行为，而是教师自身在教育教学活动中主动进行伦理观建构、不断实施伦理行为的过程。因此，深入教师日常教育、教学活动，了解、体验、研究教师现实的伦理观和实际行为，全面了解现状，是使专业伦理教育具针对性、增强教育实效性的重要手段。

在教学手段方面，由于教育教学实践活动非常复杂，教师不可能依靠背诵理论知识、依靠“公平”、“尊重”等抽象概念的阐释来指导实际工作，只有精心设计、选择案例，通过情境体验、解读抽象的理论，才能启发教师对教育教学实践的分析与思考，增强教师对专业伦理道德维度的感悟和理解，使专业伦理教育发挥实效。伦理教育的重点不是知识的传递，而是价值与意义的构建，除了情境体验、案例教学的方法外，价值澄清法、道德两难法都可以加以借鉴使用。另外，学校还应围绕教师伦理素养中存在的各种问题开展相关的校本研究，在教师群体中不断催生对自身伦理、道德的关注与反思，解决教师道德中集中的突出问题，提升教师的道德责任感与使命感。

3. 培塑专业伦理文化

学校文化作为一种隐性的力量，在教师专业伦理建设中发挥着重要的作用。教师作为专业伦理的实践者与传播者，其伦理决策、判断与具体行为，必然与周围其他教师、学生、管理者价值观、态度、情感、行为等相互发生影响。而规范、制度与文化的区别之处在于，规范是外在的、表面的，文化是内在的、隐含的；规范是强制的、刚性的，文化是自愿的、逐渐渗透的。没有校园文化的支持，单纯依靠制度建设与伦理教育的展开，专业伦理将仅仅停留在纸面上，而不能融入个人精神之中。只有塑造校园专业伦理文化，使追求伦理价值成为学校文化的核心，形成引导、促进教师专业态度、专业伦理不断提升的文化，使专业伦理渗透在教师教育、教学的方方面面，在潜移默化中，使教师将专业伦理规范与要求内化到自身的知识结构和价值观体系中并表达于实际行动，专业伦理建设才可能取得好的成效。

第7章 高等医学院校课程管理

7.1 课程与课程管理

7.1.1 课程的概念、作用及分类

课程(curriculum)指课业及进程，是学校为实现培养目标而规定的教学科目，是培养学生知识、能力、素质的载体，也是教学活动最基本的单元。课程是一种文化传递，是人类智慧的结晶，是科学、技术、经济、文化发展的历史总结，也是发展前沿的前瞻反映，在人才培养工作中居于基础性地位。学生在某受教育阶段接受的所有课程总和就是课程体系，课程也是高等学校维系机关和科室、教师与学生、管理与服务的纽带。根据性质的不同，课程可以分为显性课程和隐性课程两类。

7.1.2 显性课程

所谓显性课程(explicit curriculum)是指列入学校人才培养方案(教学计划)的学科课程和活动课程，是教育中有计划、有组织实施的正式课程。我们平常所讲的狭义的课程概念就是指显性课程。显性课程按照其在人才培养中的地位和作用，又可以区分为核心课程和一般课程。

1. 核心课程

核心课程英文翻译为 core curriculum，也有学者称之为 common core (共同核心，或共同必修)。顾名思义，“核心课程”是指高等学校学生所修课程中最重要，且所有学生都必须修读的共同学习内容，是整个课程体系的核心。核心课程设置，体现了一所大学的教育理念以及培养人才的价值取向。确立核心课程大致有两种模式：第一种是由学校统一规划一套课程，规定全体学生必修；第二种是由学校规划几类课程，每类中再设计若干科目，规定学生在每类中必修若干科目或学分。

一般认为,“核心课程”一词的概念起源于19世纪末、20世纪初,以德国赫尔巴特学派教育家齐勒所确立的“齐勒计划”(Ziller plan)以及美国教育家帕克所确立的“帕克计划”(Parker plan)为标志。齐勒认为,教育的根本目的在于“善的意志”的培养,在于道德的、宗教意志的陶冶,为达成此目的,必须把神学、世俗历史、文学置于课程体系的核心,使之成为“核心课程”,其他所有学科都应当围绕这三门学科统合起来。帕克认为,“教育要使学校适应儿童,而不是使儿童适应学校”,应当把儿童指向周围事物和现象(生命现象、物理现象、化学现象等)的自发活动作为课程统合的核心,在此基础上,把矿物学、地理学、动物学、人类学、历史等学科统合起来,作为“核心课程”。由此可见,“齐勒计划”的课程设计是以文化或学科为核心的,而“帕克计划”则强调以儿童或学生为核心,这是早期核心课程开发的两个基本价值取向。现代高等教育核心课程的开发和构建则是以哈佛大学最为著名。

1975年,哈佛大学德里克·博克校长任命文理学院院长亨利·罗索夫斯基组成一个委员会,调查本科生课程设置情况。委员会在听取师生意见后,一致同意除专业课和选修课外,应建立一套本科教育的核心课程,其目的是培养学生的智慧和思维方式,使学生了解人类组织、运用和分析知识解决问题的手段;1977年,委员会发布《核心课程方案》报告,建议对本科生实施通识教育,专门设置一组独立于系的课程,规定新生入学后第一学年必修,内容包括写作、数学、非西方文明、政治和道德哲学、现代社会分析五个领域。哈佛大学在《1992年核心课程简介》中强调,“哈佛大学教育的核心课程既是一种必须的要求,也是一种哲学思想……作为教育哲学它建立在这样一种信念上,即每一个哈佛人都应该除了接受特定学术专业的训练以外,还应该受到范围更为宽广的教育”;“核心课程计划力图向学生介绍在校方认为是本科教育不可或缺的知识领域中求知的方法,它旨在表明在这些领域存在的知识的性质和获取这些知识的方式、应用的方法和其价值所在。尽管这些课程关注的问题各有不同,但对思维训练的强调是如出一辙的”。目前,哈佛大学开设外国文化、历史学、文学和艺术、道德伦理、定量推理、科学和社会分析七大类核心课程。哈佛大学的经验主要聚焦于通识教育,但专业核心课程教育也是同样重要的。

所谓专业核心课程,是指对实现专业培养目标有重大影响的主干课程,它充分体现该专业的专业属性,鲜明体现该专业的学科特点,集中显示该专业的存在价值的课程。专业核心课程的遴选,既要充分反映社会、经济和学生自身发展的需要,保证学生掌握一定的知识和技能,为终身教育夯实基础;又要符合专业特点规律和学生职业能力的生成规律,使学生具备胜任岗位任职需要的职业素养。日本于2001年4月发布《医学教育模式和核心课程教学内容指南》(以下简称"指南"),供全国各医学院校参考使用,《指南》内容共分两部分,一是医学预备教育,旨在培养学生科学的逻辑思维,课程包括数学、物理、化学、生物学和人的行为科学等,但打破了学科壁垒,采取整合的形式排列为物质现象与物质的科学、生命现象的科学、情报科学、人的行为与心理。二是医学教育,涵盖:① 医学一般(前期基础),包括个体的构成与机能、个体的反应、原因与病态(病理生理),共计18学分;② 人体各器官的正常结构与机能、病态、诊断与治疗,以器官或系统为中心设置血液、造血器官、淋巴系统,神经系统,皮肤,运动系统(骨骼与肌肉),循环系统,呼吸系统,消化系统,肾、泌尿系统(体液电解质平衡),生殖系统,妊娠与分娩,乳房,内分泌、营养、代谢系统,眼、视学系统,耳鼻、咽喉、口腔,精神系统等15个方面的内容,共计31学分;③ 全身生理的变化、病态、诊断与治疗,包括感染、免疫变态反应性疾病、物理化学因素引起的疾病、成长与发育(正常与异常)、加龄与老化、死亡、死亡与法律(法医方面的内容)等7个方面的内容,共计7学分;④ 基本的诊疗知识,包括症状、临床表现的学习方法,基本的诊疗知识、基本的诊疗技术等3个方面的内容,共计7学分;⑤ 医学、医疗与社会,包括社会、环境与健康,流行病学与预防医学,生活习惯与疾病,保健、医疗、福利与借助护理制度,诊疗情报(医疗文件),临床研究与医疗等6个方面的内容,共计6学分;⑥ 临床实习,共计25学分。可见,日本的核心课程体现了全方位的内容整合,如公共基础、数理化之间;医学中,基础与临床间,分子水平、器官与系统间,生长周期(时间序列)等都成为其整合的方式。整合的目的在于使所学知识更加连续、更加系统、更加完整,便于学生的理解和掌握。

2. 一般课程

一般课程是指与核心课程相对的,根据培养目标要求,为拓展学生素质、满足学生个体差异与多样化学习需求而设置的一类课程,也有学者称之为外围课程或边缘课程(peripheral subjects)、拓展性课程(extended curriculum)。一般课程与核心课程之间不是依附与主导的关系、从属与主干的关系,而是一种相辅相成、相得益彰的关系,两者统一于促进学生知识、能力、素质协调发展的进程中。一般课程不像核心课程那样稳定,可以根据时代的发展、科技的进步、文化的不同、条件的改善、生源结构与质量的变化等,作出相应的调整,因此同一专业的核心课程教学内容要求是一致的,但课程体系可以是多样的,可以充分彰显国情的特点、文化的特征和学校的特色。

7.1.3 隐性课程

1. 隐性课程的概念

隐性课程(hidden curriculum)是指学校范围内除显性课程之外的、按照一定的教育目的及其具体化的教育目标规范设计的校园文化要素的统称，学生通过隐性课程可以从中所学到的非预期、非计划的知识、价值观念、规范和态度等。也有学者称之为“隐蔽课程”、“潜在课程”、“无形课程”、“潜隐课程”、“非正式课程”等。隐性课程与显性课程不是对立的，二者以其存在的载体和表现形式进行划分，是相互联系、相互渗透并相互转化的。显性课程潜含着隐性课程的成分，隐性课程强化着显性课程所传递的经验(有时也存在着弱化甚至对立的情况)。

隐性课程的概念最早由美国教育家、著名课程论专家杰克逊于 1968 年在《班级生活》(*Life in Classroom*)中提出，他认为：隐性课程是每一位教师和学生在学校内取得成功的关键，并明确提出隐性课程和显性课程一起构成学校课程的主体。隐性课程和显性课程两者不是对立的，而是以合力的形式对受教育者施加影响，共同在学校教育教学活动中发挥着重要作用。我国 20 世纪 80 年代兴起的“非智力因素”研究，实际上就是研究隐性课程和显性课程相互作用机制的开始，此时，学界才真正开始把隐性课程上升到“课程”高度来认识。

2. 隐性课程的内涵把握和作用机制

隐性课程以大学精神和校园文化为内核，通过影响学生的文化、心理发挥作用。其内涵和作用机制可以从下述五个方面来理解：其一，它是一种广义上的文化，是学校校园文化和教学环境的某些信息，包括两个方面，一是制度文化，如学校的规章制度、管理体制、管理模式、教师的职业道德规范、师生的行为准则等；二是非制度文化，如学校领导和机关的工作作风、教职员工的理想信念、行为方式、教学风格以及良好的师生关系、校风、教风、学风等，此外，还包含学校的建筑雕塑、装备设施、花草树木、校旗校徽等物质文化。其二，它潜伏有社会、学校、教师，甚至是学生自己的各种非正式期望，包括价值观念和行为规范等。其三，它以间接的、内隐的方式展开，学生通过无意识的心理活动习得。其四，它通过影响学生的价值观念、理想信念、道德情操、审美情趣、思维方式和态度风格等“文化心理层”发挥作用。其五，它作用的方式是通过教育活动、环境氛围所负载的信息进行渗透，是潜移默化的，信息渗透的强弱受制于主客体的心理状态以及一定的环境条件，在教育实际活动中，可以借助一系列方式强化。

3. **隐性课程的特征**

隐性课程具有以下五个特征。

(1) 涉及范围的广域性　隐性课程是除显性课程之外所有校园文化要素的集合，不仅包括以建筑绿化、人文景观为主体的物质环境，还包括整个校园的文化氛围；不仅包括作为教育者的各学科教师，还包括学校领导、机关工作人员、后勤服务人员以及作为教育对象的学生；不仅包括课堂教学，还包括课外活动。隐性课程涉及范围的广域性，决定了教育主体的广泛性，学校“处处是课堂、人人是教师”，行政人员、后勤人员等，都是教育者，一举一动、一言一行都具有教化作用，影响着学生的精神发育和人格完善。

(2) 相互联系的非系统性　归属于隐性课程的各种要素是非逻辑、非系统的，相互之间在影响学生发展的过程中没有明显的逻辑步骤，也没有前后相继的知识联系线条，它们在不同瞬间、不同场合，个人不同情绪背景下提醒、启示、熏陶学生。

(3) 实施过程的潜在性　隐性课程以不明确的、间接的、内隐的方式影响学生，教育痕迹不明显，学生在自觉不自觉中受到感染、受到鼓励、受到鞭策、受到教育。

(4)教育效果的难测量性　隐性课程对学生影响的因果关系极为模糊，且主要作用于情感、意志、态度、兴趣等非智力因素，因而难以定量测量。

(5) 影响作用的长效性　学生自踏进学校大门的第一天起，就不知不觉受到学校隐性课程的感染、熏陶、诱导与教育，从而形成思想意识、意志品德等，这些思想意识、意志品德等一经形成，就不易改变，其效果是长期而深远的。

4. **隐性课程的建设与利用**

隐性课程的性质决定了隐性课程作用的双重性，利用其积极的一面，化解和消除其消极的一面，正是我们研究隐性课程建设的目的所在，也是高等医学教育工作者必须深入思考的问题。国际医学教育组织(Institute for International Medical Education, IIME)发布的“全球医学教育最低基本要求”(GMER)中，把“医学职业价值、态度、行为和伦理”摆在整个标准体系的首位，可见其重要性。高等医学院校应当充分发挥隐性课程的作用，培塑医学生“健康所系、性命相托”的责任意识，“献身医学，恪守医德”的荣誉意识，“除人类之病痛，维医术之圣洁”的使命意识以及“救死扶伤，不辞艰辛”的奉献意识。

7.1.4 课程管理

课程管理(curriculum management)是指为确保成功地进行课程编制、协调、实施、支持、评价和改进而开展的管理活动。其管理对象既包括对课程编制、课程实施和课程评价的管理,也包括对课程的支持系统以及课程改进过程的管理等。有目的、有计划地开展课程建设,是高等学校实施课程管理,促进课程教学整体水平提高的重要手段。课程管理的核心是课程标准。

7.1.5 课程建设

1. 课程建设的概念及意义

课程建设(curriculum construction)是指根据课程状态和现有条件,按照课程发展目标逐步完善课程各相关要素,强化知识传授、能力培养、素质提升系统,形成推动课程不断发展的有效机制。课程建设是高等学校的基础性工作,是教学基本建设的重要内容,也是落实人才培养方案、提高教学质量和水平的重要保证。课程建设的水平也是一所学校核心竞争力的重要反映。

2. 课程建设的理论指导

课程论是研究课程设计、编制、实施和评价等的理论,是课程建设的理论指导。课程论归纳起来主要有三大学派:一是学科课程论,主张以学科为中心来编定的课程,主要代表有美国巴格莱、科南特的要素主义课程论,斯宾塞的实质主义课程论、布鲁纳的结构主义课程论。二是综合课程论,主张整合若干相关联的学科形成更广泛的共同领域的课程。主要代表有德国赫尔巴特及其弟子齐勒、赖因的相关综合课程论,美国库姆斯、马斯洛、罗杰斯等的人本主义课程论。三是活动课程论,主张编制课程应与学生的经验发展顺序相一致,在活动中学习,通过活动获得经验,培养兴趣,解决问题,培养科学的思想、态度和思维方法。主要代表是美国杜威、克伯屈的实用主义课程论。

随着教育心理学、教育技术学、人工智能、认知神经科学、人类学等研究领域对学习本质、学习共同体、认知模式等研究的深入,建构主义学习理论受到了教育界的广泛关注。建构主义的课程观强调:用情节真实复杂的故事来呈现问题,营造问题解决的环境,以启动学生的思维,帮助学生在解决问题的过程中活化知识,并让他们参与课程的设计与编制;这种课程努力为学生提供大量认知工具,以拓展学习方式和视角,增强学习能力;它充分利用新兴教育技术手段以方便各类信息的使用和更新。建构主义学习理论深刻揭示了人的认知过程和学习的心理机制，有力促进了课程建设理念的转变，从以教师为中心转向以学生为中心，从学科本位转向以学生发展为本，从重知识的接受到重知识的主动建构，为课程建设提供了科学的理论指导。此外，比较教育学的研究，可以使我们站在全球的视角，观察分析教育改革的动向，了解不同发展水平、不同社会文化背景的国家在课程建设和开发方面的经验，从而为我们的课程改革和发展提供启示和借鉴。

3. 课程建设的内容

课程建设的内容很广，包括课程的教学思想与教学目标、课程标准与教材体系、教学内容与教学方法、教育技术与手段应用、教师队伍与专业发展、教学条件与教学管理（包括质量监控及效果评价）等要素，这其中，思想观念是先导，师资队伍是关键，课程标准是核心，教材建设是支撑，质量控制是保证。

为推进教育创新，深化教学改革，促进现代信息技术在教学中的应用，共享优质教学资源，造就创新人才，提高我国高等教育的综合实力和国际竞争力，教育部于2003年开始实施“高等学校教学质量与教学改革工程”，大力推进了精品课程（excellent curriculum）建设，旨在打造具有一流教师队伍、一流教学内容、一流教学方法、一流教材、一流教学管理等特点的示范性课程。

7.2 课程标准

7.2.1 课程标准的概念

课程标准（curriculum standard）是高等学校对课程的总体设计和科学规范，是指导课程教学、加强课程建设的重要文件，是编选教材、组织教学、实施评价的基本依据。列入人才培养方案的所有课程都应当制订课程标准，适用于不同教学对象的同一门课程，应有不同的课程标准。

7.2.2 制订课程标准的基本原则

制订课程标准应遵循下述四条基本原则。

1. 系统性原则

制订课程标准应依据人才培养方案确定的培养目标和质量标准，着眼学生知识、能力、素质协调发展的基本要求，确立知识与技能、过程与方法、情感态度与价值观“三位一体”的课程教学目标，保证课程标准与人才培养方案的一致性；系统规划教学的准备、组织、实施和评价等环节，统筹安排理论教学、实践教学、课外活动等内容，实现课程教学的最优化设计。

2. 针对性原则

制订课程标准要妥善处理统一要求与因材施教的关系，尊重学生的个体差异，充分考虑学生的基础、能力和认知特点，遵循课程教学的基本规律，突出课程特色，体现课程教学目标的针对性、教学内容的指向性、教学方法的适用性。

3. 发展性原则

制订课程标准应紧密跟踪医学、科技、高等教育的发展趋势，推动科研成果向教学转化，优化教学设计，更新教学内容，创新教学方法，增强课程教学对学生全面发展的促进功能，确保学生的健康成长。

4. 操作性原则

课程标准的内容表述结构要合理，层次要清晰，格式要规范，表述要准确，便于学生理解课程应达到的基本标准，便于教师把握教学应达到的深度与广度，便于教学双方了解教学组织的方式方法。

7.2.3 课程标准的主要内容

课程标准一般包括课程概述、课程目标、内容标准、实施建议、附录等五个部分。

1. 课程概述

主要阐述课程的地位、性质、价值、功能以及课程教学的基本理念和设计思路，以便于教师整体把握课程。课程标准的设计应当准确把握课程定位，坚持以教师为主导、以学生为主体，坚持教学双方的良好互动，充分发挥课程教学对实现人才培养目标的支撑作用。

2. 课程目标

课程目标面向全体学生，主要阐述通过课程学习，在知识与技能、过程与方法、情感态度与价值观念等方面应达到的预期效果。同时，课程目标要充分考虑学生的个体差异，为优秀拔尖学生充分发挥学习潜能创造空间。

3. 内容标准

内容标准是课程标准的主体内容，是课程目标的具体化，是评价学习效果的直接依据。其主要阐述学生学习本课程必须掌握的内容要点及达到的基本要求，应明确学习的内容、过程、方法及掌握程度，明确教学活动安排、方法手段及具体要求，明确考核评价内容、形式和时间安排等。

4. 实施建议

主要阐述预修课程的安排建议、课程教学实施的总体方案、教材选编与使用基本设想、考核评价的主要方式、课程资源开发与利用的配套计划、教师教学与学生学习必需的保障条件等。

5. **附录**

主要列出课程教材、讲义、想定及相关参考资料目录、主要教学案例，解释课程标准中的有关专业术语，注明课程标准的主要编写人和审核人等。

7.3 教材建设与管理

7.3.1 教材的概念

教材(textbook)是体现教学内容和教学方法的知识载体，是进行教学的基本工具，也是深化教学改革、推进素质教育、培养创新人才的重要保证。教材建设与管理水平是衡量一所学校的教学、科研和学科水平的重要标志，要注重“三个同步”，即与课程建设同步、与教学改革同步、与学科发展同步。教材建设与管理包括教材的选用、编写、评价、更新、采购、发放等工作。

7.3.2 教材的选用

教材的选用应遵循以下原则，防止任由任课教师、教研室主任随意选用的现象。

1. **方向性**

教材选用要全面贯彻党和国家的教育方针政策，坚持四项基本原则，坚持面向现代化、面向世界、面向未来。

2. **择优性**

应优先选用国家教育部、卫生部统编和推荐的规划教材、优秀教材和重点教材，注重选用高质量外文原版教材。

3. **适用性**

教材的内容要符合人才培养方案和课程标准的要求，符合教育、教学的基本规律，符合医学生认知规律，适应现代大学生的接受能力和知识水平，适应基础知识、基本理论、基本技能培养要求，满足创新精神和实践能力培养需要。

4. **科学性**

教材必须科学系统地表达本学科的理论和概念，并能反映本学科在国内外的科研、教学新成果。教材应注意理论联系实际，体现本学科的内在科学逻辑，恰当反映与其他学科的外在联系，能够反映时代特色。

5. 系统性

教材内容要体现循序渐进的原则，自身章节之间、内容、习题和附录之间都要体现学科的逻辑结构，案例、思考题等配置应与教材的整体内容配套和协调。

7.3.3 教材的编写

教材编写应遵循下述原则。

1. 突出以学为本

编写教材要以人才培养方案和课程标准为依据，以方便学生学习为根本，以保证教学效果为原则，既要注重打牢“三基”，又要体现前瞻、适度拓展。编写过程中，应注意倾听学生的意见和建议。

2. 彰显优势特色

应充分发挥国家级、省部级重点学科的优势，发挥知名学科带头人的引领作用，积极申请主编国家级的规划教材、推荐教材，打造具有校本特色的教材，把学科优势、科研特色转化为育人优势、教材特色。

3. 创新内容版式

鼓励教师在编写内容、编排方式、版面设计上积极创新，纸质教材与电子教材合理组合，鼓励根据教师根据教学改革趋势，编写整合医学课程、案例课程等新型教材和高质量的双语教材。

7.3.4 教材的评价

教材评价是指运用一定的评价指标体系对教材价值做出判定。我国现行的教材质量评价体系主要从内容质量(包括二级指标：教学水平、科学水平、思想水平、文图水平)、编校质量(包括二级指标：加工水平、设计水平、绘图水平、校对水平)和印刷质量(包括二级指标：印刷水平和装订水平)进行判断。

高等医学院校应开展经常性的教材质量跟踪调查和评价工作，注重收集师生对教材选用的意见和建议，对教材的思想水平、学术价值、内容特色、难易程度及教学效果给予客观、公正、全面的评价，为教材的选用、更新提供科学依据。

7.3.5 教材的采购

教材采购主要有以下几种主要方式。

1. 委托招投标

学校委托第三方专业招标公司进行教材的招标采购。招标公司按照学校的要求，编制教材招标书，对投标方的资质、服务等提出明确的要求，并将招标信息公开发布，凡符合条件的教材经销商都可参与竞标。这种方式保证了教材采购工作的公平、公开、公正，增强了教材采购的透明度，能有效减少和防止腐败。

2. 高校自主招标

高校在教材采购中实行自主招投标制度。自主招标属于邀标的一种方式，学校一般都是邀请以往与本校合作顺利、在行业中口碑较好的教材经销商参加投标。一般而言，学校在招投标时应成立教材招标工作小组，成员由学校分管领导、纪检、财务、教务等职能部门成员组成；以教材管理部门为主编制教材招标书，准确体现教材招标的目的及具体要求，科学地制订评分细则，然后依据规范的教材采购招投标流程进行招标。

3. 直接从出版社采购

学校直接从出版社采购教材，除折扣得到优惠外，到书时间更快，课前到书率更高，同时还能享受到出版社为高校教学提供更多的服务，如各类配套的电子网络出版物，既能增加教材的附加值，又能满足教学改革的需求。出版社在为高校提供服务的同时，增加了与高校教师面对面交流的机会，能及时听到一线教师的意见和建议，获得第一手资料，有利于教材的改版更新和新教材的开发，从而提高教材出版的质量。

7.4 课程教学设计

7.4.1 课程教学设计的概念

课程教学设计（curriculum teaching design）是指教育者根据受教育者的认知规律和身心发展规律，围绕培养目标要求，选择确定课程的目标、内容、组织形式及其效果评价办法。课程教学设计的实质是设计受教育者的学习活动，其最终目的是促进受教育者的知识、能力、素质协调发展。课程教学设计的要素包括目标、内容、教学方法与媒体以及课程教学的评价。课程教学是人才培养的主渠道，课程教学设计科学与否是影响人才培养质量的关键因素。

7.4.2 课程教学设计的要素

1. 课程教学目标

课程教学目标不仅应包括本专业课程的理论与技能，还应包括相应的素质与能力，应体现在课程教学引发的学生认知、行为、人格等改变的各个方面。

(1) 课程教学目标在课程教学设计中的作用　课程教学目标在整个课程教学活动中起着核心指导作用,决定着课程与培养目标的衔接,决定着课程教学设计的方向,决定着课程内容的选择和组织,是课程实施和效果评价的依据。

(2) 课程教学目标确定的原则　课程教学目标应紧扣培养目标要求,与受教育者已有的知识、能力、素质水平相适应,与学科发展相适应,与学校的教学支撑条件相适应,能够在规定学时内顺利实现。

(3) 课程教学目标的内容与表述　课程教学目标应在准确理解国家对本门课程基本要求的基础上,从整体上分析把握。应使用概括性的、能引起具体行为的、反映具体学习效果的术语表述。应具体、明确,易于理解。如诊断学的教学目标是使学生能够掌握物理诊断、实验诊断的基础知识及基本方法,了解器械检查所得结果的临床意义,为学习内科学及其他临床课程奠定基础,并培养学生救死扶伤的爱伤观念、实事求是的科学态度和良好的医疗作风。

2. 课程内容

课程内容就其本质来讲,是一个综合、动态的概念,课程标准(教学大纲)、教材和教学实际是课程内容的三个基本要素。在教学过程中,教师应根据教学实际,对课程标准(教学大纲)、教材内容进行创造性地选择、组织和加工,使静态的知识信息转化为动态的、便于学生内化为自身的认知结构和能力的课程内容。课程内容选择应遵循以下原则。

(1) 学科基本结构原则　不管采取何种形式的课程,以学科为中心的课程、综合性课程抑或以问题为基础的课程,在选择课程内容时,应体现学科的基本结构。这样有利于学生的理解掌握,有利于记忆的保持和检索,有利于知识的更新。

(2) 知识、能力、素质协调发展原则　既要有学生在认知领域要掌握的内容,也要有操作实践领域的内容,还要有思想道德素质、科学态度、人文精神等方面的内容。要重视给学生讲授学科的发生发展史,特别是一些重大的发现、发明过程,使学生从中了解知识产生的原因和基础,了解著名科学家的认识方法和思维方式。基础医学要重视与临床结合;临床医学要强调分析解决临床实际问题能力的培养,贯穿医德医风教育;数理化等自然科学课程要重视学生逻辑思维能力的培养;人文社会科学课程教学要突出针对性,重视医学伦理与道德教育;信息科学课程要着力提高学生运用现代信息技术手段获取、分析、利用和发布信息的能力。

(3) 综合贯通原则　要体现学科之间的联系、学科内部各章节之间的联系。部分学科可以依托学科间的连接点进行整合，培养学生的整体观念和综合能力。

(4) 与时俱进原则　教师在组织课程内容时，要站在学科发展的前沿，不断充实新知识、新理论、新技术、新方法。要主动适应医学教育和医疗服务国际化的趋势，注重双语教学，积极稳妥地推进全英语授课。

3. 教学方法与媒体

教学有法，教无定法。教学方法与媒体的选择，应以有利于调动学生学习的主动性、启发思维、学会学习为原则。教学过程中，尤其要强调培养学生的自主学习精神。所谓自主学习精神是指学生在学习、实践过程中，独立地发现和解决问题的性格品质。在课程设计时，要重视以下四个方面。

(1) 注重知识创新过程的再现　教师要善于把知识发生发展的过程精心设计成一种学生自主再次探索的过程，并引导学生探究知识的未来发展。

(2) 注重体现课程内容的应用性　要积极采用以问题为基础的教学(problem based learning, PBL)、以案例为基础的教学(case based learning, CBL)、床边教学、小组讨论式教学等教学形式，加强理论与实践的紧密结合。

(3) 注重给学生留有独立思考、独立实践的时间与空间　理论课要精讲，讲重点、讲难点、讲进展、讲方法，简单易学内容应以学生自学为主；实践课要多练，练技术、练能力、练思维、练态度。

(4) 注重知识的综合　教师要帮助学生梳理知识，串讲知识，把课程内部、不同课程之间的内容结成有机的知识网络，提高学生综合、灵活运用知识解决问题的能力。

4. 课程教学的评价

课程教学是一个动态的系统，只有建立畅通的信息反馈渠道，才能确保教学目标的实现。课程教学的评价是调节和控制课程教学质量的主要手段，其按评价功能可分为：准备性评价、形成性评价和总结性评价。

(1) 准备性评价　是指在课程教学前实施的评价。通过准备性评价，教师可以了解学生学习的准备情况，准确把握教学的起点。

(2) 形成性评价　是指教学过程中，为掌握教师教学实施质量和学生学习效果，以及时调整教学行为而开展的评价。教师课堂教学质量督导和课程教学中的单元测验或课堂测验即属于此类。

(3) 总结性评价　课程教学结束后，为评估学生学习效果开展的评价。一般指课程结束考试。

需要强调的是，课程教学评价不仅要评估学生知识掌握的程度，还要重视技能和态度的评价。

7.4.3 课程教学设计各要素间的辩证关系

课程教学是一个复杂的系统，各要素之间是密切相关、相互影响的。任何一个要素的设计不合理，均可能影响人才培养的质量。其中，准确定位课程教学目标是前提，如果偏离或背离培养目标，则课程教学全盘皆输；课程内容的选择、组织和加工是核心，它从根本上决定了学生的知识、能力、素质结构；教学方法与媒体的选用是枢纽，是把知识内化为学生素质和能力的催化剂；课程教学评价是保障，恰当地、及时地组合使用各种评价方法，可以及时调整教与学的行为，使课程教学沿着正确的方向进行。

7.4.4 课程教学设计中应正确处理的几个关系

1. 共性与个性的关系

课程教学设计时，要妥善处理共性与个性的关系，研究并准确掌握学生已有的水平，既要挖掘每一个学生的内在潜力，使全体学生都能得到进步；又要面向每一个有差异的个体，努力实现教学内容多元化、教学进度层次化、教学方法多样化，促进学生的个性发展。

2. 主体与主导的关系

教学活动是教与学双方的双边活动，教学过程中，教师发挥着主导作用、学生居于主体地位已不是一个新鲜观念。但在实际教学工作中，很大一部分教师不能摆脱传统教学思想观念的束缚，重“讲”轻“学”、重“灌”轻“导”、重教法轻学法现象不在少数，必须从教学思想观念的根源上彻底改变这种现象，要把学生看作是充满活力的知识探索者，而不是被动的知识接受者，根据教学内容的主次、难易、详略，选择合理的授课形式，选用恰当的教育技术手段，真正把学员摆在主人、主体、主动的位置，发挥教师指导、引导、辅导的作用，引导学生积极、主动地参与教学过程，使课程教学成为引导学员学习知识、启发思维、培养能力、提高素质的过程。

3. 学会与会学的关系

当今社会处于一个知识爆炸的时代，有限的在校学习时间与不断增长的知识内容的矛盾越来越突出，课程教学目标的实现单靠课堂上的照本宣科是不可能的。“授人以鱼，只供一饭之需；教人以渔，则终身受用无穷”，教师教会学生一定的知识和技能是重要的，但教师更重要的责任在于教会学生掌握学习的方法，使学生在求知过程中，发展思维，学会独立探索和创新的本领。

4. 传承与创新的关系

创新能力是知识经济时代人才竞争力的根本。教学活动是高度集约化的知识传承,学生在短时间内可以学到前人千百年积累的文明,传承知识仍然是课程教学的重要功能,也是培养学生创新能力的基础。但知识本身并不等于创新能力,知识的增长与创新能力的提高也并不呈线形关系。只有当知识运用于解决问题过程中,知识才能转化为创新能力。因此,课程教学设计中,在强调知识传授的同时,要给学生留有充足的独立思考的时间和空间,让学生主动参与发现问题、提出问题、分析问题和创造性解决问题的过程。尤其要重视实验、实践教学环节,通过设计性实验、综合性实验教学以及课外科研活动,培养学生的创新精神和创新能力。

7.5 教案撰写与评价

7.5.1 教案的概念

教案是教师为传授学科特定的基本知识和基础理论、训练学生的学科专业技能和培养学生的专业态度而制订的教学实施方案;是教师为实现课程教学目标、完成教学任务而将特定时段的教学活动及其内容和形式进行有机组合、有序排列而形成的教学实施体系。教案是课堂教学设计的载体,也是教师备课成果的主要标志。

7.5.2 教案在课堂质量保证体系中的地位

撰写教案的过程是对备课中所做的各种课堂教学设想进一步条理化、科学化,并用文字书面表达的过程。撰写教案是备课的关键环节,也是备课成果的物化表现之一。教案是教师实施课堂教学的蓝图,是准确控制课堂节奏的行动指南,也是确保课堂教学质量的基础。俗话说,“台上一分钟,台下十年功”。撰写教案是教师的一项艰苦的再整合、再提炼、再创造的过程。据调查,写好一份教案,教师花费的时间是一堂课的 3～6 倍,新教师甚至达到 10 倍以上。

7.5.3 教案的类型

对不同专业技术等级的教师,撰写教案的要求也应有所不同。根据教案的详略,教案可分为脚本型和提纲型两类。对年轻教师,或者高年资教师上新课,一般要求写出脚本型教案,即按照教学内容的先后顺序、逻辑关系,全面系统地将授课内容按学时分配进行详细的书面准备，甚至要精确到分钟。鉴于高年资教师经过长期的教学积淀，已经谙熟教学内容、掌握学生心理、能够熟练驾驭课堂，一般只需撰写提纲式教案，能够清晰表达课堂教学的主线和脉络即可。

7.5.4 教案的结构与内容

一份完整的教案，一般包括三部分。

1. 教案首页

包括两部分：一是基本情况：如课题、课时、授课对象、教学目标、教学要求、使用教材、重点难点等；二是教案审定手续，即教研室主任、课程负责人或教学组组长对该教案的评阅意见和签名。

2. 教案内容

包括教学内容（含专业英语）、教学方法、时间分配、媒体和教具应用、教学互动、板书设计等。教案中的板书设计通常有两种表达方式，一种是在教案中辟出专门区域，列示板书设计；另一种是在教案内容中，以加注方式标示。

3. 教案尾页

包括课堂小结、思考题、作业题、参考书刊与网址等。

7.5.5 教案撰写的原则

1. 以现代教学理论和教学思想观念为指导

贯彻以教师为主导、以学生为主体；知识、能力、素质协调发展；因材施教；加强教学双方的互动，鼓励学生质疑、探究；科学教育与人文教育并举；传统教具与现代教育技术的有机结合等理念。

2. 以课程标准为依据

课程标准（教学大纲）规定了本门课程和各章节的教学目的、教学内容、教学要求（包括重点难点）等，体现了本门（节）课在实现整体人才培养目标中的作用。只有以课程标准为依据，才能保证整体培养目标的实现，才不会偏离正确的授课方向。

3. 以满足所有学员知识、技能、态度协调发展为落脚点

一个班级学生的学习基础、接受能力、个性特长等各不相同，如何既保证所有学生都能达到教学目标要求，又兼顾优秀学生的发展需要，是每一位教师必须思考的问题。

4. 构建清晰有序的教学程序

教案必须清晰规划出课堂教学的详细步骤和教学行为，以确保课堂教学按照既定思路有序推进。

7.5.6 教案的评价标准

1. 目标定位的准确性

符合人才培养方案和课程标准的教学目标要求，且教案总体设计均紧密围绕这个目标要求展开。

2. 内容选择的科学性

既要注重打牢“三基”，又要有一定的前瞻性；既要注重科学教育，又要蕴含了人文精神的培育；既要准确把握教材，又要结合本教研室的科研探索；既要突出重点，又要详解难点。

3. 教学方法的多元性

教学活动是教学双方共同参与的双边活动，要灵活运用问题式、导学式、案例式等多种教学方法，启发学生自主学习、积极思考、实践操作、探索未知。特别要重视创设问题，提高学生分析、解决实际问题的能力。

4. 手段应用的恰当性

恰当应用教具、挂图、幻灯、录像、动画、板书等手段，有机配合教学，提高课堂授课的效果。

5. 程序设计的合理性

课堂的节奏、进度符合学生的知识基础和认知规律。

6. 尾页内容的拓展性

小结精练，思考、作业内容有利于学生将所学知识融会贯通，参考内容有利于学生拓展知识面，加深对所学领域的了解。

7.5.7 影响教案质量的主要因素分析和对策

1. 认识层面

少数教师对教案存在认识上的误区：一是对教案的重要性认识不足，投入精力不足，简单照搬和克隆教材，没有融入自己的教学思想，没有针对授课对象的特点，对教学内容和教学程序没有进行深加工、精加工，导致教案质量不高；二是认为可以以电子幻灯替代教案，理由是电子幻灯也体现了教师的教学思路和方法。这些教师没有充分认识到，撰写教案是培养教师、特别是年轻教师教学基本素质的重要途径，是整体设计课堂教学的主要手段，电子幻灯不能充分展示教学程序设计、时间分配、媒体与教具使用、教学方法的应用等。这需要引起教务管理部门和教研室主任的重视，通过各种教学活动，澄清思想认识上的误区，并严格把关年轻教师的教案。

2. 工作层面

不少学校没有把教案的质量建设放在教学工作的重要位置，长期处于无人抓、无人管的状态，主要表现有：一是没有把“如何撰写教案”纳入青年师资培训，没有对教案撰写的规范、要求、目的、意义等进行必要的宣讲，以致部分教师对教案撰写的要求不了解，对教案撰写的技巧不掌握；二是没有把教案纳入教学督导考评体系，对教案质量缺乏应有的监控；三是教研室领导对教案审核把关不严，流于形式；四是常年没有针对教案的专项或专题教学活动，缺乏有效的评优激励措施。这需要教务管理部门统筹考虑、精心策划、加强管理，切实制订相关管理制度，通过开展评比优秀教案、汇编示范教案等措施，规范教案管理工作，激发教师写好教案的自觉性和责任心。

3. 评价层面

一个科学的教案评价办法，可以充分发挥诊断、导向和激励作用；反之，则会产生负面效应。教案评价层面容易出现的问题主要有：一是重形式轻内容，重共性轻个性，重专家评估轻同行和学生评估，不能准确评判教案的质量；二是以统一的脚本型教案标准要求所有教师，没有把低年资教师与高年资教师区别对待，容易引起高年资教师的质疑和反对；三是没有把教案纳入教师教学工作量与工作质量的考核，使教师感到费时、费力撰写的教案得不到应有的社会价值判断，失去精心撰写的动力。为此，必须建立专家、同行和学生相结合的分层次评价教案评价办法，并把教案纳入教学工作量和工作质量考核，才能形成教案质量保证的长效机制。

撰写教案是教师的教学基本功之一，也是评价教师教学水平和质量的重要依据之一。只有把教案纳入日常教学质量管理轨道，教案质量才有保障，课堂教学质量才有保障，最终人才培养质量才有保障。

7.6 课程评价

7.6.1 课程评价的概念及类型

课程评价是指依据一定的评价标准，通过系统收集有关信息，对课程的计划、实施、结果做出价值判断并寻求改进的一种教学管理活动。根据评价主体的不同，可以分为自我评价和外部评价；根据评价时机的不同，可以分为形成性评价和终结性评价；根据评价方法的不同，可以分为定性评价和定量评价；根据评价目的的不同，可以分为合格评价与优秀评价。

7.6.2 课程评价的内容

课程评价的内容很广，一切有关课程建设的要素都是课程评价的内容，既包括课程计划本身，也包括参与课程实施的教师、学生、学校，还包括课程活动的结果，即教师和学生的发展。

1. 师资队伍

教师是实施教学的主体，也是课程建设的主体。建立一支热心教学、理念先进、结构合理、师德高尚、业务精湛的教师队伍，是搞好课程建设的关键。课程师资的规模、结构（包括年龄结构、学历结构、职称结构、学缘结构等）、水平（包括课程负责人和整个教学团队的学术水平、教学水平、教学思想观念及教学研究水平等）、培训等都应达到一定的要求。

2. 教学内容

应围绕促进学生知识、能力、素质协调发展这条主线，重视经典与前沿、理论与实践、传承与创新、课内与课外、医学与人文的有机结合，不断推进教学内容更新、优化和重组，及时把学科发展的最新成果和教改研究的最新进展引入教学，培养学生的创新思维和发现、分析、解决实际问题的能力。

3. 教学方法

应当能够根据课程教学目标要求和教学对象的特点，灵活恰当地选用教学方法，特别是 PBL、CBL、RBL 等适合医学课程特点的教学方法，有效调动学生主动参与课程教学的积极性，激发学生的学习兴趣，启发学生的创新思维，提升学生的动手能力，培养学生主动质疑、自主探究的精神。

4. 教学手段

能够合理运用模型、图片、视频、标准化病人（SP）等多种手段，特别是模拟教学、网络教学、虚拟教学以及慕课（MOOC）等现代教育技术手段，把复杂的、难以理解、难以表述的内容形象生动地展示出来，提高课程教学的效果，积极打造课内精讲研讨、课外自主学习的"翻转课堂"。

5. 教材建设

要有完善的教材编写—选用—更新机制，既注重选用国家和行业领域的规划、推荐教材，适当选用原版和双语教材，又注重编写体现校本特色、彰显学科水平的自编教材，同时积极为学生自主学习、研究性学习提供适宜教材、辅助教材或文献资料。

6. 教学条件

包括实验室及实验仪器设备、实习实训基地等，特别要关注教学条件、排课计划与学生规模的匹配度，实验室的开放与有效利用，实验室安全以及仪器设备的维护更新等。

7. 教学管理

重点关注三个环节：一是教学基本制度落实，重点是“两课三会”，集体备课、集体听查课，课前准备会、课中联系会、课后总结会；二是课程教学质量控制，主要是教研室的教学质量同行评议，及根据评议结果进行的教学质量反馈调控；三是课程教学档案建设，归档资料包括人才培养方案（教学计划）、课程标准（教学大纲）、教学进度表（教学日历）、教材及辅助教材、教案、试卷、试题库或试卷库、课程建设计划、课程评估方案以及教学改革与教学研究资料、学生学习竞赛活动成果等。

8. 教学效果

包括课程的自我评价和外部评价，自我评价主要是依据课程评价指标体系进行自评，以及通过教研室内部的同行课堂质量评价、学生考核结果分析评价等，评估课程建设目标、课程教学目标是否达成。外部评价包括校外专家评价、校内督导评价、学生评教等。

9. 课程特色

即一门课程是否具有“人无我有、人有我优、人优我强”的特色优势，以及在某一方面采取的独到做法和取得的突出改革或建设成效，包括在国际、国内、学校、院系产生的影响、获得的支持、创造的效益等。

7.6.3 课程评价的原则

实施课程评价应遵循下述四条基本原则。

1. 科学性原则

坚持定性评价与定量评价相结合、外部评价与自我评价相结合、形成性评价与终结性评价相结合，确保评价的信度和效度。

2. 全面性原则

对课程建设的各个要素、对课程教学的各个环节进行全面系统的评价，促进质量的持续改进。

3. 导向性原则

有利于促进教师贯彻现代教学思想观念，有利于促进学生知识、能力、态度协调发展，有利于促进课程教学团队和管理层对课程建设薄弱环节的关注、投入、建设和纠偏。

4. 可操作性原则

贴合学科特点，遵循课程教学的规律，评价标准清晰，评价时机恰当，评价方法简便易行，评价结果能得到有效利用。

7.6.4 课程评价指标体系的构建和结果分析

课程评价指标体系是开展课程评价的依据，是推进课程建设的指南。建立课程评价指标体系是实施课程评价工作的关键环节。课程评价多采用综合评价方法，如层次分析法、概率统计法、模糊数学法、灰色聚类法等。

7.6.5 实施课程评价需要把握的若干环节

1. 指标内涵的解读

为确保评价主体和评价客体都能够准确把握课程评价的指标内涵，应对评价指标的内涵，尤其是容易产生歧义的指标，进行标准化的解读和内涵界定，这样既能够方便评价客体依据标准加强建设，也有利于评价主体依据标准正确地实施评价。

2. 评价专家的遴选

应遴选那些热爱教学，责任心强，作风正派，公正廉明；有较高的本专业学术水平和丰富的教学经验；有较丰富教学评估理论及较高政策水平的教师或教学管理人员担任评价专家。实施评价前，应组织专家学习把握指标体系、标准内涵和评价方法，确保评价的效果。

3. 评价结果的分析与利用

评价结束后，应当对评价结果进行科学、客观的分析，梳理课程建设存在的问题和薄弱环节，制订针对性的整改计划和持续改进的方案，当改进完成后，还应当进行持续跟踪，不断固化课程建设的成果，解决新的矛盾和问题，形成持续改进、螺旋上升的评价—改进—再评价—再改进的良性循环。

第8章 高等医学教育教学模式

8.1 教学模式

8.1.1 教学模式的定义

“模式”一词是英文 model 的汉译名词，一般指被研究对象在理论上的逻辑框架，是经验与理论之间的一种可操作性的知识系统，是再现现实的一种理论性的简化结构。最先将“模式”一词引入教学领域，并加以系统研究的是美国的乔伊斯和韦尔。乔伊斯和韦尔在《教学模式》一书中认为：“教学模式是构成课程和作业、选择教材、提示教师活动的一种范式或计划。”

在教育学原理的范畴内，教学模式可以这样表述，即：在一定的教学思想、课程理论和学习理论指导下，围绕着教学活动中的某一主题，形成相对稳定的、系统化和理论化的教学范式。教学模式一般包含以下几个要素：理论依据、教学目标、操作程序、实现条件、教学评价。教学模式是教学理论和教学实践之间联系的桥梁，是对教学过程从理论与实践的结合上所作的纲要性描述。它既是某种教学理论的具体化，又是教学实践的概括化形式。

8.1.2 教学模式的结构

1. 理论依据

教学模式是一定的教学理论或教学思想的反映，是一定理论指导下的教学行为规范。不同的教育观往往提出不同的教学模式。比如，先行组织模式的理论依据是认知心理学的学习理论，而情境陶冶模式的理论依据则是人的有意识心理活动与无意识的心理活动、理智与情感活动在认知中的统一。

2. 教学目标

任何教学模式都指向和完成一定的教学目标，在教学模式的结构中，教学目标处于核心地位，并对构成教学模式的其他因素起着制约作用，它决定着教学模式的操作程序和师生在教学活动中的组合关系，也是教学评价的标准和尺度。正是由于教学模式与教学目标的这种极强的内在统一性，决定了不同教学模式的个性。不同教学模式是为完成一定的教学目标服务的。

3. 操作程序

每一种教学模式都有其特定的逻辑步骤和操作程序，它规定了在教学活动中师生先做什么、后做什么，各步骤应当完成的任务。

4. 实现条件

是指能使教学模式发挥效力的各种条件因素，如教师、学生、教学内容、教学手段、教学环境、教学时间等。

5. 教学评价

教学评价是指各种教学模式所特有的，完成教学任务、达到教学目标的评价方法和标准等。由于不同教学模式所要完成的教学任务和达到的教学目的不同，使用的程序和条件不同，当然其评价的方法和标准也有所不同。除了一些比较成熟的教学模式已经形成了一套相应的评价方法和标准外，有不少教学模式还没有形成自己独特的评价方法和标准。

8.1.3　教学模式的发展趋势

国内外具有代表性的教学模式主要有："程序教学"模式、"掌握学习"教学模式、"发现学习"教学模式、"非指导性教学"模式、"暗示教学"模式、"传递—接受"教学模式、"自学辅导"教学模式、"目标—导控"教学模式、"引导—发现"教学模式、"情境—陶冶"教学模式等。教学模式的总体发展趋势是：

1. 从单一教学模式向多样化教学模式发展

自从赫尔巴特提出"四段论(明了——给学生明确地讲授新知识；联想——使学生将新知识与旧知识联系起来；系统——指导学生在新旧知识的基础上作出概括和总结；方法——引导学生把所学知识用于习题解答、书面作业等)"教学模式以来，经过其学生的实践和发展，"传统教学模式"逐渐成为20世纪教学模式的主导。以后杜威打着反传统的旗号，提出了实用主义教学模式。20世纪50年代以后，由于新的教学思想层出不穷，再加上新的科学技术革命使教学产生了很大的变化，出现了越来越多的教学模式。

2. 由以"教"为主向重"学"为主的教学模式发展

传统教学模式都是从教师如何去教这个角度来进行阐述，忽视了学生如何学这个问题。杜威的"反传统"教学模式，使人们认识到学生应当是学习的主体，由此开始了以“学”为主的教学模式的研究。现代教学模式的发展趋势是重视教学活动中学生的主体性，重视学生对教学的参与，根据教学的需要，合理设计“教”与“学”的活动。

3. **教学模式的日益现代化**

在当代教学模式的研究中，越来越重视引进现代科学技术的新理论、新手段、新成果。多媒体技术、网络技术、通信技术等现代科学技术为教学模式的改革创造了条件，甚至成为教学模式创新的关键驱动力量，比如MOOC的出现，有效地将社交服务、在线学习、大数据分析和移动互联等理念融于一体，正在迅速改变着当前的高等教育体系。充分利用新兴教育技术手段和教学支撑条件设计教学模式，已经成为重要发展方向和现代教学模式的关键特征。

8.2 高等医学教育教学模式的演进

当前，医学任务正从以防病治病为主逐步向以维护和增进健康、提高人类生命质量为主转变，医学模式正由传统的生物模式向着生物—心理—社会—环境模式转变，医学整合性更趋明显，医学教育国际化趋势日益凸显，培养具有高尚的医德、精湛的医术、丰富的人文素养、强烈的社会责任感、较强的创新精神的医学人才，探索具有中国特色的优秀医学人才成长道路，对高等医学教育的人才培养带来了前所未有的机遇和巨大的挑战。高等医学教育必须根据现代医学模式和我国卫生服务的发展要求，积极探索各种教学模式，以社会和行业的需求为导向，为社会和卫生机构培养高素质医疗卫生人才。当前，高等医学教学模式主要有传统的以授课为中心的教学模式(lecture-based learning, LBL)、以案例为导向的教学模式(case-based learning, CBL)、以问题为中心的教学模式(problem-based learning, PBL)、以研究为基础的教学模式(research-based learning, RBL)、以资源为基础的学习(resources-based learning, ReBL)和以团队为基础的学习(team-based learning, TBL)等。这些模式产生于不同的历史时期，各有特点。

8.2.1 LBL及CBL的引入与应用

LBL教学是经典的传统教学模式，从古沿用至今。CBL教学最早于1870年由美国哈佛大学法学院院长朗德尔创立，用于法学教学。1910年美国教育批评家和改革者弗莱克斯纳发表了报告*Medical Education in the United States and Canada*，批评美国传统的医学教育模式，认为现代医学应该像基础科学的教学一样，不只限于看与听，将学生培养成为背诵者，而要在实验室及病房进行实际操作，培养学生的探究精神及批判能力。在该报告的影响下，哈佛医学院为改变临床教学滞后、学生不能接触患者的现状，引入法学院的案例教学法。20 世纪 30 年代，美国多数医学院校采用了这种教学法。但事实上，LBL 教学中也常伴有 CBL 教学，比如基础医学教学中的病例分析、临床医学教学中的见习等。只是 CBL 教学更强调案例分析和讨论。相比 LBL 教学，CBL 教学有利于调动学生学习的积极性和主动性，但仍不能满足现代医学对创新人才的需求。于是，在 20 世纪中期诞生了 PBL 教学。

8.2.2 PBL 的提出与尝试

PBL 教学法由美国神经病学教授霍华德 · 巴罗斯于 1969 年在加拿大麦克马斯特大学首创。20 世纪 80 年代后在北美获得较快发展。1991 年，美国 70％的医学院不同程度地采用 PBL 教学法。20 世纪 90 年代后，部分欧洲医学院也开始进行尝试。1993 年，在爱丁堡世界医学教育高峰会议上被推荐为 21 世纪两大课程模式之一。我国自 20 世纪 90 年代以来，开展 PBL 教学的院校逐渐增多，已成为医学教育改革的主要方向之一。它充分发挥学生在学习中的主体作用，培养其自主学习能力和创新思维。

8.2.3 TBL 的发展与完善

20 世纪 70 年代末，美国俄克拉荷马州立大学的拉瑞 · 迈克尔森教授为了在学生人数增加的情况下保证教学质量，提出了 TBL 的基本教学模式。此后，TBL 的理论在接下来的 20 多年中得到不断完善与发展。2002 年以前，国外学者称这种教学模式为“team learning”。2002 年拉瑞 · 迈克尔森等学者正式将这种教学模式命名为“team-based learning”，并在美欧发达国家的医学课程教学中逐步推广应用。目前，国际上至少有包括美国、加拿大、澳大利亚、韩国、印度等 7 个国家和地区的医学教育接受并应用 TBL，其中美国至少有 70 多个医学院校应用了 TBL。绝大多数已采用 TBL 的院校都取得了很好的教学效果，并积累了较为丰富和成熟的经验。

此外，国内从 20 世纪 90 年代初开始，在实践教学中尝试探究式教学，着力培养学生发现科学问题，以科学手段解决科学问题的能力。20 世纪 90 年代末，随着信息化时代的到来和互联网的普及，大量医学知识触手可得，如何让学生利用丰富的知识资源学习，教育工作者不自觉地提出以资源为基础的教学。此外还有运用计算机、网络、多媒体等技术手段实施的网络教学，将经典的 PBL 教学理念与网络技术有机结合而创造的网络式 PBL 教学

(WPBL),将教师视为反思性实践者并赋予学生参与课程发展的权利的协商课程模式等。

8.3 几种常见高等医学教育教学模式

8.3.1 LBL 教学

1. LBL 的内涵、特点和优势

LBL 是传统的以教师授课为基础的教学模式,也是应用最普遍的教学模式。它以教师为中心,以传授知识为主要目标,以学科教学为基础,强调学科内知识的完整性和系统性。教师按照教材章节系统地向学生传授理论知识,教师能够很好地把握教学进程,学生也能全面系统地掌握学科的知识和技能。教师工作难度较小,学生学习也较轻松。所以,从古到今,这一教学模式一直沿用,对医学人才的培养,发挥着不可替代的作用。

2. LBL 的不足

LBL 经济适用,易于组织,效率较高,但也存在着诸多缺点,如忽视学生学习的主观能动性,学生被动学习,被动接受,学习的兴趣和积极性得不到充分调动,不利于培养学生的自主学习能力和创新精神;在医学教育中,尤其在基础医学教育阶段,往往和临床实践脱节,不利于提高学生发现问题、分析问题和解决问题的能力,不利于培养学生的科研能力和临床思维,不利于培养应用型医学人才。特别是当前处于一个知识爆炸、学科知识成倍增长的时代,教师已不可能有足够课时传授全部知识,学生也没有足够时间和精力学习全部知识,这就需要学生具有自主学习能力,养成终身学习的习惯。同时,医学技术的快速发展需要大量具有创新精神和较强实践能力的医学人才。显然,LBL 这种传统的教学模式是不能满足这些需求的。所以,国内外医学院校近几十年都在开展针对 LBL 的教学改革。

8.3.2 PBL 教学

1. PBL 的内涵及特点

PBL 是以问题为中心的教学模式。以学生为主体,以小组讨论为形式,在教师的指导下围绕某一问题进行研究性学习。它是一种情境化的学习,以循序渐进的方式,运用多种手段获得相关知识,最终解决疾病问题。

2. PBL 的基本要素

学生必须要有对自己学习的责任心;PBL 中的问题情景必须是结构不良的、能够自由探索的;学习应该是广泛的学科或主题中的整合;协作是必要的；在自主学习中学生所学到的必须能够用来分析和解决问题；需要带着问题从工作中所获得的知识进行终端分析和对于所学到的概念和原则进行讨论；在每一个问题完成和每个课程单元结束时要进行自我评价和小组评价；PBL 中所进行的活动必须是现实世界中有一定价值的；学生的考试必须依据 PBL 的目标去测量学生的进步；PBL 必须符合学科教学法的规律。

3. PBL 的实施方法

PBL 的主要程序是提出问题——学生收集资料——小组讨论——教师引导。其实施步骤如下。

（1）成立小组　在作为一个小组探索问题之前，学生们要互相认识，为合作学习建立基本的规则，创设舒适的气氛。学习者和促进者（通常为教师）分别做自我介绍，互通姓名，形成毫无偏见的氛围。

（2）开始一个新问题　用少量的信息来提供给学生一个复杂的问题，这个问题应该尽量与其在现实的情况相接近，能够吸引学生。学生要选一个人做记录员，负责在“白板”上记录解决问题的过程，包括问题中的事实信息、学生们的想法和假设以及所确定的学习要点和活动计划。在解决问题的开始，学生和促进者要对问题解决的目标形成共同的理解。参照该目标，促进者可以更好地监察小组的进步情况，及时纠偏，或提醒学生看是否需要调整目标。学生可能会向促进者提问题，以便获得有关信息，也可能通过探究活动来获取更多的事实资料。促进者可能要问一些问题来鼓励学生的反省性思维，比如，让学生解释在解决问题时为什么会需要某方面的信息。在解决问题的过程中，学生要确定对解决问题而言很重要、而他们又不太理解、需要进一步学习的概念，即学习要点。开始，教师可能会更多地引导，比如问学生是否该把某些概念列在他们的学习要点中。随着学习的进行，学生能更多地管理他们的学习要点，促进者就要慢慢地“隐退”。当学生对问题已经形成了一定的理解，而某些知识的缺乏又严重地阻碍了问题的解决时，学生们就要分头去探索他们所确定的学习要点了。

（3）后续行动　小组成员再次集合，沟通他们所学的东西，基于他们新学习的东西，生成新的解决问题的假设。在分享他们的学习成果时，很重要的一点是学生们要评价自己的信息以及他人的信息，看信息是怎样得来的，来源是否可靠等，这是促成自主学习的重要途径。

（4）活动汇报　各小组利用各种不同形式来报告自己的结论以及得出结论的过程。PBL 所强调的不只是让学生解决问题，而且要让他们理解问题背后的关系和机制。

（5）问题后的反思　为了提炼所学到的东西，建构知识体系，学生们要有意地反思问题解决的过程。要考虑这个问题与以前所遇到的问题的共同点与不同点，这可以帮助他们概括和理解新知识的应用情境。而且，在学生们评价自己以及他人的表现时，他们同时也在对自主学习和合作性问题解决活动进行反思，这对于高级思维技能的发展来说是很有意义的。

4. PBL 的优势与不足

PBL 教学中，教师并不以讲坛上演讲者身份出现在学生面前，学生以小组的形式合作进行学习，学生以一个主动参与者的身份进行学习，通过这样的学习，提高学生下面这几方面的能力和素质：解决问题技能；发展高层次的思维能力；团队合作能力，包括赏识和包容异类学习同伴的精神；组织利用时间的技能；获取和评价信息的能力；传播信息的技能；计算机运用能力；建构灵活的知识基础；成为自主学习者。

PBL 的不足：习惯了传统教学模式的学生，短时间内难以适应；学生要查阅大量资料以致学习负担加重；小班教学需要大量师资；对教师提出了更高要求，教师须掌握从基础到临床的多学科知识；教学成本大幅增加，学校难以承受；缺乏科学的评价体系；不利于学生掌握系统完整的医学基本理论，科研能力的培养可能欠缺。

8.3.3 CBL 教学

1. CBL 的内涵及特点

CBL 是以案例为基础的讨论式教学，以提高学生临床实际能力为教学目标，通过对案例的讨论，提高学生分析问题和解决问题的能力。它是启发式教学指导思想在教学过程中的具体运用。其核心是“以病例为先导、以问题为基础、以学生为主体、以教师为主导”的小组讨论式教学。

2. CBL 的优势与不足

CBL 的实施步骤是：病例设问——小组课堂讨论——教师总结。与传统教学相比，CBL 是以学生为中心，由教师引导，学生通过多途径在解决临床实际问题中获得知识的主动学习方式。通过 CBL 教学，有利于调动学生学习的积极性和主动性，在与同学和教师的交流中，提高语言表达和团队协作能力；有利于加深对基本理论的理解和掌握，通过与临床病例的联系，将各基础学科和临床学科的知识融会贯通，形成发散和横向的临床思维能力，从而提高解决问题的能力。存在的困难是小组教学成本过高、师资力量不足，同时教师和学生都要在课余时间查阅资料，教师的工作负担、学生的学习负担均加重。另外，将理论学习改为病例讨论学习，有可能遗漏教学大纲要求掌握和熟悉的内容。

3. CBL 与 PBL 的异同

CBL 与 PBL 相同之处在于整个教学进程都是从一个案例式临床病例入手，主要不同在于 CBL 是以教师为主导，而 PBL 是以学生自我讨论最终解决问题为主要形式，教师的作用仅在于引导讨论的方向，避免偏离主题；PBL 多使用小型标准化案例，CBL 更注重实际案例。相比而言，CBL 可以避免因小组机制功能不良导致教学目标无法实现，但是，CBL 缺乏实际情境体验的真实感。

8.3.4 RBL 教学

1. RBL 的内涵及特点

RBL 教学是以设计性的综合实验为载体，在导师指导下，让学生参与科研全过程，使其在本科阶段能接受科学思维、创新意识和创新能力的训练，把理论知识和实践相结合。该模式坚持以学生为中心的原则，把教学和科研有机结合，把人才培养和学科建设有机结合，把学习、探究和实践有机结合，以培养高层次、复合型、多样化的高素质创新型人才。

2. RBL 的实施方法

RBL 的实施程序是：给学生研究方向——学生和导师拟定研究课题——学生查阅资料，撰写课题计划书——导师指导修正——实验——总结，提交论文和实验设计报告。其实施步骤如下：

(1) 确定研究题目　学生分组，根据需要由 3～5 名学生组成一个小组，并指定导师。在导师的指导下，根据前期课程学习情况，提出自己感兴趣的研究方向，利用图书馆及互联网广泛查阅相关的文献资料，了解国内外研究现状，获取相关信息。在归纳整理文献资料的基础上，小组集体酝酿，学生与导师充分讨论，确立一个既有科学性又有一定创新性的课题。初步选题后，指导老师根据设计方案的目的性、科学性、创新性和可行性进行初审，指导学生对实验方案进行论证。

(2) 开题　确定课题后，学生小组撰写课题计划书，主要包括：立题依据；研究目的、研究内容、拟解决的关键问题；实验方案、技术路线和实验进程；研究的可行性分析；研究特色和创新性；预期结果等。并组织学生小组开题，进一步明确研究的方法和路径。

(3) 实验　实验前，学生小组根据设计方案制订实验计划，进一步细化实验操作流程；准备实验材料；设立观察指标和指标的检测手段。学生按照实验设计方案和操作步骤认真实验，记录各项实验的原始数据及结果。实验结束后，及时整理实验结果和数据。

（4）总结　完成实验数据的整理、归纳和分析讨论后，学生对研究进行总结。撰写论文、实验研究报告。组织学生小组报告课题研究成果。

3. RBL 的优势与不足

RBL 教学充分体现了以学生为中心的人本主义教学思想和合作教育的新型师生观；改变了传统教学以教师和书本为核心的状况，让学生成为教学中的主人；注重学生自主学习能力的培养；锻炼了学生提出问题、综合分析问题和解决问题的能力；强化了科研创新能力和严谨的科学态度；促进了沟通交流技能、团队协作精神的培养。同时对转变教师的教学理念，深化教学改革也起到推动作用。

RBL 的不足：课题设计需要具有丰富科研经验的教师担任，对师资要求高；由于时间和学生素质的限制，一般只能完成小课题；评价体系尚不够完善；教学成本很高。

8.3.5　ReBL 教学

1. ReBL 的内涵及特征

ReBL 教学是全球高等教育在信息化、网络化时代的最新发展，意义在于肯定教育资源在教育系统中的基本作用。它是学习者通过接触各种资源或运用它开展实践活动，在教师指导下完成学习目标的过程。基于建构主义观点，ReBL 强调积极的学习，通过真正认知去学习和在学习者中间通过社会交往学习。医学生为解决某一问题或完成某项任务，利用网络资源，通过对资源检索、学习、评价和重组找到所需要的信息，从而解决问题、建构知识。它的显著特征是学生学习的灵活性和自主性，将学习过程变成学习者个人的探索和发现过程。

2. ReBL 的实施方法

教学设计需要考虑的不是一节课，而是学年甚至更长时间的学习活动应采取怎样的学习过程。有学者提出四阶段的学习模式：了解医学问题——确定医学问题——医学问题调查——医学问题总结。ReBL 的教育理念是要求学生在面对信息时代知识激增挑战的时候，具备独立搜集、处理、利用信息的能力，将学科课程学习目标与信息文化素养整合起来，增强学生自我更新、自我发展和终身学习的观念和能力。其难点在于如何确保用最适当的学习资源支持学习。否则，将会付出大量时间和精力，这对教师的指导水平提出较高要求。

3. ReBL 的优势与不足

与传统教学模式相比，ReBL 教学中，教师是学生学习的促进者和指导者，学习的资源不再局限于书本，还有网络、标本、模型等，学习更注重问题，强调学生发现信息的过程。学生是学习活动的主体，学生在信息搜集和信息翻译以解决实际问题的过程中，完成知识的建构。这样可以培养学生的创新精神和独立解决问题的能力，有利于适应信息时代的要求，也有利于促进独立的学习技巧。存在的问题是，教师课堂讲授的减少使学生的基础理论知识系统性减弱；需要学生花费更多的精力和时间，这与当前学生学习任务重是矛盾的，也需要学生克服传统教学依赖教师的心理。

8.3.6 TBL 教学

1. TBL 的内涵与特点

TBL 是学生在团队基础上，围绕各教学单元中包含的核心概念及其应用展开主动学习，经过"个人独立预习概念——预习确认测验掌握概念——团队练习运用概念"的过程获取知识，并掌握知识的运用。

2. TBL 开展前的准备

(1) 设计 TBL 教学课程　教师确定各单元的教学目标，并为学生准备关于预习目的与要求的提纲和提供参考资料，同时还须认真准备各单元的预习确认测验试题和在课堂教学中进行讨论的应用练习。

(2) 分组并形成团队　将学生分成若干小组，其目的是以小组为团队基本单位，在组内和组间进行讨论、交流，提高学生的学习兴趣。分组须遵循 TBL 的原则：减少影响团队凝聚力的因素；合理分配小组成员的各种资源；小组的大小适当；小组成员保持相对稳定不变。

(3) 设计评分方案　TBL 中个人的课程成绩包括：个人表现得分，由个人测验成绩和期末考试成绩组成；团队表现得分，主要是团队测验成绩；同行评价得分，在 TBL 结束后，各小组成员评价组内其他成员在参与团队的表现、个人表现、组员对团队贡献大小、出勤率等方面的表现，一般以不同的得分或划定不同的等级进行评价。

3. TBL 实施流程

TBL 的实施流程包括三个基本阶段。

(1) 第一阶段(预习准备过程)　学生在预习参考资料或提纲的指导下，通过课前的个人独立预习，熟悉掌握教学单元的课程内容。

(2) 第二阶段(预习检验过程)

1) 个人预习检验：各教学单元最先进行的是评价学生个人预习情况，测验的内容主要由侧重于概念的单选题组成，涵盖了所要学习的主要知识点。

2）团队预习检验：当个人预习情况检验完成后，学生组成 5～8 人一组的学习小组，立即通过团队讨论完成同样题目的测验，小组得出全体成员一致认可的答案。团队测验完成后，老师将评分后的个人和团体的答卷交还给学生，让他们针对测验题目展开讨论。

3）申诉：在讨论后允许和鼓励任何申诉，即向老师提出任何意见或疑问。

4）老师反馈或总结。待所有团队提交了申诉，教师可通过一个小型的演讲或讲座来解决学生的问题。

（3）第三阶段（运用课程概念过程）　学生开展团队讨论，进行概念运用练习的活动，即运用前面学得的知识，完成教师布置的练习作业，这些题目是需要学生应用所学知识去仔细分析才能回答的复杂题目。每个团队成员必须积极参与，并记录讨论结果。在讨论结束后，各小组选代表发表团队的讨论结果，并与班级里的其他小组讨论自己的答案。最后，老师总结该单元的学习情况，得出全体的共识。同学之间还要对每个人的表现进行互评，包括发言主动性、分析表达能力等，以便进一步改进。

4. TBL 的优点

TBL 着力调动学生主动学习的积极性，把学习的主动权还给学生，并且通过学生之间互帮互助、互相督促，提高了学习效率；着眼提高学生分析问题和解决问题的能力，培养学生的自学能力和终生学习的能力，培养学生的团队合作精神和竞争意识。同时 TBL 对教师更新教育理念也具有一定促进作用。

本节介绍的这些教学模式，各有特点，但并非非此即彼，而是互有交叉和渗透，共存于当今医学教育中。LBL 教学法最大的优点是经过长期实践，教材系统，理论体系完备，教师学生普遍接受。所以，仍然是不可替代的教育方式。PBL、CBL、ReBL、RBL、TBL 共同的特征是都以培养学生的自主学习能力和创新思维以及协作精神，并提高学生分析解决问题的能力为目的。这些教学模式都有显著的优势，也有各自的缺点。所以，对这些教学方法的运用应结合专业、学科、教学内容特点，学生和师资的情况以及各院校的特色，而有所选择，或多种方法结合使用，取长补短。高等医学教育应该在传承正确的教育理念基础上，尝试新的教育方法和教育手段，充分借鉴发达国家人才培养模式，为我国培养更多复合型、创新型的医学人才。

第9章 教育技术与应用

9.1 教育技术

9.1.1 教育技术的定义

教育技术的定义,使用较多的有两种:一种是上海教育出版社1990年出版的《教育大辞典》,其对教育技术的定义为:"人类在教育活动中所采用的一切技术手段的总和,包括物化形态的技术和智能形态的技术两大类。"物化形态的技术凝固和体现在有形的物体之中,例如黑板、粉笔、计算机、多媒体等设施及相应的软件;智能形态的技术是指以抽象形式表现出来,以功能形式作用于教育实践的科学知识与方法,如系统方法、学习模式等。

另一种定义是美国教育传播与技术学会(Association for Educational Communication and Technology,AECT)1994年发布的定义:"教育技术是对学习过程和学习资源进行设计、开发、运用、管理和评估的理论与实践。"其英文原文为:"Instructional technology is the theory and practice of design, development, utilization, management and evaluation of processes and resources for learning." 2004年在此定义的基础上进行了修订,新的定义为:"教育技术是通过创造、使用、管理适当的技术性过程和资源,以促进学习和提高绩效的研究与符合伦理道德的实践。"其英文原文为:"Educational technology is the study and ethical practice of facilitating learning and improving performance by creating, using, and managing appropriate technological processes and resources."

9.1.2 教育技术的作用

1. 从教学规律看

教育技术具有信息呈现多形式、非线性网络结构的特点,克服了传统教学知识结构线性的缺陷，符合现代教育认知规律。教育技术提供的从知识节点出发，呈网状分布的知识链结构，符合奎林的语义网络理论。同时教育技术把知识的感知、理解、巩固与运用融合为一体，不仅对知识意义的建构具有帮助，而且适宜和优长于学习者多种能力的培养，有效地促进个体主动参与认知结构不断重组的递进式学习过程，符合加涅的认知学习理论。

2. 从教学模式看

教育技术提供了一个可以进行个别化自主学习的教学环境与系统，同时又是能够形成相互协作的教学环境与系统。充分调动学生认识与实践的主观能动性，让学生真正成为学习的主人，教师不再是一个信息的主要提供者与学习的主导者，他将成为学生个别化学习探索活动的辅导者与支持者，教学相长的促进者。

3. 从教学手段看

教育技术呈现在学生面前的是图文并茂的音像教材、视听组合的多媒体教学环境与手段和在网络、远距离双向传输的教学系统，使教学知识的来源更加丰富，教学内容更加充实，教学形式更加形象生动，学习环境更加优越。学生在整个学习过程中，充分利用视觉与听觉功能，对大脑产生多重刺激作用，同时可及时互动反馈学习情况，主动深入地参与教与学活动，从而使得学习效果显著提高。

9.1.3 教育技术的选择

1. 依据教学目标

每个知识点都有具体的教学目标，为达到不同的教学目标，常需要使用不同的教育技术去传递教学信息和培训技能。

2. 依据教学内容

各门学科的性质不同，适用的教育技术会有所区别；同一学科内容各章节内容不同，对教育技术的使用也有不同要求。

3. 依据教学对象

不同年龄阶段的学生对事物的接受能力不一样，选用教育技术时应顾及他们的年龄特征和技术偏好。

4. 依据技术特征

各种教育技术具有不同的适用性。在实际应用中，只有最适用的技术，而没有最优的技术。要充分了解各种教育技术的优点和局限性，优选或组合相适宜的媒体和技术传达形式，在使用中扬长避短。

5. 依据教学条件

教学中能否选用某种教育技术，还要看当时当地的具体条件，其中包括资源状况、经济能力、师生技能、使用环境、管理水平等因素。

9.1.4 教育技术应用的几种常见教学模式

1. 以视听媒体演示为主的集体教学模式

这种模式以教师为中心，在传统教学的基础上增加了现代教学媒体作为演示和辅助工具，配合教师的语言讲授，将传统媒体难以展示的教学内容呈现在课堂中，直观、生动、形象、丰富地表现教学内容。

2. 以网络为主的自主与协作学习模式

集体教学难以照顾学生的个体差异和不同的学习风格，而网络应用为学生提供了自主探究与交互合作的学习方式。这种学习方式能够满足学生个体学习的需要和个性化发展的需要，也有利于培养学生的协作学习能力，促进学习交流。

3. 个别化学习模式

各种计算机、网络教育软件和系统、平台的发展，使计算机辅助教学的个别化学习模式成为重要教育形式。学习者在课堂内外都可以通过教育技术支持进行学习，满足个性化学习需要。

4. 以培养特殊技能为主的微型教学模式

在某些特殊技能的培养方面，如师生的基本技能、语言能力、实验技能等，现代教育媒体能进行过程记录，可以现场直播和事后重放，提供及时反馈，可用于发现问题和反复训练，从而提高技能。

9.1.5 教育技术应用存在的主要问题

长期以来，我国高校教育技术应用存在着重环境和资源建设，轻应用机制和绩效评析等问题，建、用、评不配套，有的盲目追风赶时髦，实际应用效益不高，教育技术没有广泛深层地融入教学，没有发挥应有的效能。教育技术应用的研究指向、着力点和落脚点，多为优化知识传输、记忆能效的努力，是趋同化应用人才培养的路子，而对于充分利用教育技术的许多特殊优长，促进学生发现、分析、解决问题能力的提升，尤其对教育教学的本质是密切教学互动交流，以促进多元思维和创新素质的培养方面，口头重视多、实践研究少，主要原因是没有把提倡的个性化创新人才培养目标转变为学习评价的重要组成成分，如课堂提问、思维能力、网络互动、自我设计、探究学习等都不计分。当前教育技术的飞速发展，为有效解决过去没有认识或难以实现的教学问题提供了有力的技术支撑，高等医学院校应在教育技术应用的导向性上下功夫，以教育技术的发展和应用，牵引、推动教学改革的深化，这也是教育技术能否充分发挥应有作用，应用能否深入提高的关键所在。

9.2 现代教育技术及其应用

9.2.1 多媒体技术与多媒体辅助教学

多媒体技术(multimedia technology)就是将文本、图形、图像、动画、视频和音频等多种媒体的信息通过计算机进行交互式综合处理的技术。多媒体技术具有集成性、交互性、非线性、实时性、互动性和便捷性等特点。

多媒体辅助教学，指的是运用多媒体技术并借助预先制作的多媒体教学软件和资源来开展的教学活动过程。采用多媒体辅助教学能使学生的多种感官得到刺激，受到丰富多样的技能训练，提高学习效果。多媒体辅助教学有以下几种模式。

1. 操练与练习

操练与练习主要用于实现教学过程中学生练习阶段的功能。特点是学生用于练习和巩固已学的知识和技能，实施结果获得自动反馈，有效激励学生。教师预先进行教学设计，安排好教学内容，选择资料和合适的练习，并检查学生复习的进度。计算机自动呈现问题，及时评析、反馈信息，记录学生的成绩。学生选择内容和难度，练习和回答问题，并接受计算机的反馈。

2. 个别指导

个别指导指的是由计算机扮演讲课老师的角色，向学生传授新的知识或技能，并及时交互，多用于学生自学或者补习功课。特点是呈现新的教学内容，讲授并提供指导，加强学习交流。教师选择适当的资料并监督进度。计算机呈现信息，然后向学生提问并检查其掌握程度，记录学生成绩，诊断知识和能力水平，根据学生水平决定是重学还是进入下一内容。

3. 教学测验

计算机辅助测验包括自动组卷、联机测验、自动阅卷、测验数据分析等方面。教师预先建好试题库，确定测验范围，设计测验难度，计算机自动选题和组卷，学生在计算机上答题，计算机实时判断并评分，分析测试结果并提供反馈。计算机还具有分析测验的信度、效度、难度、区分度和迷惑答案的效力。

4. 教学模拟

模拟也称仿真，用计算机模仿真实的自然现象和社会现象，或现实中难以实现的活动。模拟的应用主要有实验模拟、管理模拟和训练模拟。实验模拟是在自然科学课程中，模拟实验环境。管理模拟是在管理领域培养学生的管理处置能力。训练模拟是模拟逼真的训练和操作环境，例如军事模拟系统、临床技能模拟训练系统等，以弥补、解决真实训练难度大、困难多等问题，以达到强化实践能力培养的目的。

5. 教学游戏

计算机以游戏的形式呈现教学内容，产生一种带有竞争性和协作性的潜在学习环境，从而激发学生积极参与，起到寓教于乐、以学促教的效果。教师设定好游戏规则，游戏可以是人机之间竞争互动，也可以是学生之间竞争协作，游戏包括许多步骤，每一步面临多种选择，迫使学生根据所学知识作出判断，寻求获胜。计算机按规则做裁判，并记录结果。

6. 问题解决

在教学中将信息技术作为工具或创设环境，让学生自己去解决那些与实际背景较接近的问题，以培养学生解决实际问题的能力。学生使用教师选定的软件，运用所学的知识，通过人机交互去解决问题。

7. 智能授导

智能授导系统(intelligent tutoring system, ITS)旨在通过学生与计算机进行双向问答式对话，利用人工智能技术来模拟“家庭教师”行为。一个理想的ITS应能理解学生用自然语言表达的提问，不仅要具有学科领域知识，而且要了解所教学生的风格，针对学生特点密切互动。ITS是一个典型的智能计算机辅助教学系统(ICAI)。

8. 案例学习

提供丰富的真实案例资料，学生通过搜索、分析和决策来学习。本质上是数据库系统和信息检索系统在教学中的应用。

9. 基于资源的学习

为学生提供丰富的数字化资源，如数字化图书馆、多媒体电子书、电子书包以及互联网资源等，学生利用这些资源学习。

10. 探究性学习

学生利用数据库及各种媒体资源，检索、分析、运用多种信息，对预设问题进行解答。

11. 计算机支持的协作学习

利用多媒体技术和网络技术建立协作学习环境，支持学生之间的交互活动。

12. 计算机支持讲授

包括计算机多媒体在课堂集中授课过程中的各种应用。

13. **虚拟教室**

利用网络技术和多媒体技术构建学习环境，使处于不同时空的师生能进行实时或异步互动。

14. **情景化学习**

利用多媒体技术营造接近实际的情境，强化沉浸式学习的感受，拓展学习体验，激发学生的联想，以利于学生的知识建构。

9.2.2 网络技术、资源及其教学应用

网络技术的应用主要有：信息检索、信息交流和资源下载。

1. **信息检索**

网络检索工具按照不同的标准可划分为不同类型。从数量划分为：单一型和集合型检索工具；从检索的资源类型划分为：互联网和非互联网检索工具；从检索内容划分为：综合型和专题型检索工具；从信息内容的组织方式上划分为：目录型检索工具和搜索引擎。

(1) 目录型检索工具　目录型检索工具是一种等级结构式目录，是由信息管理专业人员在广泛搜集网络信息资源并进行加工整理的基础上，按照某种主题分类体系编制的一种检索工具，在每个目录类及子类下提供相应的网络资源站点地址，使用户能通过浏览该目录，在目录体系的导引下，发现、检索到有关的信息。目录型检索工具的典型代表是雅虎。它将网络资源按内容分为艺术与人文、商业与经济、教育、娱乐等十大类，每个大类下又逐级链接多个小类，最后指向相应的 Web 页。此外还支持关键字进行全文检索。

(2) 搜索引擎　搜索引擎使用自索引软件来发现、收集并标引网页、建立数据库。以网页的形式提供给用户一个检索页面，供用户输入检索关键词、词组或短语，并按相关度排序输出结果。典型的搜索引擎有 Google 和百度。

(3) 集合型检索工具　又称为元搜索引擎，是一种能够利用多个检索工具进行网络信息查询的检索工具，通过一个统一管理用户界面，帮助用户在多个检索工具中选择和利用合适的检索工具来实现操作。在检索中，用户向集合型检索工具发出检索请求，它根据请求向多个单独型检索工具发出实际检索请求，单独型检索工具执行检索请求后将检索结果传送给集合型检索工具，集合型检索工具将从多个单独型检索工具获得的检索结果经过整理再传送给实际用户。利用集合型检索工具往往能够获得较高的查全率，在广泛查询时具有较大优势。

2. 网络信息交流

网络信息交流就是以互联网作为交流分析的平台，综合利用网络载体，达到双方信息交流。常用的信息交流工具有电子邮件、即时交流工具、BBS、论坛、博客和视频会议系统等。

(1) 电子邮件　电子邮件是出现最早的交流工具，模拟的是现实生活中的信件交流，不仅可以突破时间与空间的限制，还可以突破文件格式的限制，并能够传递语音影像，可以实现主题鲜明的信息交流。

(2) 即时交流工具　即时交流工具，如QQ等，可以实现在线人员进行语音、文字、影像的交流，可以在线传递文件，可以实现远程协作。但实时交流工具有其局限性：交流双方要同时在线，受到时间限制。

(3) 论坛　论坛突破了参与交流的人数限制，可以围绕某一具体主题进行交流，同时论坛也集成了电子邮件与即时交流工具。

(4) 博客　博客突破了时间与空间的限制，实现了个人思想的网络表达。百度贴吧是结合搜索引擎建立一个在线的交流平台，让那些对同一个话题感兴趣的人们聚集在一起，方便地展开交流和互相帮助。

(5) 视频会议系统　视频会议系统利用视频摄像和显示设备，通过网络在两个或多个地点之间实现的实时、交互式视音频传输。教学用视频会议系统通常由主播教室和多个远程听课教室组成，采用一点到多点的教学模式。师生可以进行双向实时的视音频教学，也可以通过Internet网上点播流媒体课件进行非实时的集中式教学。

3. 教育类网络资源

教育类网站种类很多，有教育行政部门的网站(如中华人民共和国教育部官网 www. moe. edu. cn)、学校网站(如第二军医大学官网 www. smmu. edu. cn)、教育研究机构网站(如中国教育科学研究院官网 www. nies. net. cn)、社会机构主办网站(如中国科普网官网 www. kepu. gov. cn)以及个人开发的网站等。

(1) 中国开放教育资源联合体　中国开放教育资源联合体(China open resources for education, CORE)，网址：http://www. core. org. cn/，成立于2003年10月，系非营利机构，是一个以部分中国大学及全国省级广播电视大学为成员的联合体。其宗旨是促进国际教育资源共享，提高教育质量。其服务的主要内容是国外开放课程的翻译、国外开放课程的应用、中国精品课程翻译、开源软件应用与开发、国际合作与交流等。网站设置了开放课程、国际课程、精选资源等栏目，提供了丰富、高质的免费教育资源。

(2) 美国教育资源信息中心网站　美国教育资源信息中心网站(the

education resources information center，ERIC)，网址：http：//eric. ed. gov/，由美国教育部的教育科学协会主办，通过提供授权使用的教育文献来支持教育研究和信息的使用。其数据库收录了约 140 万条期刊文章(来自 1 160种期刊)、书籍、研究综述、会议论文、技术报告、政策论文以及其他一些与教育相关的材料。

4. **基于网络的讲授式学习**

这种通过网络进行的传统教学模式，可分为同步讲授式和异步讲授式。

(1) 同步讲授式学习　同步讲授式学习是教师和学生在不同的地点上课，教师通过网络视频会议系统进行授课，不同地点的学生可以在同一时间聆听同一教师的教学，师生之间也可以进行交流。

(2) 异步讲授式学习　异步讲授式学习利用互联网主页服务和电子邮件实现。教师将准备好的教学内容和资源做成网页，讲课录像运用流媒体技术放在服务器上，学生通过网络浏览，如有问题可通过电子邮件向教师咨询。

5. **基于网络的自主学习**

(1) 基于网络课程的自主学习　网络课程是通过网络展现的某门学科的教学内容及实施的教学活动的总和。其主要特征是：以教师为主导，围绕学科教学内容，事先将要讲授的内容做成网络课程教学课件，再附加相关的电子版教材、参考资料(包括音视频)、模拟测试题等内容，形成较为系统和完善的网络教学课程。

(2) 基于网络课件和网络通信的自主学习　教师按照教学的目的要求，确定每个教学阶段的教学目标，指出要学习的内容和参考资料及资源链接；学员根据自己的需要选择学习内容，充分发挥学生个体学习的能动性，提高学习效益。教师通过电子邮件或在线交流工具进行指导。

6. **基于网络的协作学习**

基于网络的协作学习主要依托 BBS、即时交流工具、电视电话会议、微博、白板系统等信息技术，以学生为主体，由老师或学生主持，以某课程主体论坛和某个学术专题研究为核心，采用网上讨论、沟通等手段，促进学生知识共享、经验交流，促进学生发展批判性思维，提高认知能力，形成新的观点和方法。

7. **基于网络的研究性学习**

研究性学习是指学生在教师的指导下，选择专题进行研究，并在研究过程中主动地获取知识、应用知识、解决问题。

(1) 研究性学习的一般步骤

1) 准备工作：一是确定主题，主题应有意义且具有挑战性，与学生的知识和经验要结合起来。二是组建研究小组。三是制订研究计划，确定研究方法。

2）开展研究：学生通过网上搜索、图书和文献查阅、访谈和问卷调查等方法获取信息，对信息进行筛选、归类、分析和综合。教师在研究过程中提供指导和帮助。

3）总结评价：撰写研究报告，报告可以是小论文、经验总结、调查报告等形式。研究成果形成后，可以通过报告会、展览会等形式展示。最后对研究的过程、学习的态度等方面进行评价，包括对研究小组和个人的评价。

在现代教育技术的支持下，开展研究性学习可以完全基于网络，利用网络的丰富资源和技术手段开展活动，提高学习效率和效果。

（2）网络探究　WebQuest（英文网站 www. webquest. sdsu. edu，中文网站 www. being. org. cn/webquest）中，呈现给学生的是一个开放性的任务，并为学生提供一些相关的网络资源，要求学生通过收集、分析和综合信息得出解决方案。

利用 WebQuest 开展研究性学习，需要制作一个专门的网页，包括简介、任务、过程、资源、评价和结论六个模块。简介用来明确学习内容；任务以描述学习目标和学生应完成的事情；过程模块将任务分解成若干子任务，并提供指导；资源模块列出相关网站；评价模块采用测评表考查学生学习情况；结论是对本次研究性学习活动的总结。

9.2.3　移动学习

移动学习是指学生和教师依托无线移动网络、国际互联网以及多媒体技术，利用无线设备（如手机、掌上电脑、笔记本电脑等）进行方便灵活的信息交流及交互式教学活动。移动学习是一种在移动终端设备帮助下，能够在任何时间、任何地点发生的学习。移动学习所使用的移动终端设备必须能够有效地呈现学习内容并且提供教师与学习者之间的双向交流。

移动学习是现代网络教育的扩展与延伸，它几乎具有固定网络学习所拥有的所有优点，如开放性、系统性、多媒体性、交互性、虚拟性等，并且相对于固定网络学习来说，它还具有灵活性、便携性、个体性、碎片化学习等特点，学习者不再被限制在电脑桌前，可以自由自在、随时随地利用不同时空，进行不同目的、不同方式的学习。教学过程的四个基本要素：教师、学生、教学内容和教学媒体都是“移动”的。因此，将移动学习应用于现代网络教育，更能有效激活学习者自主学习的潜能。

目前，移动学习的系统类型有短信系统、M-learning 课程系统、学习辅助系统和综合移动学习系统等。短信系统的应用最为广泛，简单方便，不受任何手机屏幕及功能的限制。M-learning课程系统能根据不同的手机或者掌上电脑功能，提供相应的学习课程。后两种系统则作为辅助学习工具和信息获取工具，提供定位、摄像、词典、答疑等学习辅助和综合管理服务。如近年来兴起的“微信”类属于短信系统，但功能更多，更适合个体和群体学习交流。

9.2.4 虚拟现实

虚拟现实(virtual reality, VR)是一项综合集成技术，是美国VPL公司创建人拉尼尔(Jaron Lanier)在20世纪80年代初提出的，它的出现是计算机图形学、人机交互技术、传感器技术、人机接口技术及人工智能技术等交叉与综合的结果。它利用计算机产生一个三维空间的虚拟世界，提供使用者关于视觉、听觉、触觉等感官的模拟，让使用者如同身历其境一般。

1. 虚拟现实系统

可以获取现实世界组成部分的三维表示，并由此构成对应的虚拟环境；检测用户的操作命令，并通过传感器模块作用于虚拟环境。可以接受来自传感器模块信息，为用户提供实时反馈；传感器一方面接受来自用户的操作命令，并将其作用于虚拟环境；另一方面将操作后产生的结果以各种反馈的形式提供给用户；对传感器进行控制，使其对用户、虚拟环境和现实世界产生作用。

2. 虚拟现实的关键技术

动态环境建模技术：获取实际环境的三维数据，并根据应用需要，建立相应的虚拟环境的动态模型。

实时三维图形生成技术：实现全真三维显示，并保证实现“实时”生成。

交互传感器技术：通过数据手套实现模拟触觉的操控。

系统集成技术：包括信息同步技术、模型标定技术、数据转换技术、数据管理模型、识别和合成技术等。

3. 虚拟现实技术应用

(1) 基础理论教学　虚拟现实技术在医学教育和临床应用中有广阔的情景。利用计算机仿真技术，虚拟三维人体、人体器官和虚拟医疗器械等模型，构建医生操作程序，将人体特征模型与各种操作过程有机地结合，并通过人机实时交互，为学生学习提供丰富的资源和交互学习环境。美国国家图书馆创建的三维人体解剖图谱可以让学生在交互环境中自由地观察、移动和解剖任意选定的解剖结构，逼真地重现人体解剖场面；应用动画技术可在血管、气管和心室内漫游。德国汉堡 Eppendorf 大学医用和数学研究所建立的 Voxel-Man 虚拟三维人体系统，学生可以通过头盔显示器模拟人体解剖过程，以任意视觉立体观察或内窥镜观察，模拟解剖和手术，模拟放射成像，测量任意器官或组织间的距离。美国医学实验室创建并在线发布了"可视人体"，学生可以了解各器官或系统正常状态或病态时的运动行为，并体验虚拟的基本解剖结构。目前很多高等医学院校引进生理驱动高级综合模拟人，可以模拟出各种所需的病例、病情和病理体征，实施病人诊治全程综合模拟训练，被广泛运用于临床模拟教学和 OSCE 考核。

（2）虚拟实验教学　虚拟现实技术可以避免真实实验环境对人体健康所带来的各种危险。例如通过模拟传染性细菌、病毒实验，学生在虚拟教学环境中，可以免除被传染的顾虑。虚拟现实技术能突破医学实验的时间约束，一个需要数月甚至数十年才能观察的生物变化过程，在很短的时间内就可以观察到。例如生物遗传学中的某些遗传定律，用动物做实验往往需要数月的时间，而利用虚拟现实技术则能在短短一节课内完成整个显示过程。

（3）虚拟手术教学　虚拟手术教学是虚拟现实技术在医学训练中最重要的应用。虚拟手术模拟器可以给学习者提供一个多感知性、沉浸性、交互性和构想性的手术虚拟训练环境，学生通过视觉、听觉和触觉感受人体多种器官和组织结构，学习各种手术实际操作，体验如何应付各种临床手术的实际情况。虚拟环境还为操作者提供了方便的三维交互工具，可以模拟手术的定位与操作，在高性能的计算机环境下，还可以对手术者的操作给出实时地响应，如在外力作用下的软组织形变、撕裂、缝合等，使手术者操作的感觉就像在真实人体上的手术一样。导管插入动脉的模拟器，可以使学生反复实践导管插入动脉时的操作。眼睛手术模拟器，根据人眼的前眼结构创造出三维立体图像，并带有实时的触觉反馈，学生利用它可以观察模拟移去晶状体的全过程，并观察到眼睛前部结构的血管、虹膜和巩膜组织及角膜的透明度等。

（4）虚拟实训基地　利用虚拟现实技术建立起来的虚拟实训基地，其"设备"与"部件"多是虚拟的。学生在虚拟的学习环境中扮演一个角色，全身心地投入到学习环境中，非常有利于学生的技能训练，例如军事作战技能、装备操作技能等。由于虚拟的训练系统无任何危险，学生可以反复练习，直至掌握操作技能为止。

9.2.5　云计算

云计算通过因特网将庞大的运算处理程序，自动分拆成多个子程序，交由多部服务器所组成的庞大系统运算分析，然后再将处理结果回传给客户端。云计算可以把网络上闲置的计算机资源利用起来，在数秒之内处理数以千万计甚至亿计的信息，达到和超级计算机同样强大的效能。云计算能把分布在大量的分布式计算机上的内存、存储和计算能力集中起来成为一个虚拟的资源池，并通过网络为用户提供实用服务，可降低成本并提高效能。云计算将给 IT 行业带来重大的变革，同样将对教育领域产生深远的影响。

1. 云计算将改变学习模式

云计算带来一种新的学习模式——“移动学习”。云计算教育资源存储于“云端”服务器中，学习者可以通过笔记本电脑、平板电脑、iPad、手机等终端，通过有线网络、3G 网络、移动 WLAN、Wifi 等随时随地接入互联网，登录到学习平台进行学习，获得学习资源。

2. 云计算将加速信息资源优化整合

在云计算时代，教育信息资源可以转化为云服务，所有资源和应用程序都将整合在“云”端，学习者只需输入关键词，即可获取来自世界各地的教育资源。同时，云计算环境下，学生和教师可以对现有内容进行补充和修改，从而不断地完善优化资源库，实现教育资源的开放和共享。

3. 云计算可以降低教育成本

在云计算时代，学校无须投入昂贵的硬件购置成本，只需要通过互联网来定制服务，一些常用的应用软件(如 office 系列)，云服务都能提供，并且收费低廉，有的甚至是免费的，极大地减少了学校为维护、升级操作系统和应用软件而投入的费用。

9.2.6 人工智能

人工智能(artificial intelligence, AI)是计算机科学、控制论、信息论、神经生理学、语言学等多种学科相互渗透发展起来的一门综合性的交叉学科和前沿学科。其定义是：一个电脑系统具有人类知识和行为，并具有学习、推断、判断、解决问题、记忆知识和了解人类自然语言的能力。随着人工智能技术的发展和教育信息化的不断深入，人工智能技术在现代教育领域中的应用正日益受到人们的重视。人工智能在教育中的应用主要有以下几类：

1. 智能教学系统

智能教学系统是一种借助于人工智能技术，让计算机扮演教师的角色实施个别化教学，向不同需求、不同特征的学习者传授知识、提供指导的适应性学习支持系统。

智能教学系统是一个复杂的软件系统，是由专家模块(知识库)、学生模块、教学模块和智能接口四部分组成。专家模块是用于表示教学领域的相关知识，以及作为专家能够基于这些知识解决有关问题的问题求解智库，用来评价学生当前的知识水平，主要用来为教师教学提供信息和依据；学生模块是通过比较学生行为与专家行为，对学生进行智能模拟，包括学生的知识状态、认知特点和个性特点等，反映学生对知识的理解程度，用来反馈学生的学习情况；教学模块是根据一定的教学原理，在适当的教学策略指导下选择适当的教学内容并以适当的表达形式在适当的时候呈现给学生；智能接口模块是学生和系统之间交流信息的桥梁，为学生提供了表达知识和信息的手段，该部分作为系统与用户的交互界面，是为其他各个模块提供智能化的多媒体知识输入、用户信息和行为获取、知识输出的途径。

2. 智能化考试系统

智能化考试系统是集考务管理、试题开发、题库管理、信息发送、数据管理、数据分析、数据查询、结果公布于一体的多业务综合管理系统，能够全面实现考试组织过程的远程管理及考试业务数据的共享，可同时开展各种考评工作的并行管理，是高度整合的考试业务管理系统。它大大优化了考试模式，节约了考试组织者和参与者的时间和费用，提高了办学效率。

3. 智能代理技术

智能代理技术是人工智能技术的一个应用领域，它使计算机应用趋向人性化、个性化。如 Office 助手就是一种智能代理，这些代理软件通常会在适当的时候帮助人们完成最迫切需要完成的任务。

智能代理技术的诞生和发展是分布式人工智能技术和网络技术发展的必然结果。代理是指能在某一环境中运行，能响应环境的变化，灵活、自主地采取行动以满足其设计目标的计算实体。其本质上就是一个计算机软件程序，它运行于动态环境中并具有较高的自治能力，能够接受其他实体(如用户、其他智能体、系统或机器等)的委托并为之提供帮助和服务。同时，能够在该目标的驱动下主动采取包括社交、学习等手段在内的各种必要的行动以感知、适应并作用于动态变化的环境。

9.3 微课、翻转课堂与慕课

9.3.1 微课

1. 微课的概念

(1) 微课概念的提出　　2008 年秋，美国新墨西哥州圣胡安学院戴维·彭罗斯教授首创了影响广泛的“一分钟的微视频”，即“微课程”(micro lecture)。微课是指以在线学习或移动学习为目的的实际教学内容，一般1～3分钟，突出关键的概念、主题和活动，引导学生利用网络这个强大的工具，根据所提供的资源和活动，建构自己需要的知识。其核心理念是要求教师把教学内容与教学目标紧密地联系起来，以精炼的内容、较少的时间和更方便的形式产生一种“更加聚焦的学习体验”，是适合海量信息爆炸、生活节奏加快、信息传输网络化的时代特点，在新的学习环境下有效提高教学、学习效率的优选策略。

(2)“微课”概念的本土化　2011年广东省佛山市教育局胡铁生老师首先提出“微课”的概念。认为“微课”是以教学视频为主要载体，反映教师在课堂教学过程中针对某个知识点或教学环节而开展教与学活动的各种教学资源的有机组合。其核心内容是课堂教学视频，同时还应包含与该教学主题相关的教学设计、素材课件、教学反思、练习测试及学生反馈、教师点评等教学支持资源，并以一定的结构关系和呈现方式，共同营造了一个半结构化、主题突出的资源单元应用“生态环境”。此外，上海师范大学黎家厚教授认为：“微课程是课程改革与信息化进程中的学习资源创新，是学习内容与学习方式整合为一体的新型资源”；“微课需要与学习单元、学生的学习活动等结合起来，才是一个完整的微课程。”华南师范大学焦建利教授对微课的定义是：“以阐释某一知识点为目标，以短小精悍的在线视频为表现形式，以学习或教学应用为目的的在线教学视频。”

2. 微课的主要特征

(1) 目标明确，主题突出　微课主要是为了解决课堂教学中某个学科知识点，或是反映课堂某个教学主题。主要用于学生课前预习、课间插播和课后复习。

(2) 资源多样，情境真实　微课组成的核心要素为教学视频、教学设计以及多媒体课件，此外还囊括了教学反思、专家点评以及练习与测试等，为学习者创设了一个真实的学习情境。

(3) 短小精悍，使用方便　微课的主要资源是视频教学片段，视频格式一般为支持网络传输的流媒体格式。视频片段一般控制在1～10分钟。

(4) 半结构化，易于扩充　微课具有较大的开放性与扩充性，教师可以围绕课堂教学视频，增加所需的教学资源。

3. 微课的设计与开发

(1) 教学设计　微课选题要精练，教学目标要集中，内容要明确，教学过程要简短完整。时长不宜超过10分钟。在设计上要快速引入课题，开门见山；内容讲授线索要清晰，围绕一条线索展开，重点突出；总结收尾要简洁，提纲挈领。语言要准确简明，生动有感染力。

（2）微课制作　　微课的制作设备和方法主要有智能手机拍摄法、录屏软件录制法、手写板或交互白板、数码摄像机拍摄法等。制作时的技术要求是：

1）录制时电脑分辨率调整为 1 024×768 及以下，分辨率不低于 720×576、码流 128 kbps～2 Mbps、帧速≥25FPS，电脑屏幕颜色设置为 16 位。

2）时间控制在 10 分钟以内。

3）内容、文字、图片、声音等方面准确无误。

4）讲解时，语言详略得当，声音响亮，有一定的节奏感。

5）视频画质清晰，多采用中景、近景和特写等画面，多使用固定镜头，剪辑合理，视频质量好。教师头像不遮挡教学内容。若在讲解中使用课件，ppt 尽量做到简洁、美观大方。

6）视频格式为：Flv、Mp4，视频尺寸为：640×480 或 320×240。

7）音频采样率 44.1K、比特率 64～320，音画同步＜100 ms，音频格式为：AAC(aac，m4a，f4a)，MP3，Vorbis(ogg，oga)。

4. 微课的应用

（1）课堂教学　　在课堂教学中运用微课，可以打破固有的课时分配方法，实行更凝练优化的课堂讲授模式，利用互联网环境和工具，整合线上和线下学习，开展多种形式的教学活动。

（2）自主学习　　微课的应用可以让自主学习更加灵活，针对性强。学生不必在线观看一整集的教学视频，观看一整堂课的 PPT 或者阅读一整篇文章。

（3）继续教育　　在继续教育中，微课的应用能最大化地利用业余时间，满足碎片化生活状态的需要，实现网络在线学习、移动学习、短期培训班学习等的有机结合，适应各种学习情境。

（4）翻转课堂　　翻转课堂是微课应用的一个主要途径，详见下节。

9.3.2 翻转课堂

1. 翻转课堂的起源

2004 年可汗学院创始人萨尔曼·可汗为给七年级的表妹辅导数学，把数学辅导内容制成视频放到 YouTube 网站，每段视频的长度控制在 10 分钟以内。他的“视频”和“做法”迅速得到了网络的热捧。其后，他创立了可汗学院。2007 年美国林地公园高中的两位化学老师乔纳森·伯尔曼和亚伦·

萨姆斯，他们在讲课时使用了录屏软件，把 PowerPoint 演示文稿的播放和讲课声音录制成视频格式并上传到网上，通过此办法来帮助缺课学生回家进行补课。后来，这两位老师就让学生在上课前先在家看完视频，课堂上一起来参与讨论、完成作业，并针对大家学习中遇到的问题进行讲解，这种授课方式比之连篇累牍的满堂灌，更受到广大学生的欢迎，并迅速在美国推广开来。2012 年林地公园高中举办了翻转课堂开放日，让更多的教育工作者进行参观和学习，促使翻转课堂这种以学生为中心、促进课内外结合、加强师生互动、重视课堂教学效率和质量的教学模式得到了进一步的推广。其本质特征是课外自主学习，课内精讲研讨。

2. 翻转课堂的典型案例

(1) 林地公园高中模型　美国林地公园高中的乔纳森·伯格曼和亚伦·萨姆斯率先创立了经典的翻转课堂模型，把观看在线教学视频或教学 DVD 作为家庭作业，把本该是家庭作业的练习题放在课堂完成，在课堂上，还加入了探究活动和实验室任务。

(2) 可汗学院模型　可汗学院与美国加州洛斯拉图斯学区合作，利用其广受欢迎的教学视频和其开发的课堂练习系统进行翻转课堂实践。其中，最大的特点是课堂练习系统能快速捕捉到学生学习中遇到的问题，教师能及时给予帮助，同时还引入了奖励机制。

(3) 河畔联合学区模型　美国加州河畔联合学区的翻转课堂的亮点是采用了数字化互动教材。教材融合了丰富的媒体材料，如 3D 动画和视频等，还结合了笔记、交流与分享功能。与传统的翻转课堂相比，互动教材更加节约教师的时间，吸引学生。

(4) 哈佛大学模型　哈佛大学艾克里·马祖尔博士提出翻转学习和同伴互助教学方法的结合模型，其要点是：在课前，学生通过观看视频、听播课、阅读文章做课前准备，要求学生反映出所学的知识，组织问题并提出不明白的地方。接下去，学生登录社交网站，发表问题。然后，教师对各种问题进行组织整理，有针对性准备教学设计和课堂学习材料，学生懂的内容就不重复。在课堂上，教师采用苏格拉底式的教学方法，学生相互质疑，并协作回答质疑解决问题。教师的作用，就是聆听对话或参与到有需要的个人和小组。

(5) 斯坦福大学模型　斯坦福大学在进行翻转课堂教学实践中，为了避免讲座视频搬到网上就跟传统课堂一样乏味，因此，大约每 15 分钟，会弹出一个小测验以检验学生掌握的情况。此外，在实验中还增加了社交媒体，允许学生互相提问，快速回答。

3. 翻转课堂设计

(1) 翻转课堂的基本环节　翻转课堂的全过程一般由三个环节构成：问题引导环节、观看视频环节和问题解决环节。

1) 问题引导环节：在学生已有知识经验的基础上，教师提出一些“热身”性质的问题，并将已录制好的相应的课堂教学视频发放给学生。视频时长控制在10分钟左右，问题的数量和难度要合适，能激发学生的学习兴趣。

2) 观看视频环节：学生回家后观看教学视频，并通过各种方式进行反馈，解决教师之前提出的相关问题，将不懂的知识甄别出来。学生还可以通过在线交流工具与同学或老师进行交流。这个环节是翻转教学的关键环节，可称之为第一次知识内化。

3) 问题解决环节：师生共同确定探究问题，教师根据教学内容提出一些问题，学生提出未解决的问题。师生在课堂上讨论、互动，解决这些问题，以小组形式通过交流和协作共同完成学习目标，小组成员一般以5人左右为宜，并明确每位学生在组内的分工。在此过程中教师随时捕捉各小组的动态并及时加以指导。问题解决后，个人和小组将成果在课堂上进行展示。这个环节是第二次知识内化。

4) 评价与反馈环节：评价是多维度、多形式的，评价主体包括教师、学习者和同伴，评价内容包括对知识的掌握、课堂表现和小组合作、成果展示等表现。教师根据评价与反馈制订下一步的教学计划。

(2) 翻转课堂的宏观设计

1) 学校课程的整体设计：翻转课堂不是某一位教师或某一门课程的事，学校应当对此有整体设计。学校在课程设计时应注意考虑以下几个方面：一是教师的工作负荷。实施翻转课堂需要教师比传统教学花费更多的时间和精力，如果负荷过重会影响教学的质量。二是学生学习时间总量。如果所有课程都有翻转课程任务，学生课业负担也会过重，影响学习效果。三是课程安排。对同一班次的教学中，同一天尽可能安排多种教学模式相互配合，丰富的教学模式可以提高学生的兴趣，也减少学生的课业负荷。

2) 教师培训：翻转课堂能否成功关键是教师的理念要更新。因此翻转课堂的教师培训应聚焦于更新教师的观念，培养教师对教学模式选择的敏感度，增强教学设计的能力。

3) 支撑环境：翻转课堂的实施需要学校信息化支撑环境的支持。其中硬件系统包括师生有可以上网的终端；网络带宽能够保证微视频的稳定运行；服务器必须具有足够容量和支持能力。软件系统包括微视频发布系统、交互系统、学生学习的智能诊断系统、远程支持与服务系统、统计系统、管理系统。

4）微视频制作：微视频的作用主要是：课前观看自主学习，课堂使用促进思考和讨论，课后复习巩固知识和促进学习探究。每门课程中哪些内容需要使用微视频，应当有总体的科学设计。简单的内容不必使用微视频，而难度高的内容使用微视频的效果也不一定好。微视频的来源可以采用购置成熟资料、选用网上优秀开放资源和自制教学视频等方式相结合。微视频的使用还应和其他课堂教学资源配合使用，起到互补作用。

（3）翻转课堂的微观设计

1）课型选择：课堂教学有多种多样的课型，如新授课、复习课、练习课等。并不是每个课型都适合采用翻转课堂，对此应有合理选择。

2）学情分析：教学过程中，教师应明确知道学生掌握和没有掌握的知识，评价应及时，这样才可以在课堂互动中有针对性地启发思维，引导学生提出和解决问题。

4. 翻转课堂的开展方式

（1）简单预习模式的翻转课堂　　在还不具备视频教学的条件下，可以采取学生看书自学的形式，教师提供一些参考书或学习资料，提前布置好学习内容和练习题，要求学生在课前做好充足的预习。课堂上教师利用相应时间对较难的知识点进行讲解，然后开展测试或小组活动，来推动学生对知识的内化。

（2）基于精品课和网络课程的翻转课堂　　当前国家层面有精品开放课程（包括精品视频公开课和精品资源共享课），很多高校也都开发了自己的精品课或网络课程，但因为没有和课堂教学设计相结合，未融入教学流程而很少有人去看，造成了资源的严重浪费。应当充分利用现有的精品课和网络课程的视频资源来实现翻转课堂教学，教师布置好学习任务，学生通过网络观看、学习课程的相应章节。

（3）基于慕课的翻转课堂　　慕课是一种具有交互功能的开放式在线学习平台，翻转课堂的课前工作可以由它来完成，学生登录此平台完成课程的所有预习工作，还可以完成相关作业，有疑问的地方与在线同学和老师进行交流。

5. 翻转课堂的基本要素

（1）终端硬件支持与视频制作　　翻转课堂的课下活动需要有硬件条件的支持。学生必须持有一个信息化终端，如上网本、学生电脑、手持式智能设备、电子书、电子书包等新型学习工具。教师需要熟练使用相关软件制作质量较高的教学视频。当然，视频的来源还有来自国内外的优质开放教育资源，教师可选择与自己的教学内容相符的视频资源以整合到教学实践中。

(2) 学生的自主学习意识　学生应转变角色，成为学习的主动者，自己安排学习时间、学习地点，自己控制学习内容和学习进度，使学习步调适应自身的特点，达到最佳的学习效果。在课堂中，学生是主角，应高度地参与到教学活动中。如果学生缺乏自控力与自我管理能力，不听从教师指示，不预先自主学习，则无法参与实际课堂中的教学互动。此外，学生还需具备一定的信息素养，能够在互联网上进行资源检索，能够通过网络教学平台与教师和同学进行沟通交流等。学生还应具有时间管理意识和自我控制能力，避免网络中干扰因素的诱惑。

(3) 教师有效的课堂引导　教师虽然不再是教学的中心，但教师仍然是教学活动的主要推动者，教师需要精心设计课堂内容。在翻转课堂中，课堂时间的使用发生了巨大的改变，教师的讲授时间大幅度缩减，更多的时间留给学生参加互动活动。如课堂形式过于单一，学生会慢慢失去兴趣；如缺乏实质性变化，则师生可能在课堂上倍感无聊或无事可做。由于课堂时间和人数的原因，应注意师生和学生之间的课堂内外交流互动的有机结合。

9.3.3　慕课

1. 慕课的概念及起源

"慕课"是 MOOC 的谐音，即 Massive Open Online Course，直译为大规模开放在线课程。与网络课程相比，斯坦福大学比博·怀特教授强调 massive 应包含有大范围、公平的、多背景、多层次、重质而非量的、有效的意思，open online 不仅是单向开放的、网络在线的，而应有社会公开、联机协作、双向互动、有进有出、群体参与、人人贡献、动态建设、广泛共享的意思，course 不能简单理解为课程，还应有学习的道路、过程、航向的意思，应是一种优质学习信息资源聚集互动的学习形式、活动和过程，而不是课程信息的孤岛。慕课起源于美国高校，2008 年第一门慕课诞生；2012 年 5 月麻省理工学院和哈佛大学联手实施 edX 网络在线教学计划平台；2011 年斯坦福大学创立 Udacity 在线课程平台；2012 年斯坦福大学创立 Coursera 网络课程平台。目前，edX(在线课程项目)、Udacity(在线大学)和 Coursera(课程时代)被称为"慕课"的"三大平台"。2013 年英国推出大规模在线课程平台 Future Learn(未来学习)，欧盟推出 OpenupEd(开放欧洲教育)。面对美国慕课所产生的巨大影响，2013 年国内许多高校纷纷加盟慕课平台：3 月，北京大学启动"慕课"开发工作；5 月，清华大学、北京大学同时宣布与 EdX 签约，拓展在线教育模式；7 月 8 日，上海交通大学宣布加盟 Coursera，成为加入 Coursera 的第一所中国内地高校；其后，复旦大学与 Coursera 达成一致，向 Coursera 网络免费提供中文或英文教学的在线课程；9 月 23 日，北京大学的 4 门课程在 edX 平台正式开课，成为中国大陆上线的首批全球共享课程；10 月 10 日，清华大学直接推出共享课平台“学堂在线”（www. xuetangx. com），成为全球首个中文版“慕课”平台。

2014 年 3 月，中国医学教育慕课联盟成立，是由全国高等医学教材建设研究会、人民卫生出版社联合全国医学院校、行业学会、科研院所自愿组建的全国性、开放性、非营利性的联盟，近 200 家加盟单位基本涵盖国内所有医药院校。首批课程计划于年内上线，联盟将推动医学领域优质教育资源的广泛共享。中国医学教育慕课联盟率先开启了慕课在特定行业领域应用的先河。中国医学教育慕课平台在推动与在校医学教育有机融合的同时，兼顾毕业后医学教育与基层卫生人员培训的需要。

2. 慕课平台的特点

（1）开放性　“开放”是 MOOC 平台的首要特征。“开放”意味着公开、民主和自由的学术精神。即便学习者在人口、地域、经济和文化等方面存在差异，知识应该为人类共同创造和免费共享，每个人的学习愿望都应该得到最大限度满足。因此，“开放性”除了具有免费共享之义，还包含对资源重复利用、修改和传播的权利。

（2）大规模参与　由于 MOOC 平台一般不限制注册人数，来自世界各地的学员可以自由参与到自己偏爱的课程活动之中。例如，到 2013 年，全球最大的 MOOC 平台 Coursera 的注册用户数已愈 500 万，开设课程超过 450 门，加盟院校 90 多所。

（3）精品化的微课程资源　目前主流 MOOC 平台的核心课程资源以短小的视频课程为主，迎合了学生保持注意力的最佳时长需求，且这些微课程的主讲教师大都由一流学校的名师担任，学生在学习中，能够对这些短视频进行步调控制、暂停、回倒等操作。许多课程视频中还内嵌小测验，帮助学习者即时评估学习效果。MOOC 平台还整合了社交网络、在线论坛、视频会议等，将专家、教师和同学连接起来。

（4）基于大数据的分析与评估　学习者在 MOOC 平台的学习、交互都留下了大量的数据“痕迹”，对这些数据的分析能够揭示出在传统教育模式中无法检测到的趋势，能够为评估学习过程、预测未来表现和发现潜在问题提供服务。

（5）逐渐与学分学位认证和就业推荐相联系　美国不少高校开始认

可学生在MOOC上修得的学分。清华大学"学堂在线"MOOC平台也正在积极探索学分互认问题。Coursera提供了职业发展服务，对平台记录的学习数据进行分析后，再与招聘公司的人才需求条件相匹配，为其推送最适合的专业人才。

3. 几个典型的慕课平台

(1) Coursera　Coursera是美国最大的"慕课"提供者。2012年4月，斯坦福大学的两位信息科学教授创立了该商业网站。Coursera免费提供课程，任何人都可以观看课程视频。学生可以选择完成全部阅读和作业以取得结业证书；也可以选择完成部分作业，不参与讨论，但不能获得结业证书。Coursera强调教学互动。除了鼓励网上互动，Coursera还帮助学生在世界各地成立面对面的学习小组。

(2) edX　edX是美国位居第二的"慕课"提供者。2012年5月，哈佛大学与麻省理工学院共同创设了这个非营利机构。edX提供的每门课程都有固定的授课时间，每周提供在线授课讲座视频和阅读书目，每门课的主页上列有每周完成该课程的时间及作业要求。学生可以选择旁听课程，即只收看授课视频但不参加考试或交书面作业。学生也可以完成该课程的所有要求，以取得结业证书。

(3) Udacity　Udacity是由斯坦福大学教授赛巴斯汀·索恩等于2012年1月创设的商业公司。Udacity提供的课程没有特定的时间规划，学生不必遵循每周的授课时间和作业安排，可以在任何时间开始学习，也可以完全根据自己喜欢的节奏或快或慢地学习。

(4) FutureLearn　英国最大的在线大学计划，由英国开放大学统筹执行。世界各地的学生都可以在FutureLearn网站注册课程并免费学习。

(5) OpenupEd　OpenupEd是第一个多机构合作的泛欧洲的慕课平台。合作伙伴来自欧洲11个国家，公开课涵盖了12种语言和多种主题。OpenupEd具有开放性，任何人都可以免费进入，自主确定节奏和进度；还开放源代码，内容允许复制。通过学习可以获得证书、徽章和计入学位的学分。

(6) 学堂在线　学堂在线是由清华大学研发出的网络开放课程平台，免费面向全球提供在线课程。学生通过注册登录，可自由选课、听课和社区讨论，系统会根据听课进度给出练习题目及评分；教师则可通过系统上传上课视频、添加教学资料及练习题，并能及时查看学习反馈情况。合作伙伴包括北京大学、浙江大学、南京大学、上海交通大学等部分G9联盟高校。

(7) 国防科技大学"梦课"学习平台　"梦课"学习平台是国防科大针

对军队系统武器装备、新型作战力量快速发展与人才匮乏之间的矛盾突出；军校培训能力有限，难以满足官兵需要；演训任务重、官兵空闲时间碎片化，脱产教育机会少等突出问题，于 2013 年运用云计算、微视频、社交网络等先进技术研制出的具有自主知识产权的“梦课”学习平台，于该年 8 月正式上线。

第10章 高等医学院校临床实践教学管理

10.1 临床见习管理

10.1.1 临床见习的概念及功能

临床见习(clinical internship)是指临床课程讲授过程中,以达到理论与实践相结合为主要目的的临床观察与初步操作实践,包括课间见习及集中见习等教学形式。临床见习是医学生将理论应用于实践的启蒙阶段,对培养医学生的临床基本技能、思维能力乃至今后临床医生的职业生涯都有着深远的影响。

10.1.2 临床见习的组织

临床见习是医学教育不可或缺的环节,好的临床见习组织,不仅能够帮助医学生巩固课堂讲授的临床理论知识,更重要的是能够激发他们的浓厚兴趣和学习积极性,培养他们独立思考和分析、解决临床实际问题的能力,这是他们走向职业化的关键起步阶段。做好临床见习的组织工作需把握以下三个环节:

1. 见习准备阶段

首先,组织层面要明晰见习目标,拟制见习计划。临床教研室要与科室带教老师共同研读人才培养方案和课程标准,明确见习目标、内容要求、能力标准;要根据见习学生、带教教师、适宜患者的数量,科学编制见习分组,并根据课程表和教学进度表,拟制分组见习的详细计划,明确带教的时间、病种、科室、学生数和带教教师,在不影响正常医疗工作和患者休息的情况下,组织实施临床见习。

其次,带教层面要把握见习重点,做好备课工作。科室带教教师应依据见习目标和内容要求,选择适宜的见习病例。病例选择时,要考虑所选病例的代表性、典型性，确保能够达到较好的学习效果；要考虑所选病例的配合性，病情比较稳定，愿意配合教学工作；同时要向患者及其家属说明带教的目的、意义，赢得理解与支持。要根据医学生的学习基础和带教重点，结合所选病例的具体病情进行备课，选择恰当的带教方法和带教手段。

第三，学生层面要结合见习病种，做好学习准备。要求学生做好相关理论知识的复习，必要时带教老师要布置思考题、讨论题，让学生带着问题进行临床见习，这样有利于加深学生对理论知识的感性认识，有利于理论与实践更好地结合。同时，带教教师告知学生在见习过程中的注意事项，包括爱伤观念、保护患者的隐私、尊重患者的知情权，避免漫无边际的发问等。

2. 见习实施阶段

带教老师在具体实施带教过程中，要正确把握老师、学生、患者、医院环境等诸方面的关系，结合患者和病种、病情的特点，运用恰当的教学方法，确保见习的成效。带教教师带领医学生进入病房后，以组为单位，进行病史采集和体格检查，教师在旁启发和指导，逐步强化学生的知识、技能、态度和临床思维；要引导学生归纳、分析病史特点，讨论疾病的诊断与鉴别诊断，注重有针对性地提出问题，打开学生的思路；带教过程中既要关注那些发言踊跃积极的学生，也要关注那些比较腼腆、不善于发言的学生，力求让每一位学生发表自己的见解，让每一位学生都得到锻炼。

3. 见习总结阶段

带教教师应对见习情况进行系统的总结，既要总结病例情况，让学生形成系统、整体的临床思维，在有限的时间内掌握常见病、多发病的诊治方法，提高分析、解决临床实际问题的能力，也要点评学生的问诊、体检、医患沟通、爱伤观念、病例分析等情况，让每个学生都能发现自己和他人的优点与不足，不断改进提高。教学管理部门和教研室要组织评教活动，通过教学行政检查、同行评议和学生评教，促进带教教师不断改进带教方法、提高带教水平，同时查找见习组织工作中可能存在的问题，协调各方解决。

10.1.3 临床见习管理中的常见问题

受当下评价导向、价值观念、社会风气、医患关系等的影响，临床见习工作中还存在诸多的矛盾和瓶颈，需要不断破解。

1. 带教教师精力投入不足

临床医生，尤其是医学院附属医院的医生，任务十分繁重，不仅要完成大量的医疗工作，特别是医患矛盾比较尖锐的形势下，医疗工作的压力很大，在完成日常繁重医疗工作的同时，还要开展科学研究，没有基金、没有成果、没有高质量的论文，职称晋升很难，还要再去完成临床带教工作，且带教的好坏、多少与晋职、晋级以及奖金等关系不大，导致带教教师对见习带教的精力投入不足，甚至有让学生独自看病例的现象，一定程度上影响了见习质量。

2. 科室典型病例收治不足

医学院校附属医院收治的病种越来越专，特别是有些科室过于追求专科化、专病化，病种收治单一，且疑难、复杂病例多，典型的常见病、多发病少，一定程度上影响了医学生临床见习的质量。且医院的典型患者总是断续出现，具有一定的偶然性，而临床见习的时间短暂且固定，导致并不是每一批学生都能见习到典型病例。

3. 医院领导重视程度不足

在现行医疗体制下，有的医院领导过于追求经济效益、社会效益，而教学工作、临床带教工作短期内无法产生社会效益，更谈不上经济效益，因此，出现了很多医院对临床见习工作不够重视或只是敷衍了事，只求过得去，不求过得硬。有的科室对见习工作没有计划或执行计划比较随意，不能事先安排业务能力强的医生带教，而是临时指派医生作为带教，或者是谁值班谁带教，甚至是学生到达病房后谁有空谁带教。另一方面，《中华人民共和国执业医师法》和《医疗事故处理条例》等的颁布，也使医院更加重视医患关系和医疗安全行为，导致见习科目的缩水，不能达到应有的效果。

4. 学生学习观念转变不足

中国学生习惯于"满堂灌"、"填鸭式"的教育方式，容易在临床见习过程中处于被动地位、从属地位，不能充分发挥主观能动性。有的不能主动与患者沟通，进行问诊和体检；有的不能主动积极地回答老师的提问，能躲则躲；有的过于腼腆，缺乏自信心和沟通技巧；也有的缺乏人文关怀，不顾及患者感受，不尊重患者的隐私，导致患者和家属不满、不配合。

5. 患者配合教学意识不足

在患者法律意识、维权意识、自我保护意识不断增强的背景下，不少患者对医学院附属医院的教学职能认识不足，不愿意配合见习工作，不愿意与经验不足的医学生沟通，更不愿意让他们在自己身上进行操作，导致学生的动手操作机会减少。

10.1.4 临床见习管理中应把握的重点环节

临床见习是医学生从理论知识学习向临床实践过渡的桥梁，是将医学生培养成为高素质临床医生的重要环节，在临床见习管理中，要把握好以下环节。

1. 端正的指导思想是先导

医学院附属医院要切实增强教书育人、立德树人的使命感、责任感，真正把教学工作摆在教学医院的中心位置、突出位置，建立有利于强化育人导向的制度机制，完善临床教师的培养—督导—激励政策，把承担临床见习的数量、质量与个人业绩考评和经济利益挂钩，与晋职晋级、立功授奖等挂钩，有效调动各级各类人员从事教学、研究教学、服务教学的主动性、积极性和创造性。

2. 规范的科室管理是关键

各临床科室是承担临床见习带教的主责科室，要严格执行各项教学规章制度。要根据课程表、教学进度表，选派骨干力量担任见习带教，特别是科室主任，要带头承担带教任务，发挥示范带头作用；要根据见习病种要求，收治教学病例，满足见习需求；要严格见习组织管理，强化医学生纪律观念，严格按照课程标准和见习目标要求组织教学和考核；重视教学设施和教学条件的建设，满足临床见习组织实施的要求；要加大见习质量的监督管理力度，组织常态化的评教评学活动，促进临床见习质量的不断提升。

3. 科学的教学调度是保障

临床见习的计划安排应有一定的灵活性，有些典型的教学病例可以在理论讲授前先让学生观察症状、体征；有些季节性疾病可以临时更改见习计划，让每位学生都能在有限的时间内看到尽量多的典型病例。也可引入标准化病人(standardized patient, SP)，弥补典型病例不足的矛盾；利用“模拟人”进行听诊、触诊、穿刺等教学训练，弥补学生人数多、病人不配合等带来的影响。

10.2 毕业实习管理

毕业实习(final clinical practice)是医学生培养的最后一道工序，是将课堂理论和临床实践有机结合的重要桥梁，是临床技能训练的重要环节，做好毕业实习管理工作，事关高等医学院校能否培养出合格的产品。

10.2.1 毕业实习的概念及功能

毕业实习是医学生院校教育的重要组成部分，是对医学生开展的以临床实践为主，系统强化医学基础理论、基本知识、基本技能训练的综合性医学教育环节，是医学生从课堂走向社会、从理论走向实践、从医学生走向医生的重要过渡阶段。毕业实习对于医学生全面巩固、应用和升华所学知识，获得临床医生所必备的专业技能、态度和素质具有十分重要的作用，是成长为合格执业医师的必经途径。

10.2.2 毕业实习的组织

毕业实习是医学生将书本知识转化为临床实际应用能力的关键阶段，不仅事关整体培养目标的实现，也影响着他们今后的职业生涯，在毕业实习的组织上要把握以下几个重点环节。

1. 实习准备阶段

高等医学院校要与各实习医院做好沟通、协商，根据各实习医院的承训能力，妥善拟制实习分组计划，并组织各实习医院编制实习轮转表，实习科室既要覆盖主干学科，符合实习大纲要求，又要体现各实习医院的医疗特色和学科优势，教务管理部门要对轮转表进行审定。各学生管理学院（系、部）要组织下实习点前的动员教育，明确实习要求，强调实习纪律和实习安全。

2. 实习实施阶段

实习生到达各实习医院后，各实习医院教学管理部门要组织岗前培训，培训内容主要包括：医院基本情况、医疗法规制度、医疗文书书写、医患沟通交流、医德医风要求、行政管理要求等，通过岗前培训，使实习生对医院有一个整体的了解，为后面的实习工作打下良好基础。

实习医院各承训科室要指定教学秘书，协助科主任组织实习工作。实习科室要选配符合资质的医生担任带教老师，严格落实教学查房制度、病历书写制度、病例讨论制度（疑难病例、死亡病例）、专题讲座制度、技能训练制度、出科考核制度（包括出科理论考核与出科临床技能考核）等，确保带教质量。

医院教学管理部门和实习科室要组织实习考勤和实习质量督查，对学生实习过程中出现的医疗工作不落实，迟到、早退等纪律涣散现象，要及时批评教育、正确引导；要经常性开展评教、评学、评行政管理、评后勤保障等活动，及时发现、诊断并研究解决各种倾向性问题，确保学生的实习质量。高等医学院校要经常督查、了解学生的实习情况，会同实习医院研究解决实习工作中出现的问题，包括学习问题、思想问题、心理问题、后勤保障问题等，确保实习不失控。

3. 实习总结阶段

高等医学院校应组织统一的毕业实习理论和技能考核，一方面可以检验实习生的实习效果，另一方面可以评估实习医院的带教质量。高等医学院校层面、实习医院层面、带教科室层面均可采用实习生座谈会、带教老师座谈会、问卷调查等形式，了解教、学、管三方面对实习工作的意见和建议，并及时反馈，以利改进。高等医学院校应定期召开实习工作会议，组织各实习医院交流实习经验，讲评实习工作，共同研究解决存在问题，制订改进措施。

10.2.3 毕业实习管理中的常见问题

随着我国社会经济的发展、医疗法规制度的完善、分配就业形势的变化，毕业实习工作不仅面临着上述临床见习中出现的一些共性问题，还受到下述因素的影响。

1. 考研与实习的矛盾

当前，高等医学院校毕业生的就业形势都很严峻，竞争压力很大，绝大多数医院，尤其是地处大城市的大医院，更愿意招聘高学历人员。而绝大多数毕业生总是希望到大城市、大医院去，在这种情况下，为争取更好的前途、更好的单位、更好的出路，考研成为"华山一条道"，成为学生把握自己命运的唯一途径，其后果直接导致各高等医学院校的"考研风"盛行，不少医学生很早就定下了考研计划，当实习与考研发生冲突时，不少学生毫不犹豫地选择牺牲毕业实习而把重心放在考研上。特别是不少学生不顾自身实际情况，盲目加入考研大军，把绝大多数的实习时间用于参加各种考研辅导班、脱岗复习等，对实习敷衍、应付，不惜托人说情不参加实习，甚或干脆违反纪律不实习等。

2. 就业与实习的矛盾

就业招聘以及学生与用人单位的双向选择、国家公务员报名考试等，基本都在第九学期末至第十学期中进行。毕业生既要精心准备自己的推荐材料、选择用人单位，又要四处奔波于各种招聘会，参加用人单位的各种笔试、面试，难以专心从事毕业实习工作，请假现象、脱岗现象容易发生，不可避免地影响实习质量。

3. 价值缺失与实习的矛盾

部分学生受社会消极现象的影响，对毕业实习的重要性认识不到位，认为实习的好坏与毕业分配和就业没有截然联系，学习再努力，实习再出色，如果没有"关系"，毕业后也不一定能找到好的单位，导致实习积极性不高。囿于考研率、就业率等指标的压力，使部分高等医学院校姑息、迁就学生的脱岗现象，致使少数不考研的学生钻空子，实习纪律松懈。少数带教老师担心医患矛盾和纠纷，存在"多一事不如少一事"的心理，不放手让学生接诊、处置病人，学生往往看得多做得少，实习积极性容易受到打击；还有些科室、有些老师视学生为劳力，经常安排学生做一些与实习无关的公差勤务，不仅干扰实习，也容易导致学生的逆反心理。

4. **管理体制与实习的矛盾**

学生进入实习医院后，接受高等医学院校与实习医院的双重管理，由于实习医院点多面广，在学生管理干部配备普遍比较少的情况下，容易出现管理缺位的现象。特别是医院的环境不同于学校，相对开放，学生容易受到社会不良现象影响和灯红酒绿的诱惑。上班的 8 小时之内，一般有带教教师管理，而 8 小时以外，容易出现管理漏洞。有的带教教师和管理人员乐于当“老好人”，对学生无原则的请假一味迁就，容易导致学生管理失控，滋生安全隐患。

10.2.4 提升毕业实习质量的路径

针对毕业实习的特点以及毕业实习管理中容易出现的问题，高等医学院校和实习医院应加强协同配合，形成管理合力，共同促进毕业实习质量的提升，要重点做好以下几个方面的工作。

1. **健全管理网络**

首先要建立协调机制。重点是高等医学院校与实习医院之间的协调机制，通过定期会议制度、信息反馈制度、督导考评制度、出科考核制度等，切实加强高等医学院校与各实习医院之间的联络、协调，及时解决实习生在学习、工作、生活中存在的困难和问题。

其次要完善管理网络。重点是实习医院的教学和行政管理网络。实习医院直接面对学生，与学生接触最多，了解最深，情况最明，应当承担实习生管理的主要责任。要健全主管院领导—教学管理部门—实习科室(学生管理机构)三级管理网络，明确各级的管理责任和管理权限，并根据不同实习阶段的特点，加强学生的思想作风、职业道德、组织纪律、学习生活等全方位的教育管理，对学生在实习过程中出现的各种违纪现象，要及时予以纠正。

第三要健全奖惩制度。要规范考勤和请销假制度，明确批假权限，定期或不定期地组织实习查岗，对无故脱岗、旷课者，要予以批评教育，情节严重者，要给予纪律处分。要开展经常性的评教评学活动，及时发现教、学、管等方面存在的优点和不足，定期组织实习工作讲评。要将学生的实习表现与毕业鉴定、评优评先等挂钩，激发实习积极性。

2. **严格计划管理**

实习医院要严格实习轮转表的落实，并依据实习轮转表，组织各实习科室做好实习生的排班工作。各实习科室领导和教学秘书要严格要求学生按照实习轮转表和排班计划进行实习，不得擅自变更。实习生管理人员应经常与带教教师及实习生进行沟通，了解轮转情况，发现问题，及时解决。

3. 加强教育引导

实习医院要引导全院人员强化带教意识，提升师德修养，深刻认识“教学相长”的深远意义，不仅以扎实的理论、精湛的医术教育学生，还要以严谨的作风、高尚的医德感染学生。要引导学生转变成才观念，端正价值取向，夯实职业素养，正确处理实习与考研、就业的关系，增强投身临床实践的主动性、积极性；要营造生动活泼的学习氛围，通过组织临床知识竞赛、临床技能大赛、论文报告会、社区卫生服务等活动，激发学生的实习热情。

10.3 PBL

以问题为基础的教学方法(problem-based learning, PBL)于1969年由美国的神经病学教授霍华德·巴罗斯在加拿大的麦克马斯特大学医学院首创。PBL诞生以来，以其先进的教学理念、良好的教学互动、可靠的教学成效受到众多高等医学院校的追捧，也成为高等医学教育教学改革的一个热点。

10.3.1 PBL的理论基础

PBL教学主要以皮亚杰的建构主义认知理论和维果茨基的社会建构主义为理论基础。建构主义认知理论认为学习过程的实质是个体与环境相互作用中，认知结构的不断建构过程。学习是刺激与反应相互作用的双向过程，强调让学生进行“自治式”的学习，即把思考和学习的权限都交给学生，围绕问题、主题、疑问以及相互关系中进行认知的重组。社会建构主义理论认为学习与知识获取离不开真实问题，它应反映真实世界的复杂性；组建基于共同的兴趣和经验的学习共同体，开展具有多重解决方案、不确定性、新奇的、更多对话进行观点分享的学习活动，从而把学习看成是以相关的、有意义的、学习成果和过程为导向的活动。

由此可见，PBL是一种以学习者为中心的教学方法或课程，它给学习者授以主动权去从事研究，主动地将理论与实践结合，应用所学的知识和技能为设定的问题探寻解决的方法。PBL教学有三大基本要素：学生、教师和问题情境，核心是问题情境，它没有明确的结构和唯一的正确答案，但却具有多变性、复杂性、灵活性和实际性等特性，能强烈吸引并长期维持学生的学习兴趣，激发他们探索和寻求解决方法的欲望。教师在学生解决问题的过程中则充当指引者和工作伙伴的角色。

10.3.2 PBL的基本特点

几十年来,西方学者们不断地从理论和实践层面探索PBL取得成功应具备的特点,主要代表性观点包括:布迪和弗来悌(1997)为PBL教学的思想、战略和战术的特点提供了一系列应用的总结。达奇和艾伦(2001)描述了PBL应用的方法和技巧,包括批判性思维的能力,分析和解决复杂现实世界中问题的能力,发现、评估和使用适当的学习资源的能力,合作的意识、有效沟通的技巧,使用知识内容和智力技能从而成为持续的学习者的能力。托尔普和塞奇(2002)将PBL描述为一种围绕复杂真实世界的现实问题而开展研究的集中化的体验式学习方法,他们认为学生应该是问题的主动解决者,通过探索问题的起源、解决问题的必要条件,从而成为自我导向的学习者。米罗·席尔瓦(2004)认为PBL是一种指导方法,学生所面对的问题往往是复杂的、没有唯一答案的问题,学生们通过小组相互协作以确定为了解决问题需要学习哪些东西,如何自我导向地学习;可以应用哪些新知识,从而最终反映出他们为解决问题学到了哪些知识以及所用的策略是否有效。

在此基础上,该理论的创始人霍华德·巴罗斯总结了PBL的一些基本特点,包括:学生必须对他们自己的学习负责;PBL教学的问题必须是结构不良的,并应允许对其自由提问;学习应该综合多学科的知识;协作必不可少;在每一个问题和模块结束时应当进行自我评估和互相评估;PBL学习中所涉及的活动应该是在真实世界中有价值的活动;考试必须根据PBL学习的目的来检验学生学习的状况。霍华德·巴罗斯认为,PBL应达成下列四项重要目标:临床知识的构建;有效的临床思维过程的发展;自主学习技能的培养;学习动力的提高。

从学生的视角看,PBL教学有下述三个基本特点。

一是自主学习,调动了学生的主观能动性。学生课前围绕老师布置的讨论课题,查阅资料,分析判断,撰写发言提纲。课中,思维必须紧跟教师的导向,独立思考,分析推理,归纳总结,发表观点。最终达到掌握临床思维方法、理解疾病本质和举一反三、触类旁通的目的。每个学生的主动性和积极性都能充分发挥,学生真正成为教学的主体。

二是合作学习,培养了学生的协作攻关意识。PBL案例多是临床课程中的难点问题、有争议的学术问题或典型病例、疑难病例和死亡病例,没有现成的答案,往往需要小组成员合作共同完成。课堂不再像传统大班课那样,以单向灌输为主,教师在上面讲,学生在下面听,而是以师生间、生生间的讨论、切磋、交流、协作为主，有利于培养学生的团队观念、合作精神和协作攻关意识。

三是快乐学习，舒展了学生的个性和人格。这种课堂形式，师生关系处于一种民主、平等的状态，而不是“师道尊严”，权威式的、命令式的，学生的个性和人格得到舒展，思维可以自由驰骋，有利于激发学生的学习兴趣。

10.3.3 实施 PBL 应把握的原则

1. 主体性原则

PBL 教学中，教师要始终把学生摆在课堂的主体位置，尽量把时间留给学生，根据讨论的进程，进行适当的启发引导，使每一个学生都能积极参与、都能得到锻炼。学生通过对同一问题进行多种不同观点的比较、分析、推理、归纳、综合，建构知识的意义，在提出问题、分析问题、解决问题以及寻找答案的过程中获取知识、培养能力、提升素质。

2. 过程性原则

PBL 教学中，不仅要重视问题解决的结果，更要重视问题解决的过程，只有将结果和过程有机地结合起来，使学生通过对问题系统完整、剥丝抽茧的分析、讨论、解决，促进自身临床思维和实践能力的不断提高。

3. 开放性原则

PBL 教学要取得良好的教学效果，必须在教学时间、教学空间、教学方法和教学评价等方面具有较大的开放性。通过师生之间、学生之间课内课外、线上线下的对话研讨、多向互动，促进学生把基础与临床及相关学科知识有机地联系起来，培养判断推理、辩证思维、沟通交流和团队协作的能力。

4. 体验性原则

PBL 教学模式强调学生的主动参与、亲身体验和内心感悟，这些体验和感悟将会内化为学生个人的品质、能力和经验，并给学生带来自信心和成就感。比如学生在查阅资料过程中可以锻炼信息搜寻能力，在阳性体征采集过程中可以提高实践动手能力，在研讨辩论过程中可以提升语言表达能力等。PBL 教学中，教师的核心任务在于引导、促进学生成为积极的自主学习者。

10.3.4 PBL 的实施流程

1. 编写案例

案例的选择要与教学内容体系相联系，与临床经验和诊治误区相结合，能够促进基础知识与临床内容的有机整合，这是 PBL 教学得以顺利实施的前提。教师在编制案例时，应选择那些能准确反映疾病发展转归的案例，病例描述中要隐含问题和关键信息，有效促使学生进行多方位、多角度地思考，并要求学生在讨论时把这些问题和关键信息挖掘出来，分清主次，探究原因，避免漏诊或误诊，最后做出准确、全面的诊断，从而达到强化知识、融会贯通、举一反三的能力。案例应当来源于临床病例，但应高于临床病例，注重突出学生的主体性；为了能够吸引学生，可以拟一个有吸引力的案例名称，如张先生的“糖路”历程（糖尿病）；要有一定的故事性，分幕编写，引导学生逐层深入；要有足够的讨论空间，引导学生发散思维，研讨争鸣。

2. 布置作业

布置作业是PBL教学的首要环节，具有导入情境和激发兴趣的作用，特别是要求学生思考讨论的问题，通常隐含着教学意图，对学生的分析起导向作用，需要教师认真思考，慎重确定。作业还要突出合作性，教师要根据教学要求有意识地布置一些能让学生进行合作、探究的实践型作业，让课内合作学习在课外继续得到延伸。在明确作业任务后，教师还应引导好学生的个人学习和小组研究，使每个学生都要熟悉案例，并且独立地对问题进行思考，拟定解决方案。教师亦可以参与到学生的课后作业中，以更好地掌握学生的知识结构和思维动向，而学生亦可以从老师的角度试着评价自己和其他同学的作业，由此激发更大的兴趣，获取更多知识。

3. 课堂讨论

课堂讨论是PBL教学的中心环节，目的是使学生在更大范围内共享经验和智慧，拓展解决问题的新思路和新办法，全面提高学生的学识水平和解决实际问题的能力，将学习提升到一个更高的水平。教师在课堂教学活动中起着设计和组织、引导、激励、诊断和导向的作用。在课堂讨论中，教师要认真听取学生对临床病例的分析，巧妙引导讨论，适时提出关键问题，并进行引导性讲解或归纳总结，帮助学生理清思路，使学生对案例及某一疾病的诊治形成统一认识。当各小组意见不一、讨论出现偏差或进入误区时，教师应及时介入，把讨论引导到正确方向。需要强调的是，教师要控制好问题的难度，如果讨论的问题过于肤浅，学生可能会不屑一顾；如果讨论的问题过于复杂，学生可能会感到挫败和疲惫；要有助于激发学生认识及解决问题的动力和兴趣。

4. 总结归纳

总结归纳是PBL教学实施中的重要环节，在归纳总结时，教师应归纳课堂讨论达成共识以及还存在的疑点难点问题，找出学生讨论发言中的闪光点和尚需要注意的问题，突出讲评学生对案例的理解与把握程度。对学生没有想到或讨论不够透彻的问题作补充提示，对学生提出的各种方案和解决问题的思路作简要的对比性分析。特别对临床病例中所涉及鉴别诊断的关键点做出重点点评和引申，以提高 PBL 教学的最终效果。需要注意的是，教师的总结讲评不应是统一学生思想认识、公布"标准答案"的过程，而应当是进一步点燃思想火花、启迪思维的过程。PBL 教学中没有"标准答案"，只有相对完善的分析思路，教师不再是"绝对权威"，而是新的思想认识的启发者和引导者。对学生的表现也要以适当的形式进行点评和反馈，使每一个学习团队、每一位学生都能更清晰地认识自身的优缺点。

5. 成绩评定

PBL 教学强调的是学生在学习中得到知识的积累和提升，体现出知识构建这一动态过程，学生解决问题的过程本身就是学习效果的直接反映，因此 PBL 强调对学习过程的评价，而非对学习结果的单一评定，应体现定量与定性相结合、过程性评价与终结性评价相结合，既要包括学生的知识掌握程度，又要包括小组协作学习和完成知识建构状况等综合能力。

PBL 这种教学模式将复杂的螺旋式、网络样结构的医学知识以"病"连接起来，将相关学科的基础与临床知识重新进行整合，使学生在有限时间内学到知识、提高解决问题能力并增强自主学习能力。小组教学(5～8 人为一个小组)是实施 PBL 教学模式的重要前提。小组教学的真正目的与意义是让学生主动学习如何彼此协调合作，如何收集资料，如何找出问题的症结、彻底了解病情的演变，如何选择检查项目，如何制订治疗方案、评估愈后及追踪治疗效果等，多方面融合临床知识与基础知识，演练如何与病人沟通及加强与其他医护人员的合作，并兼顾病人身体、心理、社会与伦理等问题。总之，PBL 教学：问题情境是关键，合作探究是途径，支持引导是支撑，能力提高是宗旨，PBL 的精髓在于内容的整合性、相关性及科学性，学习的人性化、情境化及趣味化。

10.4 临床技能模拟训练

随着《中华人民共和国执业医师法》与《医疗事故处理条例》的出台，病人维权意识逐步增强，使得医学生直接在病人身上进行临床技能操作训练的机会日益减少，开展临床技能模拟训练成为医学教育发展的历史必然。

10.4.1 临床技能模拟训练的内涵和现实意义

临床技能模拟训练是利用模拟技术创设出高仿真模拟病人和模拟临床场景，代替真实病人进行临床技能训练的方法。早在 16 世纪就有人使用人体模型来教授接生技巧，这是临床技能模拟训练的雏形。现代技能模拟训练则以高科技为基础，以模拟临床实际情况为前提，以实践教学、情景教学和一体化教学为特征，以有医疗环境而无医疗风险为突出特点。临床技能模拟训练尽管与临床实际操作尚有差距，但其具有操作的可重复性、内容的规范性、手段的丰富性、成本的低耗性等优点，在帮助学生掌握操作规范、训练临床思维、提升分析解决临床实际问题的能力等方面具有独特的优势。

1. 有利于医学生临床实践困境的破解

在当前医患关系比较紧张、医疗环境相对复杂的形势下，临床技能模拟训练不仅为医学生临床技能训练创造了机会、提供了平台，而且有效弥补了临床实际操作机会少、风险高等不足，可以有效规避临床实践教学中的医患矛盾与医疗纠纷问题。经过模拟训练掌握临床操作要领的医学生，能够更快适应临床工作环境，能够更顺畅地进行医患沟通，医疗安全也更有保证。

2. 有利于医学生临床能力的生成

从理论学习到模拟训练，再从模拟训练到真实临床实践，符合循序渐进、螺旋上升的医学教育认知规律和临床能力生成规律。利用模拟人、仿真训练模型、虚拟训练系统等，可以展示各种临床症状和体征，可以满足各种临床技能操作需要，可以全天候地实施各种临床能力训练，极大拓展了医学生临床技能训练的时间、空间和机会，丰富他们的直观、感性认识，并可反复锤炼他们的规范化操作技能和临床思维能力。

3. 有利于医学生职业态度、行为和价值观的养成

通过严格、规范、渐进的临床技能模拟训练，有利于培养医学生以病人为中心的意识，使他们养成严谨认真的医疗作风、实事求是的科学态度和锐意进取的创新精神，培养他们良好的职业道德、伦理行为和团队协作意识，使他们形成正确的价值取向，尊重患者、敬畏生命，学会做人、做事、做学问，实现医学教育与人文教育的有机结合、医术精进与医德修养的有机结合。

4. 有利于临床实践教学改革的深化

临床模拟训练条件的改善、临床技能训练手段的丰富，反过来又能促进临床教学改革的深化，促进临床科室对临床技能训练的重视和精力投入，推动临床教师对现代教育技术的研究和应用，也为开展临床技能比武竞赛、实施客观结构化临床考试(objective structured clinical examination, OSCE)等教学活动创造了条件、搭建了平台，从而有效激发医学生的临床技能训练热情，营造比学赶帮超的浓厚氛围。

10.4.2　临床技能模拟训练的组织实施

临床基本技能模拟训练应参照《本科医学教育国际标准》和《全球医学教育最低基本要求》，遵循教育部、卫计委颁布的《本科医学教育标准》及卫计委颁布的《医师资格考试大纲》，以提高临床综合能力和实践动手能力为目标，使医学生能够全面、熟练、规范、正确地进行临床技能操作。按照先基础后综合、先简单后复杂、先单项后集成的渐进性训练原则，可以将临床技能模拟训练区分为下述三个层次。

1. 临床基本技能模拟训练

常见的物理诊断模拟训练包括利用虚拟诊断系统，通过人机对话方式进行病史采集训练；利用心肺听诊、腹部触诊等模拟人，进行体格检查训练。

常见的内科、儿科基本技能模拟训练主要是利用各种穿刺模拟人，进行胸膜腔穿刺术、腹腔穿刺术、腰椎穿刺术、骨髓穿刺术等穿刺训练。

常见的外科基本技能模拟训练包括利用术前无菌操作训练模拟人、手术打结模型、手术学仿真皮肤模块、开关腹模型、缝合模型等，进行无菌术、清创、切开、缝合、打结、拆线、换药等训练，也可接入外科手术视频直播系统配合示范模拟训练。

常见的妇产科基本技能模拟训练包括利用高级分娩、后穹隆穿刺、分段诊刮等模型进行产科检查、妇科检查及分娩机转等操作训练。

常见的急救基本技能训练包括利用电除颤仪、心肺复苏模型、气管插管模型、透明洗胃模型、脊柱损伤搬运模型等，进行电除颤术、心肺复苏术、气管插管术、洗胃术以及止血、包扎、固定、搬运等训练。

常见眼科和耳鼻喉头颈外科基本技能模拟训练包括利用眼视网膜病变检查训练模型、耳内检查模型、鼻腔出血模型等，进行眼底镜的使用及眼底识别、耳部检查、鼻出血止血等训练。

常见中医基本技能模拟训练包括利用中医脉象模型、经络穴位针灸模型、口腔舌苔模型等，进行中医诊断学和针灸学技能训练。

常见辅助诊断基本技能模拟训练主要是利用多媒体系统、高分辨率读片技能训练系统等，进行实验室检查、影像学检查及心电图结果判读训练，也可将医学影像存档与通信系统(picture archiving and communication system, PACS)直接应用于教学。

2. 临床综合技能模拟训练

通过建设模拟病房、模拟手术室、模拟创伤抢救室、模拟重症监护室等，利用高仿真的模拟病人和临床环境，特别是运用生理驱动高级综合模拟人、计算机模拟临床病例软件及医学模拟教学系统等，实施病人诊治全程综合模拟训练，包括进行病情分析、疾病诊断、制订治疗方案、实施治疗操作、病情变化及疗效观察、治疗方案调整、治疗效果评价等。可以将自主设计的病例编入生理驱动高级综合模拟人，模拟出各种所需的病例、病情和病理体征，进行学生的综合临床实践能力和临床思维能力训练。通过临床综合技能模拟训练，可以有效培养学生的医患沟通能力、对疾病的综合处理能力、应激处置能力、临床思维能力、团队协作及创新精神等。

3. 临床特殊技能模拟训练

主要是利用内镜虚拟训练系统、腹腔镜虚拟训练系统、骨关节虚拟训练系统、介入术虚拟训练系统等，进行胃镜、肠镜、纤维支气管镜、腹腔镜、骨关节镜、经皮冠状动脉介入治疗等各种临床专科技术的模拟训练，从而提高操作的规范性、精确性和有效性。

10.4.3 临床技能模拟训练支持系统的建设与管理

临床技能模拟训练支持系统，是开展临床技能模拟训练的基础和平台支撑。高等医学院校应根据人才培养需求和上述三个训练层次，妥善处理需要与可能、当前与长远、重点与一般、主要与次要的关系，会同各临床教学基地，统筹规划建设临床技能模拟训练中心，科学配置模拟病房、模拟手术室、模拟创伤抢救室以及临床各科模拟训练室等，组织专家拟制模拟训练科目、训练大纲、训练流程以及考核标准，使临床技能模拟训练工作能够有力、有效、有序的展开。

应当说，临床技能训练模型，特别是一些高端模拟人，价格很高昂，训练器械、物资、耗材的消耗也很大，为了提高资源的使用效益，临床技能模拟训练中心的建设管理必须遵循集中建设、统一管理、开放共用的原则，实行统一招标采购、统一维护更新、统一教学调度、统一师资调配、统一规章管理，在保证完成日常训练任务的前提下，应建立开放预约制度，既确保完好率，又提高使用率。

10.4.4 临床技能模拟训练的局限性

疾病诊治是一个由感性认识上升到理性认识、又从理性认识回到感性认识的螺旋式上升过程，医学教育必须重视从生物—心理—社会的视角，培养医学生系统、整体、全面的观念，不能“一叶障目，不见森林”，不能只关注某个器官、某个系统、某个症状、某个局部，而要综合考虑病人的生理、心理及社会因素，通过纵向观察、横向比较，厘清标与本、现象与本质。临床技能模拟训练虽然在培养医学生的临床技能、临床思维上优势很鲜明，但它也有局限性，比如不能全部模拟临床的过程，也无法与患者进行沟通和交流，不能全面观察到各种操作给患者带来的反应等，应当说，冷冰冰的模拟人与活生生的现实病人之间是有显著差异的，临床模拟训练与临床实际操作之间也是有很大距离的。

总之，临床技能训练是医学教育的关键环节，如何提高医学生的临床技能是高等医学教育改革永恒的主题。随着科学技术的发展进步，临床技能模拟训练正成为高等医学教育改革的重要方向和动力引擎，它改变了传统的教学模式，为临床技能训练提供了一个逼真模拟而又安全可靠的教学环境，可以在不损害病人利益的前提下，进行各种有创、无创的操作训练，是临床技能训练的有益补充和拓展延伸。

10.5 OSCE

客观结构化临床考试（objective structured clinical examination, OSCE）于 1975 年由英国邓迪大学的哈登提出，于 20 世纪 90 年代初引入我国，由于这种考试方法能够比较客观地评价医学生的临床技能和临床决策能力，受到越来越多的国内外高等医学院校的关注和应用。

10.5.1 OSCE 的概念

OSCE 又称多站式临床考试，是一种临床能力评价方法，要求应试者在规定时间内通过若干模拟临床情景的考站完成一系列临床任务，并依据一定的标准进行评分，从而对应试者的临床知识、技能和态度作出评价。OSCE 不是一种具体的考核方法，只是提供一种客观的、有序的、有组织的考核框架，在这个框架中，每一所医学院、医院、医学机构或考试机构都可以根据自己的培养目标、考试大纲加入相应的考核内容与考核方法。在医疗法规制度日益完善、医患关系相对紧张、病人维权和自我保护意识越来越强的情况下，OSCE 的引入适应了形势的需要，有利于提升医学生的培养质量。

10.5.2 OSCE 的发展历程

鉴于传统方法测量学生临床能力的局限，1975 年哈登提出了 OSCE 这一全新的考试方法，组织 33 名考生参加了 16 个站点的考试，每个站点 5 分钟；每个程序站点中，要求学生采集病史或（和）体格检查或是其他任务，如对 X 线片、组织切片或心电图进行判读。1987 年 OSCE 被引入护理教育领域。1993 年，加拿大医学委员会将 OSCE 应用于医学执照颁发中，紧接着美国将 OSCE 应用到针对外国医学毕业生资格认证考试中；2002 年，又开始应用于医师资格考试的第二阶段；据统计，美国 60%的医学院校将 OSCE 应用于学生的临床能力考核。自川崎医科大学 1992 年开始引进 OSCE，日本先后已有 40 余所大学将其引入教学。1993 年，在纽约中华医学基金会(CMB)的资助下，当时的华西医科大学、浙江医科大学、九江医学专科学校 3 校协作，首次将 OSCE 应用于医学生的临床技能考核，目前我国已普遍应用于医学生临床能力评价。

10.5.3 OSCE 的实施流程

1. 成立组织机构

成立 OSCE 考试领导小组和专家组，负责考试的组织领导、工作协调、考核科目及评分标准审定、培训考官等。成立考官队伍，具体负责考站设置、命题工作、标准制订、考核评分等工作，一般每站设 1～2 名考官。成立保障小组，由教学管理人员、临床技能培训中心人员、消毒供应科等派员组成，负责考室布置、仪器设备及耗材准备等工作。

2. 设置考核站点

应根据不同专业、不同阶段学生的培训要求，针对性设置考核站点，包括长站点和短站点、标准化病人站点和非标准化病人站点等。最早哈登设计的 OSCE 共有 16 考站，每站持续 5 分钟，在发展演进过程中，各高等医学院校又根据自身的具体情况进行了相应的调整，每一站持续的时间与任务的难度和复杂性相关。如伦敦大学皇家自由医学院 2004 年设计的 OSCE 包括短站点和长站点，每个短站点持续 5 分钟，侧重于专科技能操作，而每个长站点持续 30 分钟，侧重于临床能力的综合运用。美国医师资格考试(the United States medical licensing examination，USMLE)中，OSCE 共有 12 站，每站 25 分钟。站点基本要求包括：有明确的任务要求；有条理清晰的指示，供学生、考官和标准化病人使用；有评分细则和评分表；有标准化病人以及摆放有序的模拟人、仪器设备、器械耗材等；有指示牌、引导员志愿者等。常见考站类型有：

病史采集及病历书写站：该站点一般为医学生 OSCE 的必考项目，考生在模拟诊室内，面对标准化病人进行问诊，根据问诊结果，在规定时间内，书写一份病历(主诉与现病史)，并作出初步诊断，时间 30 分钟左右。考官依据相关疾病的问诊要点、医患沟通、病历书写等情况，作出评价。美国医师资格考试中，考生先阅读病人信息和本考站要求，然后进行 15 分钟的问诊和体格检查，与病人讨论初步诊断和进一步的诊断计划，回答病人的提问，在 15

分钟以内离开考站（不得返回），然后 10 分钟内记录病人病史和体格检查中阳性以及有关的阴性发现，提出诊断和鉴别诊断（最多 5 个），制订进一步诊断计划。

体格检查站：将全身体检项目拆分为血压测量、胸（肺）部间接叩诊、心脏听诊（心脏听诊区的选择、心脏节律及杂音的辨别）、肺部听诊（听诊顺序及各种呼吸音、胸膜摩擦音等的辨别）、腹部触诊、移动性浊音叩诊等若干个局部体检项目，学生随机抽考 1 项，时间 15 分钟左右，可用模拟人或学生志愿者扮演病人。

急救技能站：可设置心肺复苏、气管插管、四肢骨折现场急救外固定等急救基本技能项目，学生随机抽考 1 项，时间 15 分钟左右，一般采用模拟人。

内科、儿科技能站：可设置胸穿、腹穿、腰穿、骨穿、导尿、放置胃管等内科基本技能项目，学生随机抽考 1 项，时间 15 分钟左右，一般采用模拟人。

外科技能站：可设置穿手术衣、戴手套、消毒、铺巾，缝合、打结、拆线、换药、手术器械辨认与使用等外科技能项目，学生抽考 1～3 项，时间 15 分钟左右，一般采用模拟人。

专科技能站：如可设置双合诊、四步触诊、骨盆测量等妇产科基本技能项目，神经反射检查等神经系统检查项目，眼球运动、对光反射等眼科检查项目，学生抽考 1～3 项，时间 15 分钟左右，可用模拟人或学生志愿者扮演病人。

辅助检查站：包括心电图、X 线片与 CT 片、实验室检查结果（包括血尿粪三大常规，肝、肾功能等）判读，一般采取机考方式，学生在三个方面各随机抽考 1～2 项，先描述异常，再提出诊断或初步诊断，并回答考官相关提问，时间 15 分钟左右。

病例分析站：根据给出的病历，总结病史特点，提出诊断、鉴别诊断及依据，制订进一步的诊疗计划，时间 30 分钟左右。

有学者运用教育测量理论及多元概化模型研究，结果表明：增加考站、延长 OSCE 长度可以提高 OSCE 的信度，不同站点任务的一致性能增加 OSCE 的可靠性。

3. 组织实施考核

为确保考核工作的规范、有序，在具体考核实施过程中，要把握以下环节：

一是站点布局、考核流程等要过细筹划，确保考生在各站点之间有序流转，最好是单向流动，既要避免站点转换节点的时间浪费，也要防止各考站时间划分不均衡，导致考生在某一站点的积压。二是诊室布局、器械耗材等应尽量模拟诊室、病房真实环境，确保各项操作规范、最大限度贴近临床工作实际。三是考官、标准化病人及考生应有各自的专用通道，避免不适当的接触，影响考试。四是加强考场监控，全程录音录像，既有利于考场纪律的管控，又能留下可供分析的视频材料，便于下一步考核工作的研究改进。

4. 考核总结工作

一方面要总结学生考核情况，利用统计学方法，科学分析考生临床技能中存在的问题和不足，对下一步临床教学工作，特别是实践教学工作，提出针对性的意见建议，并及时向考生和各承训单位反馈；另一方面要总结考试的组织管理工作，对考核的标准、考核的流程、标准化病人的培训、服务保障等工作进行系统的总结反思，必要时，可针对考官、考生、标准化病人进行问卷调查和座谈，全面了解意见建议，不断优化考站设置、考核内容和考试流程，推动 OSCE 的持续改进。

10.5.4 OSCE 的特点

1. 客观性

OSCE 考核以其科学的考站设置、多样的考核科目、统一的评分标准、规范的考试流程，实现考试的客观、高效、有序管理，尤其在疾病问诊、沟通能力、临床思维、现场处置等方面具有无可替代的优势，有效规避了传统纸笔和床旁考试中存在的方法单一、内容不全等问题，减少了考试的偶然性、变异性和评价的主观性，提高考试的信度和效度。

2. 全面性

1999 年，国际医学教育委员会（Institute for International Medical Education，IIME）制订的《全球医学教育最基本要求》中，对医学生培养的能力结构提出了包括“职业价值、态度、行为和伦理”、“医学科学基础知识”、“沟通技能”、“临床技能”等 7 个方面的要求，其中，临床技能又包括证据采集能力、临床思辨能力、临床操作技能、临床沟通技能等。OSCE 既考临床技能，又考临床理论，既考临床思维、诊治能力，也考医患沟通、爱伤观念，强调了知识、技能、态度、价值观等全方位的考核，对接了《全球医学教育最基本要求》。

3. 导向性

OSCE 促进了学生对临床实践教学环节的重视，也对教师规范化的临床带教提出了更高的要求，有效加强了理论与实践的有机结合、课堂与临床的有机结合、考试与应用的有机结合、学校与医院的有机结合，强化了学生分析、解决临床实际问题能力的培养，有利于医学人才培养质量的提升。

10.6 SP

标准化病人(standardized patient, SP)又称模拟病人、病人演员或病人指导者,是指经过训练能恒定、逼真地模拟临床病人情况,在临床能力测试中扮演病人、教师和评估者等多重角色的正常人或病人。

10.6.1 SP的发展历史

SP由美国南加利福尼亚大学神经病学教授霍华德·巴罗斯于1963年创立,他培养了第一个模拟病人罗斯并应用于心理学的教学。1975年,哈登提出OSCE,并首次将SP引入临床技能考核,显著增强了评分的客观性。至20世纪90年代中期,80%的北美医学院校都使用了SP,主要用于问诊、体检和沟通技巧等方面的培训。在医学院校实际运用SP的过程中,发现两个方面的不足:一是大多SP没有医学背景,需要培训部门投入大量的人力、物力、财力对其进行医学专业知识的培训;二是SP资源有限,仅限于部分课堂以及见习、实习的使用,而课外大量时间,学生都接触不到SP。鉴于此,为了降低使用SP的费用,美国一些院校研究了使用医学生充当SP的可行性。哈瑞斯和埃斯柯维茨于1990年分别报道了用高年级医学生模仿病人对低年级学生进行教学与考核的效果,结果显示,应用学生SP(student as standardized patient, SSP)不仅能够节省开支,而且培训时间较职业SP短,小组指导1小时即可。从2004年6月起,美国医师资格考试(the United States medical licensing examination, USMLE)在第二阶段中新增了临床技能(clinical skills, CS)考试,主要就是采用SP客观评价考生在模拟临床工作情景中收集患者病史资料、完成体格检查以及同患者及其家属、同事之间沟通交流的能力。1993年,在纽约中华医学基金会(CMB)赞助下,原华西医科大学、浙江医科大学及九江医学专科学校培养了中国第一批标准化病人。目前,SP已广泛地应用于临床专业课教学、临床技能培训、临床技能考核、多学科团队(包括医生、护士、药剂师等)训练、评估医务人员在临床工作中的真实表现等领域。不少高等医学院校结合自身实际,在SP、SSP基础上,又发展出教师模拟标准化病人(teacher simulate standardized patient, TSSP)。

10.6.2 SP的职能及优缺点

1. SP的职能

SP主要担负模拟病人、评估和反馈指导三大职能。模拟病人职能是指SP通过学习标准病例,模仿患者的各种症状和阳性体征,同时依据病情,向学生提出各种相关的疾病和心理、社会问题，来模拟临床环境。评估职能是指 SP 在考核过程中，通过与考生的沟通、交流和互动，了解考生的理论和操作水平，依据评分标准客观评价考生各方面的知识、能力和素质。反馈指导职能是指 SP 在操作过程中指导学生进行正确、规范的问诊与操作，指出并纠正其中存在的错误和不当之处，同时通过语言交流提升学生的职业素养，引发学生对伦理道德等问题的思索。

2. SP 的优点

SP 的出现是医学教育工作中最具有创造性的发明之一，在医学生问诊、体检和沟通技巧等培训和考核方面具有非常突出的优点，主要体现在以下三个方面。

一是公平性。不同患者受诊断、治疗效果以及预后等多种因素影响，在生活态度、诊疗信心、心理精神状态等方面存在差异性，当医学生问诊或体检时，可能出现多种多样的应答；另一方面，相同疾病的不同临床表现或少数病例以罕见症状起病，会直接影响医学生在考核中的表现和结果判定，这些都会影响考核的公平性。应用 SP 考核能有效克服这些矛盾，提高考核内容的标准化程度。按照事先设计的剧本，使得每个考生面对同样的问题，病人的病史和体征都是标准化的，不会受个人情绪或疾病状况等的影响，而且可以将不同时间、地点的评价结果进行比较，客观检验教学效果，充分反映医学生对疾病的实际掌握情况。

二是全面性。应用 SP 进行临床考核，SP 是考试中除专家考官外的另外一名考官，通过与考生的交流互动，从自身感受出发，对考生的沟通能力、交流技巧、爱伤观念、体检操作等作出评判，从另一个视角观察学生诊疗工作存在的不足之处，提出参考性意见，使得对医学生的考核评价更加全面。而且这种评估和反馈指导对于培养医学生的医患沟通交流能力十分有帮助。

三是便捷性。利用临床患者进行教学和考核，往往受患者条件、临床医疗工作等多方面的制约，且受不同疾病好发季节、各医院收治病种的影响。使用 SP 考核不仅能有效弥补疾病谱的不足，而且减少了患者因素和临床工作对教学和考核工作的影响，大大提高了考核的便捷性。

3. SP 的不足

SP 因为其考核的公平性、全面性和便捷性等优点，越来越受到高等医学院校的青睐，得到日趋广泛的应用，但其缺陷也逐步显现出来：

一是职业 SP 的紧缺性。SP 的招募和培训一直是一个比较突出的问题，特别是扮演 SP 的志愿者非常匮乏，且多考生、长时间考核后，可能导致

SP的疲劳和状态下降，必然影响考核效果，从而限制了SP在国内临床考核中的应用。这种情况下，一方面可以适当减少一次考核持续的时间及考生人数，另一方面可以采用SSP或TSSP弥补不足。

二是SP的先天不足性。SP虽然能够模拟患者的症状，但在展现阳性体征方面存在先天不足，难以全面检验考生发现阳性体征的能力，在OSCE考核中，往往需要借助模拟人及多媒体手段弥补不足。

三是SP剧本设计的不完善性。目前临床考核使用的SP病例多采用单一病种设计，较少设计干扰症状，或者因为考生的忽略反而失去了干扰作用，使得应用SP的考核内容过于单一，在时长、生多的情况下，如多站设计不完善甚或可能导致检验效力的丧失。

10.6.3 SP的招募、培训、考核与管理

SP的标准化与质量控制是影响SP应用成效的关键。SP的标准化是指：SP能够始终如一地以标准化方式准确扮演一个病人角色；能够可靠一致地以标准化方式对学生进行评估和反馈指导。标准化的本质就是统一性、一致性，有了标准化，质量才能有保障。

1. SP剧本的编写

标准化的SP剧本，必须让不同的导演能够有相同的解读，训练出演出方式相同的病人演员。什么样的剧本才是标准化的好剧本呢？首先，要有明确的教学目标、教学内容以及适用对象(如本科实习生、研究生、住院医师等)；其次，要有规范的编写大纲，主要内容应包括疾病名称、病人性别及年龄要求、诊疗过程等，并对病人行为表现、常问问题作出规定和预设，体现问诊思路和临床思维的过程；第三，要源于临床工作实践，尽可能以日常医疗工作中通过录像、录音等方式收集到的真实、典型临床情景作为编写剧本的依据。

2. SP的招募

SP具有扮演患者、充当评估者、教学指导者三重身份，故只有符合一定标准的人才可以胜任，一般应符合下述条件：一是要有“三颗心”，即热心、爱心和责任心，自愿献身医学教育事业；二是要有“三个善”，即善表演、善表达、善沟通，能够在一段时间内稳定、重复地表演；三是要有“三个力”，即注意力、观察力、公信力，能够敏锐发现学生在培训、考核过程中存在的不足，并严格依据评价标准给予充分的反馈和客观的评分；四是要有“两个健康”，即健康的心理和健康的职业态度，能够在学生价值观的形成中发挥积极的导向作用；五是要有“两个可靠的保证”，即可靠的身体保证和可靠的时间保

证，能够满足一定时间、一定强度的培训、考核需求。同时，高等医学院校应当加大宣传力度，增加对SP的投入，推动SP的职业化，吸引更多的高素质人士加入到SP的行列。

3. SP的培训

培训的标准化可以很好地控制SP应当掌握什么和如何掌握，尽量减少培训教师的主观因素对培训效果的影响。培训内容一般包括以下六个部分：相关医学基础知识的培训；专科病人培训；标准化问诊、查体的培训；沟通能力的培训；评判能力的培训；指导反馈能力的培训。

实现SP培训标准化的关键是培训流程的规范化。首先，要根据SP的年龄、性别、体形等特点进行分组，安排不同的病种进行培训；其次，根据分组，向SP分别提供相应病种的剧本，由培训教师向SP讲解剧本，使之逐步熟悉、理解剧本，最终熟练掌握各项目的正确表述；第三，着重培训相应病种的体征，使SP能熟记对应查体的项目和手法，逼真演示出相应疾病的体征；第四，为了使SP能更逼真地表演，加入真正病人所常见的情绪和表情，需安排SP到相应病种的科室观察真正的病人，使其有感性认识，能够不受干扰地进行正确的模拟；第五，评估能力和指导反馈能力培训，多由培训教师示范，并安排测试，让SP在实践中不断体会和学习标准化的评估和指导方法。

4. SP的考核

经标准化培训的SP考核合格后方能上岗。主要考核方法有以下几种：一是由低年资住院医师或培训教师充当受试者，观察SP对每一部分内容的掌握情况，选拔出合格的SP；二是由医学生充当受试者，将SP对医学生的评分与培训教师的评分进行相关性分析，选拔出合格的SP；三是安排扮演同一病例的不同SP，对相同医学生进行考核评分，通过检验SP评分的一致性，选拔出合格的SP。

5. SP的工作

SP在扮演好病人的同时，要根据问诊、查体的感觉、观察和判断，对每一个检查者的知识、技能、态度作出客观公正的评价。为确保SP评价的有效性和可靠性，要做好下述工作：一是细化评分标准，制订表单式的评分细则，便于SP实施评价操作；二是要组织试评工作，通过专家点评、讲解，使SP掌握评价尺度，熟悉所扮演病例的问诊、查体要点；三要做好考核录像工作，组织考官、考生和SP的问卷调查和座谈，及时帮助SP总结经验教训，提升综合把握的能力和水平。

6. SP的管理

为保证SP队伍持续、稳定的发展，减少SP的流失，应当规范SP的管理：一是健全 SP 管理体制，形成管理方—使用方—SP 的管理使用模式；二是严格 SP 管理措施，建立 SP 档案，严格考勤制度，实行准入和退出管理；三是及时、足额发放 SP 的薪酬或补助；四是注重对 SP 的人文关怀，如逢年过节组织一些联谊活动、开辟就医绿色通道等；五是增强 SP 的职业认同，定期组织再培训，鼓励优秀 SP 经验总结，资助其参加校内外、国内外的交流活动。

10.7 临床教学基地建设与管理

10.7.1 临床教学基地的概念及分类

卫生部、教育部颁布的《医学教育临床实践管理暂行规定》指出，临床教学基地(clinical teaching bases)是指院校的附属医院以及与举办医学教育的院校建立教学合作关系、承担教学任务的医疗机构，包括教学医院、实习医院和社区卫生服务机构等。依据教育部、卫生部、国家中医药管理局颁布的《普通高等医学教育临床教学基地管理暂行规定》，本科院校的附属医院应达到三级甲等水平，专科学校的附属医院应达到二级甲等以上水平；教学医院应达到三级医院水平。社区和公共卫生实践是医学教育的重要环节，是医学生了解国情、民情、医情，增进对人民群众感情和增强基层防病、治病能力的有效途径；高等医学院校应积极创造条件建设一批较高水平的社区和公共卫生等基层实践教学基地。

10.7.2 临床教学基地的主要任务

临床教学基地的主要任务是：负责组织医学生的临床教学实践活动，为实施临床教学实践活动和完成教学任务提供必要的条件，维护临床教学实践过程中相关参与者的合法权益。

1. 临床教学基地应承担的教学任务

附属医院的主要教学任务是临床理论教学、临床见习、临床实习、毕业实习。教学医院承担高等医学院校的部分临床理论教学、临床见习、临床实习和毕业实习任务。实习医院承担高等医学院校的部分学生临床见习、临床实习和毕业实习任务。

2. 临床教学基地应提供的必要教学条件

附属医院具有本、专科毕业学历的医师占医师总数的95%以上，其中具有正、副高级职称的人员占25%以上；应具有必要的临床教学环境和教学建筑面积，包括教学诊室、教室、示教室、学生值班室、学生宿舍和食堂等；应保证对教学病种的需要，内、外、妇、儿各病房（区）应设2～4张教学病床，专门收治教学需要病种病人；在不影响危重病人住院治疗的前提下，尽可能调整病房中的病种，多收容一些适合教学的患者住院治疗。

教学医院应有一支较强的兼职教师队伍，具有本、专科毕业学历的医师占医师总数的70%以上，应能胜任临床课讲授、指导实习、进行教学查房、修改学生书写的病历、组织病案讨论、考核等工作，并结合临床教学开展教学方法和医学教育研究；具有必要的教室、阅览室、图书资料、食宿等教学和生活条件。

实习医院应有一定数量的适应教学需要的技术骨干，能保证直接指导毕业实习的住院医师以上人员，能胜任指导毕业实习、进行教学查房、修改学生书写的病历、组织病案讨论等工作；具备必要的图书资料、食宿等教学和学生生活条件。

3. 临床教学基地应提供的合法权益保护

临床教学基地应采取有效措施保护医学教育临床教学实践活动中患者的知情同意权、隐私权和其他相关权益；保证医学教育临床实践过程中患者的医疗安全及医疗质量，并通过多种形式告知相关患者以配合临床实践活动。在医学教育临床实践过程中发生的医疗事故或医疗纠纷，经鉴定，属于医方原因造成的，由临床教学基地承担责任。

10.7.3 临床教学基地建设中需关注的几个机制问题

为确保临床教学的质量和教学活动的有序开展，高等医学院校在临床教学基地建设中，应重视建立健全以下五个机制。

1. 基地准入、退出机制

临床教学基地的水平直接关系着临床实践教学的质量，高等医学院校必须严格临床教学基地的准入管理，确保资质、宁缺毋滥。要定期组织教学工作评估，督促临床教学基地对存在的质量问题和薄弱环节进行及时、有效的整改，并加强跟踪问效，经整改仍难以到达教学质量标准的，应当终止教学合作。

2. 教学管理、运行机制

临床教学基地应严格教学计划管理，根据高等医学院校下达的教学任务，科学编制课程表、教学进度表或实习轮转表，且一旦排定，必须严格执行，不得随意变动。高等医学院校和临床教学基地应采取多种形式开展师资培训，所有临床带教教师上岗前，必须经过带教资格认定。要严格落实规范化教学查房制度，对学生进行正规的临床带教。

3. 资源建设、共享机制

高等医学院校和临床教学基地要共同推动教学资源的开发和利用，既要加强传统纸质传媒资料的建设，又要重视发展数字化课程资源。要注重典型病例，特别是相关声像资料的积累，为推动 PBL、CBL、RBL、TBL 等教学奠定基础。要重视教学资源的共享，推动临床教学基地间的交流互动，促进临床实践教学质量的共同提高。

4. 教学激励、约束机制

要建立有利于教书育人导向的激励、约束机制，扭转重医疗、轻教学的倾向，实行合理的教学工作量制度和教学津贴发放制度，保证从事教学工作的医师同比收入不下降。要加强教学质量的考评，并把考评结果与带教教师、所在科室的评优评先、经济利益等挂钩。要大力营造尊师重教的氛围，通过树立教学先进典型、举办教学比武竞赛、开展教改研究资助、选送赴国内外进修培训等活动，激发教学荣誉和教学热情。

5. 学生管理、教育机制

在临床教学基地学习的学生正处于从校园走向社会、从封闭走向开放的过渡阶段，不仅面临着考研、就业、出路、发展等压力，而且不可避免地受到社会浮躁心态、多元价值追求的影响和侵蚀，临床教学基地必须重视学生的管理教育，关注他们的政治安全、医疗安全、行政安全以及心理健康，加强经常性的思想政治工作和职业道德教育，使学生不仅收获专业的提升，更收获心智的成熟、人格的发育和理想的升华。

10.7.4 非直属附属医院的建设

随着我国卫生事业的快速发展，卫生人才需求不断攀升，高等医学院校及其附属医院的人才培养任务越来越重，加上以住院医师、专科医师培训为重点的毕业后医学教育稳步向前推进，不少高等医学院校的直属附属医院难以承受教学负荷，缓解教学资源紧张的矛盾，建设非直属附属医院成为必然选择。

1. 非直属附属医院的内涵

非直属附属医院(non-directly affiliated hospital)，又称非直接领导的附属医院、非直属临床医学院，是指与高等医学院校建立稳定教学协作关系的，经省(自治区、直辖市)级卫生、教育行政主管部门批准的，承担临床课程全程教学任务的三级甲等医院。其在体制上不同于附属医院，与高等医学院校不存在隶属关系；在功能上又不同于教学医院和实习医院，能够担负临床理论教学、临床见习、临床实习和毕业实习等全程教学任务。

2. 非直属附属医院的准入条件

1) 三级甲等医院，学科设置齐全，热心教学工作，能满足临床全程教学需要；

2) 符合《普通高等医学院校临床教学基地管理暂行规定》中附属医院的基本条件；

3) 经评审，达到高等医学院校或其上级主管部门制订的《非直属附属医院认定标准》。

3. 非直属附属医院的审批流程

(1) 遴选　　高等医学院校根据承训需求和第一、二条准入条件，在具有长期协作关系、带教质量可靠的教学医院中，遴选符合资质的医院，确定合作意向。在现实工作中，不少医院为了谋求自身发展，着眼提升办院水平和实力，积极向高等医学院校靠拢，主动申请成为非直属附属医院，此时，作为校方，要严格把关，防止鱼龙混杂，影响办学声誉，损害教学质量。

(2) 预评审　　高等医学院校依据《非直属附属医院认定标准》，组织专家对目标医院进行实地的考核评估。重点考察医院的等级、规模及基本医疗指标，学科设置及建设水平，人才队伍情况(包括临床科室、辅诊科室人数及年龄、职称、学历结构，知名专家及其主要成就，双语师资等)，教学管理体制、运行机制及教学质量保证体系，教学基本条件(包括教室、实验室数量及通过量，学员宿舍面积及容纳人数，图书信息资源)、生活保障条件(包括宿舍、食堂、浴室等)。

(3) 签署协议　　预评审合格后，校院双方签署正式协议，明确双方的责任、义务，规范、约束双方的行为。

(4) 复核评审　　医院向上级主管部门申请，同时学校将合作意向函告省(自治区、直辖市)级卫生、教育行政主管部门。省(自治区、直辖市)级卫生、教育行政主管部门受理后，组织专家实地进行复核评审。

(5) 批准报备　　复核评审合格者，由省(自治区、直辖市)级卫生、教育行政主管部门发文批准，同时将审定意见及有关资料按医院类别报卫计委、国家中医药管理局备案，并抄报国家教育部。双方本着"资源共享、优势互补"的原则，在保持原有领导体制不变、隶属关系不变、经费渠道不变、服务面向不变的前提下，开展人才培养、科学研究、医疗技术等方面的合作。

4. 非直属附属医院的教学能力建设

非直属附属医院没有经历过长期、系统、规范的教学积淀，要确保教学质量，必须高度重视教学能力建设，建设内容主要有以下四个方面。

(1) 构筑教学工作网络　　非直属附属医院应明确分管教学工作的院

领导；建立健全教务管理机构和学生管理机构，并配备专职人员；成立院级教学委员会，作为教学工作建设、改革和发展的决策咨询机构；成立主干学科教研室或教研组，内、外科教研室每学年应安排脱产教师承担教学任务；成立教学督导机构，聘任教学经验丰富的专家和管理人员担任督导员；各科室应指定一名领导负责本科室教学工作，特别要指定一名责任心强的教学秘书，负责协调、组织、安排各项教学活动。

(2) 健全教学规章制度　　完善的规章制度是规范教学管理、稳定教学秩序、提高教学质量的保证。高等医学院校应结合医院工作特点和医学生成长规律，制订统一的非直属附属医院教学管理基本规范。特别要重视以下8项制度：一是党委议教制度，把教学工作列入医院党委的重要议事日程，定期研究临床教学的改革发展问题和矛盾瓶颈问题。二是教学计划管理制度，规范全院性理论授课、病例讨论、学术讲座等计划以及科室带教计划的制订和落实。三是教学病例收治制度，内、外、妇、儿各病房(区)应设2～4张教学病床，专门收治教学需要的病种、病人。四是教师资格认定制度，承担教学任务的医护人员上岗前，必须经过教务管理部门组织的教师资格认定。五是规范化教学查房制度，切实强化带教责任，着力培养学生的临床思维，打牢基本功，要防止以医疗查房代替教学查房。六是名师上讲台制度，安排学科带头人，特别是优势特色学科的带头人，为学生授课或开设讲座，使医院的学科优势、医疗优势、人才优势转化为教学工作的优势，彰显人才培养的特色。七是教学督导考评制度，由学校、医院、科室三级协同实施，教、学、管三方共同参与，促进教学和管理工作持续改进。八是教学工作会议制度，定期召开教学秘书、科主任或全院会议，总结教学工作，讲评存在不足，部署教学任务。同时高等医学院校也要定期召开临床教学工作会议，组织附属医院交流经验、研讨问题、共谋发展。

(3) 培训骨干师资队伍　　师资队伍的教学水平是决定教学质量的关键。学校层面和医院层面都应高度重视师资培训工作，并持续开展，以期通过若干年的努力，造就一支理念先进、教书育人能力强的骨干教师队伍。培训内容包括教育方针政策、教育教学理论、教学方法艺术、教学改革研究、教学基本制度以及现代教育技术等，这其中，最重要的是教学意识的培养，使他们能够在日常教学过程中，有目的、有意识地引导学生结合临床实际问题学习、思考。培训方法可以灵活运用理论讲授、示范观摩、参观见学、座谈研讨、竞赛评比等多种形式，培训结束后，应组织考核，考核合格者，颁发证书，作为理论授课、临床带教等资格认定的依据。培训方式可以是高等医学院校送教上门，也可以集中到学校统一培训，还可以选送到国内外高校、医院进修培训。同时,还应重视教学管理干部的培训,以规范管理行为,提高管理的科学化、正规化水平。高等医学院校应把非直属附属医院的师资队伍建设纳入学校师资队伍建设的总体规划,在骨干师资培养、教师评优评先、教改课题招标、教学成果评审等方面,都应与直属附属医院同等看待。

(4) 完善教学设施设备　落实教学任务,需要建立与承训规模相适应的、与多种教学组织形式相配套的教室、示教室、实验室和临床技能模拟训练中心,需要多媒体、模拟人等各种教学仪器设备,需要满足学生进行自主学习和开展创新实践活动所需的图书信息资源,需要配备学生住房、食堂和文体活动场所等,这些都要求非直属附属医院给予持久的投入、建设和维护。高等医学院校也要重视资源共享工作,向非直属附属医院开放图书馆(包括数字化图书馆)、数字化课程中心等,方便教师发展、学生学习。

高等医学院校与非直属附属医院之间虽然没有隶属关系,但双方的合作是一种互利共赢。对非直属附属医院而言,学校冠名的无形资产,在科研联合攻关、医疗技术帮带、研究生联合培养等方面获得的支持,教学相长对内涵建设的促进,将对医院的快速发展起到不可估量的作用。对高等医学院校而言,充分利用了社会优质卫生资源,有效破解了临床教学瓶颈,拓展了办学空间,促进了教、医、研工作的协调发展。两者合作的效率、效益、效果,取决于双方领导和专家的认识高度,取决于双方为巩固这种合作所采取的务实举措。高等医学院校应当把非直属附属医院的建设纳入学校的整体建设规划,以促进医院育人能力的提高、人才梯队的成长、学科技术的发展为己任,并给予具体的指导和支持;同时还应积极协助医院与上级卫生、教育、人事、财务等部门进行协调、沟通,争取政策和经费支持。非直属附属医院应当深刻认识创建非直属附属医院的重大意义,以长远的战略眼光看待教学工作,切实把教学建设纳入医院的整体发展规划,对教学工作给予强有力的人、财、物支持。

第 11 章　毕业后医学教育管理

11.1　毕业后医学教育的概念、任务与范畴

毕业后医学教育是医学教育体系的重要组成部分，是从医学生成长为合格医生的重要环节，它与医学院校教育和继续医学教育分工明确、相互沟通、彼此衔接，共同构成医学教育的连续统一体。

11.1.1　毕业后医学教育的概念

根据世界医学教育联合会（WFME）2003 年颁布的毕业后医学教育全球标准（global standards for postgraduate medical education），毕业后医学教育（graduate medical education，GME）的定义是医生在完成基础医学教育以后实施的，以训练独立工作能力为目标的，导师指导下的教育阶段，包括注册前培训、职业/专业培训、专科医师和亚专科医师培训，以及其他正规的培训项目，在完成正规的毕业后教育以后，通常授予学位、证明或证书。

11.1.2　毕业后医学教育的任务

医生服务的对象是人，面对的是随时可能发展变化的病情，若稍有疏忽或处置不当，即可能造成不可逆转的损失，甚或危及病人的生命。医生职业的特殊性决定了医生这个群体有其独特的行业要求，包括思维方式、理论功底、专业技能、工作流程、职业素养、人文精神等，这些都需要经过长期的实践训练和经验积累。建立医学院校教育—毕业后医学教育—继续医学教育的医学教育连续统一体，已经成为世界各国的共识和普遍经验。

医学院校教育（undergraduate medical education，UME）的任务只是培养“准医生”，培养合格的医学毕业生，使他们掌握毕业后接受专业化培训所必需的知识、技能和态度；而医学毕业生成长为合格的临床医师，形成临床实际工作的能力，则需要经过系统、规范的毕业后医学教育。

毕业后医学教育的主要任务是：结合岗位工作需要，以培养临床能力为核心，通过安排高等医学院校毕业生在符合一定资质、经过专业认可的基地中进行系统、规范的培训，充实专业知识，掌握操作技能，积累临床经验，提升独立从事临床工作的能力。毕业后医学教育是医学院校教育过渡到继续医学教育的桥梁。

11.1.3 毕业后医学教育的范畴

我国毕业后医学教育起步较晚，比较制度化、规范化的开展始于20世纪80年代末。为了紧跟国际高等医学教育的发展趋势，提升我国毕业后医学教育水平，卫生部于2005年12月成立了毕业后医学教育委员会，其主要任务是依据《中华人民共和国执业医师法》，开展全国毕业后医学教育政策、规划的研究；指导、协调全国毕业后医学教育工作。当前我国的毕业后医学教育主要包括住院医师规范化培训、全科医师规范化培训和专科医师培训。

11.2 住院医师规范化培训

11.2.1 住院医师规范化培训的概念、特征及意义

住院医师规范化培训(standardized training of residents)是指医学专业毕业生在完成医学院校教育之后，以住院医师的身份在认定的培训基地接受以提高临床能力为主的系统性、规范化培训。住院医师规范化培训是毕业后医学教育的重要组成部分，是医学生成长为合格临床医师的必经基础训练阶段，是以提高临床技能为主的、系统规范的教育培训。推行住院医师规范化培训制度有利于为病人提供更优质、更均衡的医疗服务，有利于提高各级医疗机构临床医师的整体技术水平，有利于推进医疗卫生事业的可持续发展。

11.2.2 住院医师规范化培训的发展历程

住院医师规范化培训制度于19世纪末发轫于德国柏林大学，后经美国的大力推广和不断完善，逐渐被世界各国医学界所认可。目前英国、澳大利亚等发达国家及我国香港特别行政区、澳门特别行政区、台湾地区，乃至许多发展中国家均已建立了政府主导的、较为成熟的住院医师规范化培训制度，有效地保证了临床医疗质量。鉴于该制度的良好作用，自20世纪20年代开始，我国医学教育领域对住院医师规范化培训工作进行了一系列探索，大致可以划分为以下4个阶段：

1. 民间自发探索阶段

1921 年，北京协和医院首开我国住院医师培训先河，提出并实行了“24 小时住院医师负责制和总住院医师负责制”。之后不少知名医院着眼医疗质量的提升和人才队伍的培养，逐步建立医院自己的住院医师培训办法。新中国成立后，第一次提出住院医师培养问题是在 1962 年 11 月卫生部在天津召开的部分高等医药院校师资培养工作座谈会上。1979 年 9 月 10 日卫生部草拟了《高等医学院附属医院住院医师培养考核试行办法》，在高等医学院校附属医院层面进行了住院医师规范化培训的探索。

2. 国家探索试点阶段(1988～1992 年)

1988 年，卫生部开始在上海、北京等地的部分大学附属医院进行住院医师规范化培训试点，试点地区的医院从内容、方法、管理、考核等方面进行了初步探索。

3. 国家引导创立阶段(1993～2008 年)

1993 年，卫生部颁布《临床住院医师规范化培训试行办法》；1995 年，出台《临床住院医师规范化培训大纲》；1998 年，出台《卫生部住院医师规范化培训合格证书颁发管理办法(试行)》，明确对培训合格者颁发《卫生部住院医师规范化培训合格证书》，并作为晋升主治医师的必要条件，逐步建立起政府主导的临床住院医师规范化培训体系。特别是 1999 年，国务院颁布《关于开展临床医学专业学位试行工作的通知》，把住院医师规范化培训与临床医学专业学位授予紧密联系起来，是住院医师规范化培训政策机制上的一大突破，有效激发了医疗机构和住院医师参与培训的积极性。

4. 国家规范完善阶段(2009 年至今)

2009 年 3 月，中共中央国务院颁布《关于深化医药卫生体制改革的意见》，明确提出“建立住院医师规范化培训制度”；2010 年 6 月，《国家中长期人才发展规划纲要(2010—2020 年)》指出，“开展住院医师规范化培训工作，支持培养 5 万名住院医师”，住院医师规范化培训成为国家医改和人才建设的基础性工程。

2013 年 12 月 31 日，国家卫生和计划生育委员会(卫计委)、教育部、发改委、财政部等七部委共同发布了《关于建立住院医师规范化培训制度的指导意见》(以下简称《意见》)，《意见》指出：“到 2015 年，各省(区、市)全面启动住院医师规范化培训工作；到 2020 年，基本建立住院医师规范化培训制度，所有新进医疗岗位的本科及以上学历临床医师均接受住院医师规范化培训”。该《意见》的出台，标志着我国将全面建立起规范、统一的住院医师规范化培训制度，实现住院医师培养的标准化、规范化和同质化。2014 年 2 月

13日，国家卫计委在上海召开“建立国家住院医师规范化培训制度工作会议”，全面部署相关工作。

住院医师规范化培训是临床医师成长的必由之路。建立住院医师规范化培训制度，是推进与国际医学教育接轨，形成符合行业特点的人才培养制度的必由之路；是深化医药卫生体制改革和高等医学教育改革，加强临床医师队伍建设的务实之举；是保障和改善民生，提高医疗服务质量和水平的治本之策。

11.2.3 我国住院医师规范化培训制度的设计和要点

住院医师规范化培训制度是对招收对象、培训模式、培训招收、培训基地、培训内容和考核认证等方面的政策性安排。根据7部委颁布的《关于建立住院医师规范化培训制度的指导意见》，我国的住院医师规范化培训制度的要点如下：

1. 招收对象

拟从事临床医疗工作的高等院校医学类专业（指临床医学类、口腔医学类、中医学类和中西医结合类）本科及以上学历毕业生，或已从事临床医疗工作并取得执业医师资格证书，需要接受培训的人员。在过渡期，培训对象的身份主要有单位委派人员、面向社会招收人员和研究生三类。单位委派人员是指已与用人单位确立了人事（劳动）、工资关系，再参加住院医师规范化培训的人员。面向社会招收人员是指没与单位确立人事（劳动）、工资关系，而只是与培训基地签订培训协议的人员。研究生是指通过国家全日制医学硕士专业研究生考试而招录的，是院校的学生。

2. 培训模式

“5＋3”是住院医师规范化培训的主要模式，即完成5年医学类专业本科教育的毕业生，在培训基地接受3年住院医师规范化培训。硕士、博士研究生根据其既往临床经历和临床能力测评结果，可相应减少培训时间，硕士研究生培训时间可减为2年，博士研究生可减为1年。

3. 培训招收

一是培训规划计划。卫生行政部门会同有关部门制订中长期规划和年度培训计划，并建立培训供需匹配机制，加强部门协同，逐步实现临床医学专业毕业生数量、住院医师规范化培训基地培训容量与临床医师岗位需求量相匹配。

二是招收录取方式。培训基地依据核定规模，按照公开公平、双向选择、择优录取的原则，主要通过招收考试形式，招收符合条件的医疗卫生单位委派人员和社会人员参加培训。

三是紧缺专业招收。根据区域卫生规划和医疗保健需求，各省(区、市)可适当加大紧缺专业的招收规模。

4. 培训基地

培训基地是承担住院医师规范化培训的医疗卫生机构，依据培训需求和基地标准进行认定，实行动态管理，原则上设在三级甲等医院，也可结合当地医疗资源实际情况，将符合条件的其他三级医院和二级甲等医院作为补充，区域内的培训基地可协同协作，共同承担有关培训工作，逐步构建起布局合理、设施配套、学科齐全、师资较强的培训基地体系。

5. 培训实施

一是在内容设置上，针对住院医师的特点，着眼专业教育与人文教育的有机结合，传授知识、培养能力与提高素质的有机结合，系统建立公共科目与各临床学科的培训科目和技能要求，主要内容包括医德医风、政策法规、临床实践技能、专业理论知识、人际沟通交流等。

二是在培训方式上，以在临床有关科室轮转为主，培训对象在经验丰富的上级医师指导下从事临床诊疗，接受理论与实践紧密结合的教育培训，着重培育和提高临床医疗预防保健康复能力，达到能够独立、正确、规范地处理临床常见问题，并为今后具备处理复杂疑难问题的能力奠定基础。

三是在考核认证上，推行形成性评价与终结性评价相结合考核方式，完成培训并通过过程考核和结业考核者，颁发国家卫计委统一制式的《住院医师规范化培训合格证书》。

6. 保障措施

一是在培训基地的保障上。《意见》规定，将承担住院医师规范化培训任务作为核定编制的统筹考虑因素；建立政府投入、基地自筹、社会支持的多元经费投入机制，政府对按规划建设设置的培训基地基础设施建设、设备购置、教学实践活动以及面向社会招收和单位委派培训对象给予必要补助，中央财政通过专项转移支付予以适当支持。

二是培训对象的待遇上。单位委派的培训对象，培训期间原人事(劳动)、工资关系不变，委派单位发放的工资低于培训基地同等条件住院医师工资水平的部分由培训基地负责发放。面向社会招收的培训对象，其培训期间的生活补助由培训基地负责发放，标准参照培训基地同等条件住院医师工资水平确定。具有研究生身份的培训对象执行国家研究生教育有关规定，培训基地可根据培训考核情况向其发放适当生活补贴。

三是在培训学位的衔接上。建立住院医师规范化培训与医学硕士专业学位研究生教育相衔接的机制，逐步统一培训内容和方式，取得《住院医师规范化培训合格证书》并符合国家学位要求的临床医师，可授予医学硕士专业学位；符合住院医师规范化培训管理要求，按照住院医师规范化培训标准内容进行培训并考核合格的医学硕士专业学位研究生，可取得《住院医师规范化培训合格证书》。

四是在培训政策的引导上。将取得《住院医师规范化培训合格证书》作为临床医学专业中级技术岗位聘用的条件之一。鼓励住院医师下沉服务、就业，《意见》规定：培训合格者到基层医疗卫生机构工作，可提前1年参加全国卫生专业技术中级资格考试，同等条件下优先聘用；培训对象到基层实践锻炼的培训时间，可计入本人晋升中高级职称前到基层卫生单位累计服务年限。鼓励个体办医，《意见》规定：申请个体行医，在符合规定条件的前提下，卫生计生行政部门应当予以优先，并逐步将参加住院医师规范化培训合格作为必备条件。

建立住院医师规范化培训制度，既是中国医师培养制度的重大改革，也是中国医药卫生体制改革的必然要求，是从整体上提高临床医师的职业素质和专业水平，是缩小地域之间、城乡之间医疗卫生服务水平的差距，使中国老百姓均等地享有安全有效的医疗卫生服务的根本途径。

11.2.4 我国住院医师规范化培训面临的困境

1. 地区发展不平衡和优质临床教育资源分布不平衡带来的困境

我国幅员辽阔，地区发展不平衡，优质临床教育资源特别是高水平的医学院校和大型医院大都分布在发达地区和大中城市，如何开展边远艰苦地区和发展相对落后地区的住院医师规范化培训，如何推动发达地区与欠发达地区之间的优质临床教育资源共享，促进各地均衡发展，需要宏观决策部门统筹规划、系统考虑。可喜的是，《意见》已经作出了一些顶层设计，规定："发达地区要积极支持欠发达地区开展住院医师规范化培训工作，在师资队伍建设、基地建设、培训名额等方面给予帮扶。年度招收计划要有一定比例的培训名额用于支持欠发达地区"。

2. 医学教育学制不规范带来的困境

我国医学教育的学制有3年、5年、6年、7年、8年，研究生教育有科学学位和专业学位、博士学位和硕士学位，各培训层次的学制和学位与住院医师规范化培训如何对接？培养要求是什么？目前尚无统一标准。尽管有些试点省市、医学院校和医院作了一些探索或规定，但决策层对医学院校教育、毕业后医学教育和继续医学教育连续统一体的建设，必须进一步加强统筹设计，切实厘清三个阶段的教育目的和内涵要求，使三者的定位更加准确、目标更加清晰、衔接更加顺畅。

3. 培训质量标准体系不完善带来的困境

虽然国家和地方省市对培训基地、内容要求、考核认证作了一些统一要求，但不可否认的是由于培训基地的参差不齐，造成培养质量的差异化很大。住院医师规范化培训作为政府主导的毕业后医学教育，国家层面应建立统一的质量标准和考核办法，形成明确、细化、可操作性强的考核评价体系，特别是借助第三方评价，来确保培训的质量。

11.3 全科医师规范化培训

11.3.1 全科医学的概念及发展全科医学的意义

全科医学(general practice)又称家庭医学(family medicine)，是一个面向个人、家庭与社区，整合临床医学、预防医学、康复医学以及人文社会学科相关内容于一体的综合性临床二级专业学科；其范围涵盖了各种年龄、性别、各个器官系统的各类健康问题和疾病。其主旨是以人为中心，以维护和促进健康为目标，向个人、家庭与社区提供连续、综合、便捷的基本卫生服务。

工业化、城镇化和生态环境变化带来的影响健康因素越来越多，人口老龄化、生活方式相关疾病和疾病谱的变化等对医疗卫生服务提出新要求，发展全科医学，对于落实预防为主方针，优化卫生资源配置，促进卫生服务模式转变，为群众提供连续协调、方便可及的基本医疗卫生服务具有十分重要的意义。

11.3.2 全科医生的概念及地位作用

全科医生(general practitioner)又称家庭医生(family physician, family doctor)，即全科医疗服务的提供者，是一类重要的复合型医学人才，主要在基层承担预防保健、常见病多发病诊疗和转诊、病人康复和慢性病及健康管理等一体化服务，被称为居民健康的“守门人”。

国内外医疗卫生实践表明，能否培养大批合格的全科医生，建立以全科医生为核心的基层卫生服务团队，提供以预防为主、防治结合为特征的基层卫生服务，形成基层首诊、双向转诊、上下协作的医疗卫生服务体系，直接关系到重大疾病的有效防控、人群健康水平的提高和医疗费用的合理控制。

11.3.3 全科医学教育及全科医师规范化培训的发展历史

1. 全科医学教育

全科医学教育的主要任务是培养能应用生物—心理—社会医学模式，开展融预防、医疗、保健、康复、健康教育、计划生育技术服务为一体的卫生技术人才。全科医学教育的主要形式包括高等医学院校全科医学知识教育、毕业后全科医学教育、全科医生继续医学教育、全科医学研究生教育、助理全科医生培训等。

2. 国际全科医学教育的发展

1963年，世界卫生组织(WHO)医疗与辅助人员职业与技术教育专家委员会提出“培养全科医疗医师”的工作报告，界定了全科医师的定义，并要求医学院校为发展全科医学和培养全科医师贡献力量。1966年，英国启动了第一个全科医学住院医师培训项目，随后加拿大、美国、澳大利亚等其他一些国家也启动了全科(家庭)医学住院医师培训项目。1969年，美国家庭医学委员会(American Board of Family Medicine, ABFM)成立，家庭医学被批准为美国第20个医学专业，标志着全科(家庭)医学学科的诞生，1971年，该委员会更名为American Academy of Family Physicians(AAFP)。1972年，世界家庭医生组织(WONCA)在墨尔本成立。我国香港特别行政区于1985年开始实施全科医学专科医师培训。我国台湾地区在1987年开始办理家庭医学专科医师甄审及家庭医学专科医师训练医院的认定工作。美国毕业后医学教育资格认可委员会(ACGME)规定，家庭医学住院医师培训至少是3年时间，培训项目必须根据把医学院毕业生培养成家庭医师所需的教育进行专门设计。中国大陆于20世纪80年代末引入全科医学。

3. 我国全科医学教育的发展

我国全科医师规范化培训的发展大致可以划分为三个阶段。

(1) 引进探索阶段(1988～1996年)　1988年，世界家庭医生组织(WONCA)主席Peter Lee和前主任Dr. Ra Jakumar和Dr. DonRae访问我国，并建议我国开展全科医疗，与此同时，中华医学会也派员参加世界家庭医生组织年会及亚太地区会议，交流学习全科医学。1989年11月，在WONCA的支持下，第一届国际全科医学学术会议在北京召开，并成立了北京全科医学学会；同年，首都医科大学成立全科医学培训中心，标志着全科医学教育在中国内地起步。1993年11月，中华医学会全科医学分会成立，标志着我国全科医学学科的诞生，并于1995年成为WONCA成员。此阶段，我国部分地区开始尝试开展全科医师培养和全科医疗服务等工作，如首都医科大学开展了临床医学专业全科医学方向试点班，并成立了全科医学教研室；原上海医科大学附属中山医院成立了全科医学科，并提供服务。由于社会认同度低，缺乏政策支持，总体而言，这个阶段还处于引进、传播和探索阶段，尚未在全国广泛展开。

(2) 起步发展阶段(1997～2008年)　1997年1月发布的《中共中央、国务院关于卫生改革与发展的决定》，作出了"加快发展全科医学，培养全科医生"的重要决策。1999年11月，卫生部科教司颁布《全科医师规范化培训大纲(试行)》和《全科医师岗位培训大纲(试行)》。1999年12月，卫生部出台《全科医师规范化培训试行办法》。1999年12月，"全国全科医学教育工作会议"召开，标志着我国全科医学教育工作的全面启动和实施。2000年1月，卫生部颁发《关于发展全科医学教育的意见》，明确了我国全科医学教育发展以毕业后医学教育为核心，并指出："从长远看，我国全科医师将主要通过毕业后全科医师规范化培训进行培养"。2000年，首都医科大学公共卫生与家庭医学院暨卫生部全科医学培训中心成立。2002年，全国全科医师培训网络成立。2003年，中国医师协会全科医师分会成立。2004年，复旦大学上海医学院获准建立第一个全科医学硕士点。2005年，首都医科大学获准建立第一个全科医学博士点。2006年2月发布的《国务院关于发展城市社区卫生服务的指导意见》，明确"将发展社区卫生服务作为深化城市医疗卫生体制改革、有效解决城市居民看病难、看病贵问题的重要举措，作为构建新型城市卫生服务体系的基础"，并提出"加强高等医学院校的全科医学教育，鼓励高等医学院校毕业生到社区卫生服务机构服务，完善全科医师等卫生技术人员的任职资格制度"；同年3月，人事部、教育部、卫生部等5部委发布《关于加强城市社区卫生人才队伍建设的指导意见》；同年10月，出台《教育部关于加强高等医学院校全科医学、社区护理学教育和学科建设的意见》。2007年教育部高等学校全科医学教学指导分委员会和中国高等教育学会医学教育专业委员会全科医学教育研究会成立。从2000年开始，全国持续开展了全科医师岗位培训和中西部城市社区卫生人员培训项目，北京、上海、浙江等地还开展了四年制全科医师规范化培训试点，全科医师继续医学教育也逐渐在全国各省(区、市)展开，部分地区还制订实施了全科医师职称系列和晋升标准。全国高等医学院校相继成立了全科医学院、系、研究所及培训中心，普遍开设全科医学相关课程。此阶段，全科医学建设的政策环境显著改善，为可持续发展奠定了坚实基础。

(3) 快速成长阶段(2009年至今)　2009年3月颁布的《中共中央国务院关于深化医药卫生体制改革的意见》，提出"完善全科医师任职资格制度，健全农村和城市社区卫生人员在岗培训制度，尽快实现基层医疗卫生机构都有合格的全科医生”，并在调整高等医学教育结构和规模中，突出强调了“加强全科医学教育”。2010 年 4 月，发改委、卫生部等 6 部委印发了《以全科医生为重点的基层医疗卫生队伍建设规划》，明确了我国全科医学人才的培养、吸引、使用、评价和激励等的政策。2011 年 7 月，印发的《国务院关于建立全科医生制度的指导意见》，对建立中国特色全科医生制度作出了全方位的顶层设计，明确提出：“将全科医生培养逐步规范为‘5＋3’模式，即先接受 5 年的临床医学（含中医学）本科教育，再接受 3 年的全科医生规范化培养”，“到 2020 年初步建立起充满生机和活力的全科医生制度，基本形成统一规范的全科医生培养模式和‘首诊在基层’的服务模式，基本实现城乡每万名居民有 2～3 名合格的全科医生”。2011 年 12 月召开的“全国医学教育改革工作会议”，进一步明确了我国全科医师的培养制度。2012 年 5 月，教育部和卫生部发布《关于实施临床医学教育综合改革的若干意见》，提出“围绕农村医疗卫生服务的基本要求，探索‘3＋2’（三年医学专科教育加两年毕业后全科医生培训）的助理全科医生培养模式”。2013 年 12 月，7 部委共同发布的《关于建立住院医师规范化培训制度的指导意见》，同时对全科医师规范化培训作出部署。2009 年以来，在深化医药卫生体制改革，着眼于实现人人享有基本医疗卫生服务的大背景下，各种有利于全科医学教育发展的政策密集出台，使其得到全方位的提升和进步，呈现出蓬勃发展态势。

总之，发展全科医学教育，培养从事社区卫生服务（community heath service）工作的全科医师，是改革卫生服务体系，发展社区卫生服务的需要；是完善基本医疗保障制度，满足日益增长的卫生服务需求的需要；也是适应卫生事业发展，提高人群健康水平的需要。

11.3.4 我国全科医师规范化培训制度的设计

根据《国务院关于建立全科医生制度的指导意见》（以下简称《意见》），我国的全科医生培养制度可以概括为“一种模式、两条路径、三个统一、四条渠道”。

“一种模式”即全科医生培养逐步规范为“5＋3”模式，前 5 年为临床医学本科教育，后 3 年为全科医生规范化培养。参加全科医生规范化培养人员是培养基地住院医师的一部分，培养期间享受培养基地住院医师待遇，财政根据不同情况给予补助；规范化培养期间不收取培训（学）费。

“两条路径”即由过渡期全科医生规范化培养采取“毕业后规范化培训”

和“临床医学专业学位研究生教育”两条路径，逐步过渡到毕业后规范化培训的统一途径。参加“毕业后规范化培训”的人员主要从具有本科及以上学历的临床医学专业毕业生中招收。全科方向的临床医学专业学位研究生按照统一的全科医生规范化培养要求进行培养，培养结束考核合格者可获得全科医生规范化培养合格证书。

“三个统一”即统一全科医生规范化培养方法和内容，以提高临床和公共卫生实践能力为主，在国家认定的全科医生规范化培养基地进行，实行导师制和学分制管理；在临床培养基地规定的科室轮转培训时间原则上不少于2年，并另外安排一定时间在基层实践基地和专业公共卫生机构进行服务锻炼。统一全科医生执业准入条件，注册全科医师必须经过3年全科医生规范化培养取得合格证书，并通过国家医师资格考试取得医师资格。统一全科医学专业学位授予标准，具有5年制临床医学本科及以上学历者参加全科医生规范化培养合格后，符合国家学位要求的授予临床医学（全科方向）相应专业学位。

“四条渠道”是指过渡期培养全科医生的四个主要途径，一是大力开展基层在岗医生转岗培训；二是强化订单定向免费医学生全科医学技能培训；三是提升基层医生学历层次，符合条件后注册为全科医师或助理全科医师；四是鼓励大医院医生到基层服务。

11.3.5 推进全科医师规范化培训需把握的关键环节

1. 注重政策联动

全科医生培养是一项系统工程，牵涉到教育培训、人事管理、财政投入等多个领域。需要国家、地方各级政府加强统筹协调、注重政策联动、形成推进合力，落实相关培训经费和在培医师的待遇保障，建立充满生机的全科医生使用管理制度和从业激励机制，为全科医生安心服务基层创造条件。实践证明，把培训工作和从业激励、培训待遇问题统筹解决好，是确保规范化培训得以顺利实施的重要保障和关键所在。

2. 提升培训能力

培养合格的全科医生，树立全科服务理念是基础，掌握规范扎实的临床和公共卫生能力是核心。要扎实推进全科医生培养基地的建设，切实把那些符合条件要求、教学经验丰富、热心全科医生培养工作的医疗机构优先纳入培养基地建设范畴。要发挥高等医学院校的综合优势，加大全科医学学科建设的投入力度，完善培训基础设施和临床模拟技能训练中心建设，提升培训能力，发挥示范效应。要加强全科医学师资队伍建设，开展全科医学理念和带教方法培训，完善激励导向机制，促进他们对培训工作的精力投入。要充分利用现代信息技术和现代教育技术，借鉴MOOC理念，大力发展数字化、模拟化、网络化教学，建设精品开放课程和资源共享课程，打造区域性、全国性乃至世界性的教学平台。

3. 强化质量控制

培养质量是全科医生规范化培训工作的核心。要建立临床基地、社区基地和公卫基地紧密合作的机制，确保培训工作的规范有序、无缝衔接。要完善培训质量保证体系，健全环节质量标准，加强督导检查，开展质量追踪，形成严格的培训基地准入、退出机制。要不断优化完善形成性与终结性相结合的考核评价方式，坚持理论与实践并重、医德与医术并重、专业与人文并重，通过考核导向，培养出合格的居民健康的"守门人"。要发挥全科医学行业社会组织的功能，加强热点、难点问题的研讨，发挥决策咨询和第三方监督的作用，促进全科医师培训、管理的持续改进。

11.4 专科医师规范化培训

科学、规范、系统的专科医师培养和准入制度是卫生事业改革与发展和提高医院核心竞争力的需要，是临床专科医师培训和管理规范化的需要。

11.4.1 专科医师规范化培训的概念、目标及现实意义

专科医师规范化培训(medical specialist training)是指已经完成住院医师规范化培训，并取得住院医师规范化培训合格证书的执业医师，在经过认可的培训基地中，接受以提高某一专科临床医疗工作能力为主的系统、规范的培训。专科医师规范化培训在体系上与住院医师规范化培训紧密衔接，它与住院医师规范化培训和全科医师规范化培训一起，共同构成完整的毕业后医学教育制度。

专科医师规范化培训的目标是培养具有良好职业道德、病人照护能力、人际沟通技巧和专业精神，扎实的专业知识和临床技能，以及临床导向的学习与改善能力，能独立承担本专科常见疾病和某些疑难病症诊治以及危重病人抢救工作，具备一定的教学和科研能力，能对下级医师进行业务指导的临床医师。

推行专科医师规范化培训是适应医学科学快速发展，遵循医学人才成长规律的必然要求；是满足高质量医疗服务需求，提升专科医师执业水准的必然要求；是顺应医药卫生体制改革，接轨国际医学教育的必然要求。

11.4.2 国际专科医师规范化培训制度的发展简史及主要模式

1. **发展简史**

专科医师培训制度始于美国专科委员会(Specialty Board)的成立。1917年,美国成立第一个全国认可的专科委员会——眼科专科委员会,该委员会成立后,全美眼科医生为了使自己的专业资格得到正式确认,通常参加由它组织的同行考试。1933年,美国相继有4个专科委员会成立,在这种形势背景下,为监督这些专科委员会的工作,实施新的专科委员会的认定工作,专科医师咨询委员会(Advisory Board for Medical Specialty)应运而生。1970年,专科医师咨询委员会更名为美国专科医师委员会(American Board of Medical Specialties, ABMS),此时已成立了18个专科委员会。1991年,第24个成员委员会——美国遗传医学专科委员会成立。目前,美国由这24个专科委员会负责制订医生获准参加专科医师资格考试的一些标准和要求,组织本专科的资格考试,并为通过者颁发专科医师资格证书;获得专科医师资格证书的同时,也获得该专科委员会会员(diplomate)称号。颁发证书是为了向公众保证,由专科委员会认定的专科医师必定成功完成了一个经过认可的培训项目,并通过考试和评估,具备了向该专科病人提供高质量服务的知识、技能和经验。20世纪中期以后,德国、英国、法国等欧洲国家以及中国香港特别行政区、台湾地区等地亦逐步建立并推行了专科医师准入制度。

2. **培训模式**

国外专科医师培训管理主要有三种模式。

一是"分工合作型"。其代表为美国。由各专科委员会(specialty board)负责制订医师获准参加资格考试的标准和要求,组织本专科资格考试,并为通过者颁发专科(specialty)或亚专科(sub-specialty)医师证书。1972年,美国医学协会(American Medical Association, AMA)等5个学术团体组成毕业后医学教育联络委员会(Liaison Committee on Graduate Medical Education, LCGME),与住院医师培训评审委员会(Residency Review Committee, RRC)共同负责培训方案和考核要求的审定和认可,并制订下年度的培训计划,公布各专科培训认可医院名单和培训职位数,后更名为毕业后医学教育认可委员会(The Accreditation Council for Graduate Medical Education, ACGME)。

二是"统一管理型"。采取这一模式的主要是英国、澳大利亚和加拿大等英联邦国家。以加拿大为例,专科医师制度始于1929年皇家内科医师和外科医师学院的成立,其任务是统一承担普通内科学和普通外科学专科医师的培训,颁发合格证书。

三是“行政委托型”。此模式的典型代表为我国台湾地区。卫生行政部门负责制订训练医院认定标准、规定专科医师的训练课程纲要和甄审原则、复审专科医师资格和成绩,以及颁发专科医师证书。各专科医学会则接受“行政院卫生署”的委托,负责专科医师资格考试,并组织甄审委员会办理专科医师甄审的初审工作,并将申请甄审者的名册,连同甄审资格和成绩,报请“行政院卫生署”复审。

3. 经费筹措

关于专科医师培训经费的来源问题,国(境)外主要有两种意见和做法。一种意见认为,受训医师是专科医师的候选人,不是医院必要的人力,培养需要额外的成本,因此,受训医师需要承担部分培训费。例如加拿大,受训医师培训经费一部分由政府直接给予,一部分则由受训医师取出工资的1/5交给医院。另一种意见则认为,受训医师是通过直接诊疗照顾病人而获取专业知识和实践经验,而其担任的诊疗、照顾病人的工作也是不可缺少的,且教学医院的受训医师可能还承担着助教或讲师的角色,因此,培训费用应当由政府负担。持这一意见的包括美国、英国等多数国家及我国香港和台湾地区。

11.4.3 我国专科医师规范化培训的简要发展历史

我国专科医师培训工作起步较晚。2003年,卫生部、教育部和财政部启动了“建立我国专科医师培养和准入制度研究”,标志着我国专科医师培训工作的启动。

2004年,卫生部批准北京市卫生局开展专科医师培训工作试点,同年10月,卫生部科技教育司在湖南长沙召开全国专科医师/住院医师培养与准入研讨会,会议就我国“建立专科医师培养与准入制度”的可行性和必要性,以及住院医师规范化培训与专科医师培训的联系等问题达成了共识。2005年,卫生部成立毕业后医学教育委员会,负责专科医师培训工作的顶层设计以及指导、监督、检查和评估等工作;同年,卫生部组织了北京地区专科医师培训基地评审。2006年,卫生部办公厅下发《关于开展专科医师培训试点工作的通知》,在课题研究和北京试点的基础上,选择有条件的地区和单位扩大试点范围,探索建立适合我国国情的专科医师培养制度;同年组织专家对全国部分省(市、区)申报的专科医师培训基地进行了评审,并公布了全国12个省(市、区)89所医疗卫生单位的34个试点专科的1 100个基地作为全国开展专科医师培训工作的试点基地,培训基地绝大多数在医学院校的附属医院，招生规模为17 536人，其中普通专科12 045人，亚专科5 491人。2009年8月7日，于上海举行的“2009住院医师/专科医师培训高峰论坛”报告表明，我国专科医师培训试点的5年间，全国共有100家医院、1 112个培训基地参与实施。

11.4.4 我国专科医师规范化培训制度的设计

2013年12月，七部委《关于建立住院医师规范化培训制度的指导意见》的出台以及2014年2月，国家卫计委“建立国家住院医师规范化培训制度工作会议”的召开，标志着以“上海模式”为基础的、具有中国特色的住院医师规范化培训制度基本定型。

上海作为我国毕业后医学教育的急先锋，在创建住院医师规范化“上海模式”后，很快又投入到专科医师规范化培训的制度优化和实施中。2013年4月22日，上海市卫计委、上海市财政局、上海市教委联合颁布《上海市专科医师规范化培训实施办法(试行)》，确立了与住院医师规范化培训相衔接的专科医师规范化培训制度。

1. 培训专业

确定在卫生部规定的心血管内科、呼吸内科、消化内科、内分泌科、血液内科、肾脏内科、感染科、风湿免疫科、普通外科、骨科、心血管外科、胸外科、泌尿外科、整形外科、烧伤科、神经外科16个专科和肿瘤内科、肿瘤外科、肿瘤放疗科、老年医学科、妇产科、儿科、精神科、麻醉科8个专科开展专科医师规范化培训。

2. 培训实施

培训时间依据专业不同，1～4年不等。培训对象在培训医院的带教医师指导下，重点加强从事专科相关临床实践技能训练。培训考核合格者获得卫计委统一印制的《专科医师规范化培训合格证书》。

3. 培训基地

2013年7月30日，上海市卫计委印发《上海市专科医师规范化培训医院和师资管理办法(试行)》，明确：专科医师规范化培训在经认定的专科医师规范化培训医院(以下简称“培训医院”)内进行；对培训医院实行动态管理，每3～5年进行一次重新认定；培训医院的培训基地必须为博士点，国家重点学科、国家临床重点专科、上海市医学重点学科和领先学科、临床医学中心、临床专业质量控制中心的学科优先入选；临床带教医师应具有副高及以上专业技术职称，且各学科带教医师与专科受训医师比例不低于1∶2。应当说培训医院和培训基地的入门门槛是比较高的，能够保证培训的质量。

4. 培训计划

各培训医院在每年 9 月底前将下一年度拟招录培训对象报上海市毕业后医学教育委员会办公室。上海市毕业后医学教育委员会办公室根据全市专科医师需求和各培训医院带教能力，合理确定下一年度各培训医院专科医师招录计划。

5. 机制保障

一是质量保证机制。2013 年 7 月 30 日，上海市卫计委印发《上海市专科医师规范化培训考核管理办法(试行)》，明确实行形成性评价与终结性评价相结合的评价办法，形成性评价包括日常考核、出科考核和阶段考核(或年度考核)，终结性评价为结业综合考核，考核方式以客观评价应考专科医师的临床核心能力为原则，确保有效评价应考专科医师对培训内容掌握的深度和广度。从理论上讲，颁发国家统一的合格证书，理应有国家统一的结业考核，我们应当借鉴国际上的有益经验，探索建立全国统一的结业综合考核制度(如德国)，以确保培训的高质量及均等性。

二是学位对接机制。上海建立了专科医师培训与博士研究生培养相对接的机制，取得《专科医师规范化培训合格证书》，成绩优秀并符合申请学位条件者，可以向有关学位授予单位申请临床医学博士专业学位。

三是激励导向机制。上海市卫生行政部门在制订和修订专科设置标准、相关技术准入标准时将医院拥有专科医师数量等指标予以纳入，并将专科医师规范化培训开展情况作为上海市医院综合评价、医院等级评审、医学重点学科、临床医学中心评审的重要依据之一。将《专科医师规范化培训合格证书》作为晋升临床医学类高级专业技术职务任职资格的优先条件。

四是经费筹措机制。培训所需经费按照多元化投入的原则，由委派单位、培训医院和政府共同承担。政府投入主要用于教学管理、考核和综合辅助教学平台的建设，培训医院在绩效工资框架内，对专科医师规范化培训的带教师资予以合理补贴，考核发放。培训对象依法参加并享有养老、医疗、失业、生育、工伤、公积金等社会保障和相关福利待遇，其基本工资、绩效工资以及社会保障费用等均由劳动人事关系所在单位承担。

11.4.5 建立完善专科医师规范化培训制度需把握的重点环节

随着世界经济全球化和区域经济一体化的进程，医学技术交流和人员跨境流动越来越频繁，医学人才培养和准入标准国际化的趋势越来越明显。为了适应国际形势的发展，必须尽快建立和完善适合中国国情、符合国际惯例的专科医师培养和准入制度，使我国的医师培养理念、模式以及质量标准与国际接轨。在构建、实施专科医师规范化培训过程中，需把握好以下几个重点环节：

1. **要坚持全面系统配套**

随着专科医师规范化培训工作的不断深化、细化，妥善处理住院医师规范化培训与专科医师规范化培训之间的有序衔接，进一步理顺专科医师规范化培训和学位与研究生教育、收入分配、职称评定、福利待遇以及人事制度等之间的一系列关系，加强卫生、教育、人事、财政、社会保障等行政部门的政策联动与工作协调，迫在眉睫。如果专科医师培训的价值没有得到广泛的认同，如果培训合格的专科医师没有差异化的优势，则专科医师培训工作很难向纵深推进。在政策制订、实施和完善过程中，只有立足中国的国情，从顶层设计入手，坚持改革的全面、系统、配套，才能少走弯路，从根本上保证专科医师规范化培训工作的健康、协调、可持续发展。

2. **要加强成本效益控制**

如何科学、合理地确定各专科的规范化培训时间、计划和内容，如何确保培训规模与培训需求的匹配、培训成本与培训效益的匹配、培训人才与使用人才的匹配，需要决策层和管理层进行科学、精细的规划、论证。要充分发挥专业学会的决策咨询作用，既要做好培训方案的论证，又要做好培训需求的论证，确保本专科领域的人才供需平衡。要构建合理的培训成本分担机制，建立有效的资金筹措和运行机制，使承训者和受训者都没有后顾之忧，都能专心专注于培训工作。要严防训用脱节，确保培训对象在其本专科的执业范围内执业，培训结束后仍在其本专科领域工作。

3. **要夯实基地支撑能力**

培训基地是专科医师培训质量保证的关键所在。欧美等国家评价专科医师的质量，不是看其毕业的学校，而是看受训的医院或培训基地。要建立良好的培训基地运行与管理机制，坚持严格准入，定期考核，动态管理。要完善基地的投入建设机制，不断改善培训支撑条件，提升师资队伍的带教能力。要加强培训医院、培训基地之间的共建与合作，促进强强联合、优势互补，提高培训的质量与水平。

4. **要适时推行资格再认定**

获得专科医师资质只能表明该医师当前的专业水平，而不能证明他能始终根据需求，不断更新专业知识、提升专业技能和永久胜任工作。美国所有专科委员会颁发的证书都是“限期”证书，要求间隔一定的周期，必须进行资格再认定(recertification)，以维持专科医师的专业水准。不少发达国家以及我国的香港特别行政区、台湾地区也实行了资格再认定制度，关于再认定周期，各个国家和地区及各专业都有所不同。在美国，再认定的周期为7～10年，在我国台湾地区为3～6年，而我国香港特别行政区的各专科学会会员再认定周期多为3年。我国在专科医师规范化培训制度运行成熟定型后，应适时推行资格再认定制度，以促进专科医师的持续提升，确保我国的临床专科诊治水平。

第12章 继续医学教育管理

12.1 继续医学教育

继续医学教育(continuing medical education, CME)是医学教育三阶段连续统一体的重要组成部分，是卫生人力资源开发的重要手段，也是卫生人才队伍建设的重要内容，在推动医学科技进步、提升卫生服务能力、促进卫生事业可持续发展等方面发挥着重要作用。加强和改进继续医学教育管理，对于保证继续医学教育活动的有力、有效、有序开展，具有十分重要的意义。

12.1.1 继续医学教育的概念

继续医学教育是继毕业后医学教育之后，以学习新理论、新知识、新技术、新方法为主的一种终身教育。继续医学教育是医学教育体系的重要组成部分，是卫生技术人员适应卫生服务需求、提升职业素质、实现终身教育和职业发展的一项基本医学教育制度。开展继续医学教育，不仅是医学科技进步和卫生事业发展的时代要求，也是每一个卫生人员提高自身竞争实力、跟上时代发展步伐的现实需要。参加继续医学教育是卫生人员应享有的权利，也是岗位职责所系，必须履行的义务。

12.1.2 继续医学教育的提供者

各国提供继续医学教育的组织有很大差别，但多数国家把政府、医学会、医学院校和其他行业组织作为继续医学教育的主要提供者。也有许多继续医学教育的提供者不属于医疗行业，如出版/教育公司、赢利性卫生保健公司、制药/医疗技术企业、保险公司/管理公司等。

12.1.3 继续医学教育的对象与内容

继续医学教育以服务需求为导向，以岗位职责为依据，以胜任能力为核心，以个人的实际素质能力为基础，通过适宜方式，分专业分层次对各级各类卫生技术人员实施针对性的业务技术培训。

初级人员以本专业为重点，兼顾相关专业，着重加强基本实践技能和相关基本知识培训，培养独立正确处理本专业常见问题的能力，规范履职行为；中级及以上人员着重加强新理论、新知识、新技术、新方法的学习，加强教学科研相关知识技能培训，巩固和提高正确处理复杂疑难问题的专业技术能力；对其中的潜在创新人才和潜在学科领军人才，强化针对性培养培训；具有高级专业技术职务的卫生技术人员应当掌握本专业前沿动态和发展趋势。在达到本专业本层次基本要求的基础上，根据工作需要，鼓励选修其他相关学科的有关内容，推进学科交叉融合和复合型人才培养。根据重大卫生工作、突发卫生事件的紧迫需求，及时组织卫生技术人员进行相关专题培训。

继续医学教育的内容要突出先进性、针对性和实用性，不仅注重卫生人员理论知识、创新精神、实践技能、科研思维等专业能力的培养，还要注重医德医风、职业道德、医学伦理、人际沟通、团队合作等职业素养的培育，倾力造就既有精湛医术，又有高尚医德的高素质卫生人才。

12.1.4 继续医学教育的形式

继续医学教育应坚持统筹规划、分类组织、按需施教、讲求实效的原则，根据学习对象、学习条件、学习内容等具体情况，以短期培训和业余学习为主，灵活采用培训班、进修班、研修班、讲习班、学术讲座、学术会议、访学交流，以及有计划、有组织、有考核的自学等多种方式。为同行继续医学教育提供教学培训、学术报告以及发表论文、出版著作、考察调研等，亦应视为参加继续医学教育。

应鼓励有计划可验证的自学，广泛深入开展与本单位本科室本岗位业务教学科研工作紧密结合的团队学习，并将其作为继续医学教育的基础方式予以普及和完善。较大规模的集中脱产培训原则上以短期为主，优先在本区（县）、本市范围内安排实施，并切实提高培训质量和水平；跨省（区、市）和全国性的培训活动，其内容应当具有鲜明的科学性、先进性、战略性和可推广性；应根据实际工作需要，有计划地选派和组织相关专业的人员参加系统的脱产进修，重点加强各类急需紧缺医学人才进修培训。要积极探索符合农村基层特别是边远贫困地区农村基层实际的继续医学教育方式，增强培训的针对性、实用性、便捷性和有效性。鼓励符合条件的卫生技术人员参加国外境外交流。

12.1.5　实施继续医学教育应遵循的原则

1. 全面性原则

应坚持全员培训，将各级各类卫生人员纳入继续医学教育范畴，保证继续医学教育的覆盖面；应坚持全岗位培训，以岗位职责为基础，面向各个专业、各个岗位开展针对性的培训；应坚持全要素培训，培训科目和内容应涵盖公需、基础、专业和综合，囊括医德医风、医学伦理、卫生法律、理论进展、专科技术、公共卫生、卫生应急等所有要素。

2. 实践性原则

医学是一门实践科学，专科技术的训练和实践，始终是继续医学教育的重要内容，也是提升卫生人员岗位胜任力的重要途径，在注重观摩演示、实际操作的同时，要探索更加科学、系统和较少依赖病人的技能培训模式，致力于创设一个环境逼真、设施完备、流程规范的仿真教学环境，着力加强模拟训练与考核，不断提高卫生技术人员的操作技能。

3. 前瞻性原则

“新”是继续医学教育的关键特征，无论是理论传授、还是知识普及，无论是方法训练、还是技术实践，都要着眼一个“新”字。尤其是国家级、省部级继续医学教育项目，要始终紧扣前瞻性，以提升医学创新能力和卫生技术水平为核心，加强重点领域、关键技术的教育培训，努力培养造就高素质创新人才和高技能实用人才。

4. 灵活性原则

要加强供需对接，推动继续医学教育的内容模块化、结构层次化、形式多样化、手段现代化建设，满足多元化的培训需求；要破解工学矛盾，鼓励发展多种形式的远程医学教育，加大培训资源的开发力度，拓展新兴媒体技术的应用，满足卫生人员，特别是边远艰苦地区和基层卫生人员的培训需求，实现人人可学、时时可学、处处可学；要创新培训模式，积极探索继续医学教育的新途径，使继续医学教育的形式更加灵活、手段更加丰富、互动更加热烈、交流更加便捷。

12.2　中国继续医学教育的发展历程

继续医学教育始于20世纪20～30年代的欧美等国，50年代后得到迅速发展。20世纪70年代末80年代初，继续医学教育的概念开始引入我国后，经过30余年的探索实践，我国已经基本建立起具有中国特色的继续医学教育制度。回顾中国继续医学教育的发展历程，大致可以分为四个发展阶段。

12.2.1 第一阶段：进修教育为主的萌芽期(1949～1978年)

这个阶段，卫生人员的"继续医学教育"以进修为主要形式。进修原则为做什么、学什么，缺什么、补什么。通过进修，卫生人员的政策水平、业务能力得以提升，在防病治病、技术推广等方面发挥了积极作用。但这种补课性培训，起点比较低，系统性不强，不够规范，也未形成制度，所以还不是真正意义上的继续医学教育。

12.2.2 第二阶段：继续医学教育探索试点期(1978～1991年)

1978年，中国引入继续医学教育概念，开始继续医学教育的探索实践。1986年，浙江医科大学和杭州市率先启动继续医学教育试点，之后中华医学会成立继续医学教育委员会，并设具体办事机构——继续教育部。1988年，杭州召开第一次继续医学教育研讨会，并起草了继续医学教育的相应法规。1989年，浙江省成立第一届继续医学教育委员会。1990年，卫生部起草修改了《继续医学教育条例》，并在吉林省长春市召开了全国继续医学教育研讨会。

12.2.3 第三阶段：中国继续医学教育制度建立形成期(1991～2000年)

1991年，卫生部制订并颁发了我国继续医学教育的第一部法规性文件——《继续医学教育暂行规定》，标志我国继续医学教育工作迈向正规化、制度化，对我国继续医学教育工作起到了积极的指导和推动作用。随后继续医学教育试点工作扩大到天津、上海、河北、陕西、江西、福建、河南、广西、内蒙古、四川、云南等11个省市，为我国继续医学教育规范化建设奠定了基础。1995年，人事部颁发《全国专业技术人员继续教育暂行规定》，为继续医学教育的发展提供了重要遵循。1996年，《卫生部继续医学教育委员会章程》颁布，成立继续医学教育委员会和学科专家组，确立了中国继续医学教育的管理机构；并颁布了《继续医学教育项目申报、认可试行办法》、《继续医学教育学分授予试行办法》。又于1997年12月，颁布《继续护理学教育试行办法》、《继续药学教育试行办法》；1999年1月颁布《公共卫生与预防医学继续教育试行办法》。特别是第一个继续医学教育五年规划——《继续医学教育"九五"计划》的颁布，标志着我国继续医学教育制度基本建立。

12.2.4 第四阶段：中国继续医学教育全面发展期(2000年至今)

这个阶段，我国对继续医学教育的发展目标、内容和形式、方法和手段、组织管理等方面的经验进行了系统总结，加强了检查评估，提高了质量效益，使我国的继续医学教育建立形成了层次清晰、运转灵活组织管理体系。2000年12月，人事部、卫生部成立了全国继续医学教育委员会，以指导、协调、监控全国继续医学教育工作；制定颁布了《继续医学教育规定(试行)》，使继续医学教育的培训和使用有机地结合起来，调动了广大卫生技术人员参加继续医学教育的积极性，该规定成为我国继续医学教育管理的根本性指导文件。通过国家级继续医学教育项目、卫生部适宜技术推广项目、国家级继续医学教育基地遴选建设、远程医学教育等工作，我国的继续医学教育工作得到了全面、快速的发展。

应该说，经过多年的探索与实践，我国已经基本建立起具有中国特色的继续医学教育制度。继续医学教育在行业内得到普遍认同，成为卫生技术人员在职业生涯中不断发展职业能力的重要途径，成为各级卫生管理部门推进卫生人力资源开发、卫生人才培养和队伍建设的重要抓手，成为各级医疗卫生单位增强核心竞争力、服务人民健康的重要保障。

12.3 中国继续医学教育制度

12.3.1 中国继续医学教育制度的概要内容

1. 管理体制

继续医学教育工作由各级卫生、人事行政部门负责规划、组织和领导，打破医疗机构的行政隶属关系和所有制界限，实行全行业管理。全国和各省(自治区、直辖市)继续医学教育委员会是指导、协调和质量监控的组织。各高等医学院校、医疗卫生单位和学术团体把开展继续医学教育作为一项重要任务。

2. 法规制度

2000年，卫生部、人事部共同颁布的《继续医学教育规定(试行)》，明确了我国继续医学教育的组织管理、形式内容、考核评估、激励约束机制等，是我国开展继续医学教育的主要法规依据。先后颁布的《继续医学教育学分授予与管理办法》、《国家级继续医学教育项目申报、认可办法》、《国家级继续医学教育基地认可标准及管理试行办法》等制度，明确了项目申报审批、学分授予、项目管理、基地建设、评估考核、档案管理和远程教育管理等。各省(市、区)也结合本地情况,制定了相应的实施办法和规定。基本建立起系统完善、全面配套的法规制度体系,保证了继续医学教育的积极稳妥推进。

3. 项目管理

国家卫计委和省级卫生行政部门定期将认可的继续医学教育项目,按学科专业分类提前公布,供各地卫生技术人员选择参加。经审批认可的继续医学教育项目分为国家级和省级,全国继续医学教育委员会评审国家级继续医学教育项目,省级继续医学教育委员会负责评审省级继续医学教育项目。接受继续医学教育的卫生技术人员根据本人的实际情况和工作需要,选择参加与本人专业和岗位工作相关的继续医学教育活动。

1) 在继续医学教育的目标、任务上,一方面使卫生技术人员及时跟踪了解世界医学发展前沿和新进展,引进和吸收最新医学科技成果,另一方面,面向广大基层技术人员推广适宜技术,规范临床操作,提高知识水平和业务技术。

2) 在继续医学教育的专业、对象上,除临床医学专业外,还涵盖了相关医学、护理学、公共卫生与预防医学、药学等学科专业及相应专业技术人员。

3) 在继续医学教育的领域、内容上,不仅包括专业理论、前沿知识、方法技术,还包括医学人文、职业素养、伦理道德等,涉及的领域广泛、内容多元。

4) 在继续医学教育的考核、登记上,继续医学教育活动主办单位负责对参训人员进行考核,合格者,颁发学分证明;各单位负责审核本单位卫生技术人员每年参加继续医学教育活动的情况并登记获得的学分,建立继续医学教育档案。

4. 保障机制

(1) 学分管理机制　　继续医学教育实行学分制管理。卫生技术人员每年参加与本专业相关的继续医学教育活动所获得的学分数不低于25学分,其中Ⅰ类学分5～10学分,Ⅱ类学分不低于15～20学分。省(区、市)级医疗卫生单位、三级医院和一级防保机构的继续医学教育对象,五年内必须通过参加国家级继续医学教育项目获得10学分,且两类学分不可相互替代。

(2) 配套政策机制　　卫生技术人员接受继续医学教育的基本情况作为年度考核的重要内容,继续医学教育合格作为卫生技术人员聘任、技术职务晋升和执业再注册的必备条件之一。各单位开展继续医学教育工作的情况,作为对领导干部政绩考核的内容之一。通过挂钩机制,强化了继续医学教育的约束力与强制性,使国家、单位和个人的利益有机地结合起来,卫生技术人员不参加继续医学教育就不能继续执业,达不到继续教育的要求就不得晋升,使开展继续医学教育工作和参加继续教育活动成为医疗卫生单位和卫生技术人员的自觉行为，形成了有效的、适应我国卫生改革与发展的继续医学教育运行机制。

（3）经费筹措机制　　继续医学教育所需的经费，采取国家、集体和个人等多渠道筹集的办法解决。各级卫生行政部门将继续医学教育经费列入预算。各卫生单位保证一定的继续医学教育费用，并通过其他途径筹集资金。卫生技术人员本人也承担部分费用。举办继续医学教育活动可收取合理学习费用，但不以营利为目的。通过建立与社会主义市场经济相适应的经费筹措和保障机制，保证了继续医学教育工作的可持续发展。

12.3.2　中国继续医学教育工作中存在的常见问题

尽管我国的继续医学教育制度基本建立并逐步走向完善，取得了巨大的成就，积累了宝贵的经验，但与医药卫生体制改革和卫生事业发展对继续医学教育工作的要求，与不断增长的卫生服务需求还有较大差距，主要表现在以下五个方面：

1. 发展不够平衡

优质继续医学教育资源分布不够均衡，主要集中在东部沿海地区和大型城市，集中在高等医学院校和三级医院，基层特别是农村和城市社区的继续医学教育资源不足。受经济社会发展水平以及思想观念、文化背景、地区条件等的影响，继续医学教育工作发展不平衡，地区、城乡、学科、单位之间差异较大。一些地区虽然开展了继续医学教育活动，但继续医学教育的组织机构不健全，卫生技术人员的参与度不够广泛，中西部地区、农村、基层、边远贫困地区的继续医学教育亟待加强。在一些学科如全科医学等，继续医学教育活动相对较少。公共卫生、药学、护理学等学科的继续教育发展比较缓慢。

2. 落实不够严格

有的地区和单位把继续医学教育当作“软任务”，对其重要性认识不到位，特别是在落实配套政策机制方面不够严格，继续医学教育与卫生技术人员聘用、晋升、执业再注册等尚未密切挂钩，也没有作为领导干部任期目标考核的主要内容，经费投入不足或无专项经费，存在着工作开展和不开展一个样、继续医学教育活动参加和不参加一个样的情况，挫伤了卫生技术人员参加继续医学教育活动的积极性。

3. 项目不够精致

继续医学教育项目的设计、提炼、升华不够。有的缺乏新颖性，高、新、尖领域和前沿、进展性内容不多，缺乏创新的设计和项目的引领；有的缺少实用性，基础性、普及性、推广性内容不足，不能满足基层、农村及边远地区卫生技术人员对基础理论、基本知识和实用技术的渴求，没有起到应有的更新和普及理论、知识、技术的作用；有的缺乏针对性，由于受到各种条件的限制，对所有参加培训的学员统一教学，没有考虑不同年龄、学历、专业水平、工作年限、职称结构等的培训对象对于培训内容、形式、时间、教材、师资等要求的差异。

4. 组织不够灵活

继续医学教育活动的模式比较单一、形式不够丰富，不能很好地适应广大卫生技术人员多层次、多样化和个性化的学习需求，尚未凸显继续医学教育的性质和特点。方法仍以办班为主，局限于传统的讲授式教学模式，远程教育技术、模拟仿真技术等现代科技手段还没有得到广泛应用，不能很好地适应在职、在岗和农村基层及边远地区卫生技术人员就近、就便的学习需求。

5. 监管不够有力

一些地方和单位继续医学教育考核、登记和评估制度不够完善，执行不够严格；继续医学教育有关机构和学科专家组的作用没有得到充分发挥。部分地区、单位、学术团体存在着乱办班、乱收费、乱发证、乱授学分等现象；有的举办单位随意更改项目内容，随意压减培训时间，培训工作水分多，质量低；有的卫生技术人员不考虑专业是否对口，只为拿学分而学习，甚至出现付费买证书、买学分等现象。这些现象损害了继续医学教育的形象，阻碍了工作的健康发展，要切实加强监管，凡涉及者，一经查实，应严肃处理。

12.3.3 推进中国继续医学教育发展需关注的环节

继续医学教育工作的政策性强、涉及面广、协调难度大，在推进建设与发展过程中，需要重点关注下述三个层面的问题。

1. 转变思想、更新观念是关键

观念决定行动，思路决定出路。推进继续医学教育发展，关键取决于各级领导和广大卫生技术人员对继续医学教育地位和重要性的认识。要树立内涵发展的思想，切实把继续医学教育工作摆在卫生和教育事业发展的重要位置上，注重研究新情况、应对新形势、发现新问题、破解新矛盾，理顺组织管理、制度建设、经费投入等方面的关系，使继续医学教育工作不断适应新形势下卫生技术人员学习提高的需求。要强化终身教育的理念，充分认识继续医学教育是提高人才队伍素质和卫生服务水平的有效途径，不断创新管理方法、革新管理手段，促进继续医学教育的持续改进，真正调动起卫生技术人员参加继续医学教育的积极性，并使其转变为自觉行动。

2. 深化改革、确保质量是根本

继续医学教育关系着卫生人员技术水平和服务质量的提高，关系着医疗机构和卫生事业的发展，必须始终把质量作为生命线，聚焦质量这个永恒的主题，深化教育改革，创新教育模式，拓展国际合作、国内交流，促进横向联合、纵向整合，推动资源开发、资讯共享，为广大卫生技术人员提供更丰富的学习机会、更多元的学习途径、更便捷的学习方式、更优越的学习条件；要深化管理改革，创新管理机制，调动和激发高等学校、学术团体、科研院所、医药企业及广大卫生技术人员广泛参与的积极性，着力构建左右协同、上下联动，丰富多彩、生动活泼的继续医学教育体系。

3. 强化法治、规范管理是保障

经过30余年的探索实践，我国继续医学教育的规范化、法制化建设迈出了坚实步伐，并已经建立起比较完善的组织机构和管理体系，形成了比较系统的法规制度和配套政策，在指导和推动继续医学教育方面发挥了重要的作用。在继续医学教育的管理中，要切实强化法治思维，运用法治方式深化改革、推动发展、化解矛盾，严格项目审批、严肃举办过程、严密考核环节、严谨发放证书，加强继续医学教育规划计划、申报评审、组织实施等全流程管理和质量控制，落实继续医学教育与卫生技术人员执业、任职、晋升、聘任、考核等相结合的政策，与领导干部任期目标考评相结合的政策，营造规范、有序的继续医学教育政策环境。

12.3.4 中国继续医学教育的发展展望

当前，我国的继续医学教育既面临着前所未有的战略机遇，也面临着改革发展的严峻挑战，深化医药卫生体制改革、建立覆盖全民的医疗保障制度，建设人力资源强国、构建学习型社会，对继续医学教育提出了新的更高的要求。继续医学教育工作将在新的历史起点上，创新转型，优化完善，掀开新的华彩篇章，并呈现出下述发展趋势。

1. 催化剂特征将更加凸显

2003年，世界医学教育联合会（WFME）召开的主题为“医学教育的全球标准：为了更好的健康服务”的世界大会上，首次正式提出了继续职业发展（continuing professional developing，CPD）的理念，CPD强调执业医师通过主动学习和自我完善，提高适应岗位需求的职业能力，进而提升医疗卫生质量，满足患者和卫生保健服务发展的需要，这是对继续医学教育的创新与发展。继续医学教育作为一种动态的教育制度，将成为卫生技术人员职业发展的催化剂，以持续的支持过程来开发卫生技术人员的潜能，使他们获得终身职业发展所需的知识、技能、态度和价值，并在任何情况和环境中有信心、有创造性和愉快地应用它们；将成为医疗机构转型升级的催化剂，促进诊疗技术、科学研究、学科内涵等的提升，不断增强核心竞争力。

2. 法治化特征将更加凸显

利用立法手段保障和推动继续医学教育可持续发展，是许多国家和地区的普遍做法和共同经验。为了适应新的形势和要求，我国将在借鉴国际有益做法和成功经验的基础上，加快继续医学教育法制化进程，不断完善各级各类相关法律法规。法制化建设的重点将集中在督促继续医学教育知识产权保护、监控继续医学教育质量、规范商业赞助行为等方面。此外，还将加强继续医学教育法制管理，通过成立继续教育法规检查组织，定期检查法规执行情况，切实保障继续医学教育的质量。

3. 针对性特征将更加凸显

我国幅员辽阔，经济社会、卫生事业、医学教育发展的地区差异大、城乡差异大，继续医学教育担负着提高与普及的双重任务。为此，我国的继续医学教育将进一步强化需求导向，根据不同地区、不同类型、不同专业、不同层次的差异化需求，突出教育的针对性，既面向高端，追踪医学前沿，提供最新进展和尖端技术，培养学术骨干和学科带头人；又积极面向基层，推广普及适用理论、适宜方法和实用技能，让广大农村和城市社区基层卫生技术人员尽享医学发展成果。

4. 信息化特征将更加凸显

随着科学技术的发展，越来越多的卫生人员将倾向于使用现代信息技术手段来获取医学信息。相应地，继续医学教育提供者也必将积极地在教育活动中开发、使用和推广新兴技术，比如开发网络在线继续医学教育课程，通过短信、微信、微博等方式传播医学信息，借助社交网络等新媒体开展教育活动等，特别是慕课(MOOC)、教育云等的兴起，必将以其跨越时空、信息海量、交互便捷、进程可控以及可及性强、覆盖面广等优势，极大改变未来继续医学教育的模式，信息化的教学平台、多样化的媒体资源、个性化的学习方式将为广大卫生技术人员提供更方便、更灵活、更快捷的教育服务，学习也将呈现出现虚拟社区化、学习碎片化、终端移动化等趋势，使更多的卫生技术人员，特别是农村基层卫生技术人员能够就近、就便地参加继续医学教育的学习。同时，现代信息技术的应用，将极大提升继续医学教育管理的科学化、规范化、精细化水平。

5. 国际化特征将更加凸显

我国继续医学教育将以敏锐的世界眼光、长远的战略思维、自信的开放心态，积极开展国际交流与合作，借鉴国际继续医学教育的新理念、新方法、新经验，吸纳国际医学科技发展新进展、新成果、新思路，在本土化过程中，不断优化继续医学教育的模式，充实继续医学教育的内容，拓展继续医学教育的手段，使国际化特征在继续医学教育的全过程、全要素上都得到充分的彰显，并致力于向世界提供中国理念、中国经验、中国创造，在国际舞台上，展示大国的继续医学教育形象、实力和水平。同时，国际间的继续医学教育学分互认也将成为重要的发展方向。

12.4 远程继续医学教育

随着卫星通信技术、计算机网络技术、多媒体技术等现代信息技术的发展，作为继续医学教育的新形式，远程医学教育以其可及性强、覆盖面广、不受时空限制以及方便、灵活、快捷等特点，逐渐成为继续医学教育的重要手段和信息化时代继续医学教育的重要途径。

12.4.1 远程继续医学教育的概念、特点和任务

远程继续医学教育(distance continuing medical education, DCME)是现代信息技术与继续医学教育相结合而产生的一种新兴医学教育手段。远程继续医学教育具有高度的开放性、良好的交互性、彻底的自主性、广阔的覆盖性、形式的多样性以及传递的高效性等特点，在与举办培训班、研讨会、学术讲座以及外出进修等传统继续医学教育形式的角逐中，优势凸显，并逐渐崭露头角，是对继续医学教育观念、体制、模式的全新变革。远程继续医学教育的主要任务是着眼提升卫生人员的岗位服务能力，以发展岗位胜任力为核心，使卫生人员借助远程教育技术平台，不断更新理论、知识和技能，以适应卫生事业的发展和卫生服务模式的转变，同时提升信息技术素养，学会终身学习。

12.4.2 中国远程继续医学教育的发展历程和现实意义

1. 中国远程教育的发展

远程教育技术经过了从传统印刷技术、早期视听技术，到单向传输为主的电子信息通信技术，以及目前的双向交互电子信息通信技术的发展过程，伴随着远程教育技术的发展，我国的远程教育发展大致可以划分为三代：第一代是20世纪70年代开始的以纸张印刷为载体的函授教育；第二代是80

年代兴起的以传播声音和图像为主要形式的广播电视教育；第三代是90年代以来伴随信息技术发展的以计算机及网络多媒体技术为支持的现代远程教育。未来远程教育还将继续在教育技术、教育理论、医学科技等的交互作用下，不断催生出新的方法、手段和模式。

2. 中国远程继续医学教育的发展历程

作为现代远程教育的组成部分，中国远程继续医学教育的发展也经历了三个时期。

(1) 酝酿阶段(1995～2000年)　卫生部自1995年开始研究如何用最先进的科学技术为医学教育服务，经过反复调研论证，认为开展远程教育不仅是提高在职卫生技术人员的素质和技术水平的有效途径之一，也是建立终身教育体制的重要方法之一，是我国医学教育的重要组成部分，是开展继续医学教育的重要手段。1999年1月，国务院批转教育部《面向21世纪教育振兴行动计划》，正式启动“现代远程教育工程”，有力促进了各个领域的远程教育。

(2) 试点阶段(2000～2008年)　2000年12月29日，《卫生部关于在职卫生技术人员开展远程医学教育的意见》出台，对远程医学教育的对象内容、组织管理、网络建设、教学管理、教学评估等提出了指导性意见；与此同时，卫生部办公厅下发了《远程医学教育教学站和网站管理暂行规定》和《远程继续医学教育教学管理暂行规定》，标志着我国远程继续医学教育进入试点阶段；同时，卫生部认可“卫星卫生科技教育网”(简称“双卫网”)开展远程医学教育试点。2001年4月23日，卫生部远程医学教育中心成立，以“双卫网”作为开展远程医学教育的指定网络，其主要工作职责是：负责开展全国远程医学教育教学活动；拟订远程医学教学站、网站的技术标准、条件；完成国家级远程医学教育站的各项任务；受卫生部委托对省级教学站的教学活动、教学质量进行评估、检查和督导。2001年6月22日，卫生部科教司批准浙江、江苏、河北、湖南省，深圳、重庆、北京市，新疆维吾尔自治区卫生厅(局)及哈尔滨医科大学为远程医学教育2001年应用试点单位。从2002年开始，经卫生部科教司批准，北京双卫医学技术培训中心(“双卫网”)、北京健康在线技术开发有限公司(“好医生网”)、北京集强口腔医学网络科技有限公司(“中华医学口腔网”)、复旦大学附属中山医院远程医学中心、北京大学医学网络教育学院和四川大学华西远程医学中心等6家机构开展国家级远程继续医学教育项目，参加学习的学员可以获得Ⅰ类继续医学教育学分。2005年10月，中国高等教育学会医学教育专业委员会医学远程教育研究会(简称医学远程教育分会)在北京成立，推动了远程继续医学教育的研讨与交流。在不断为卫生人员创造远程学习机会的同时，卫生部也加强了对远程继续医学教育的管理，开展了远程继续医学教育机构的评审和评估。2005 年，全国继续医学教育委员会开始网上申报、网上评审和管理国家级继续医学教育项目。2006 年 5 月，下发《卫生部办公厅关于开展远程医学教育机构继续医学教育评估的通知》，包括《卫生部远程医学教育机构（卫星）继续医学教育评估指标体系（试行）》、《卫生部远程医学教育机构（网络）继续医学教育评估指标体系（试行）》、《卫生部远程医学教育机构继续医学教育评估方案》、《卫生部远程医学教育机构继续医学教育评估工作用表（试行）》等文件；同年 12 月，卫生部科教司组织有关专家对“双卫网”和“好医生网”开展的远程继续医学教育工作进行了评估；2007 年 9 月，对北京大学医学网络教育学院进行了评审；2008 年 4 月，对复旦大学中山医院的远程继续医学教育试点工作进行了评审；2008 年 10 月，对四川大学华西远程医学中心进行了评审。

（3）发展阶段（2009 年至今）　经过 8 年的远程医学继续教育试点，我国基本建立起具有中国特色的远程继续医学教育体系和管理制度，进入了一个规范、快速、有序的发展阶段。全国继续医学教育委员会和各省（区、市）继续医学教育委员会陆续批准符合资质的单位开展远程继续医学教育，着力健全远程继续医学教育的标准和制度体系，发展多功能、高效率、方便适用的信息管理与传输体系，充分利用现代信息技术手段，研发网上数字化课程、课件和立体化教材，形成了涵盖不同层次、不同专业内容的培训项目体系，综合培训、定制培训、专项培训等各具特色的多元化培训项目，为卫生人员提供了更多更好的远程继续医学教育培训资源和教学服务。

3. 中国发展远程继续医学教育的重大现实意义

我国是发展中国家，在教育经费相对紧张、优质教育资源分布不均衡的情况下，远程继续医学教育无疑是一种充分利用优质教学资源，在较短时间内以较大规模、较少投入改变我国边远地区和广大农村卫生技术人员素质的有效途径。远程继续医学教育解决了基层卫生技术人员的工学矛盾，节省了时间和经费，满足了卫生技术人员对继续医学教育的个性化学习需求，已经成为卫生技术人员终身学习的一种重要方式。

12.4.3　中国远程继续医学教育的技术平台

目前，我国远程继续医学教育的技术平台主要有两种。

1. 基于卫星网的交互式远程演播系统（天网）

在主办地点建立地面卫星双向站、视频会议系统、卫星演播系统和远程多媒体教室，并在下属各学习中心建立卫星接收设施和学习基础设施，以

"双卫网"为典型代表。其优势是通过卫星直播传递教育信息,实现快速、高效的音频和视频信息传送。

2. 基于因特网的远程教育平台(地网)

主要是通过建设远程继续医学教育网站,开发符合因特网特点的教学平台、课程中心和教学管理系统,提供远程继续医学教育服务,以"好医生网"为典型代表。这也是目前远程医学继续医学教育的主要形式。

两种远程继续医学教育形式各有优缺点,融合使用两种方式,可以实现优势互补,更好地满足不同地区和层次卫生技术人员接受继续教育的需要。

12.4.4 中国远程继续医学教育的管理与组织构架

我国远程继续医学教育实行行业管理,在卫生行政部门的领导和继续医学教育委员会的指导下,由具有举办资格的远程医学教育教学站和网站负责实施远程继续医学教育管理与教学活动。国家、地方继续医学教育委员会组成二级管理架构。全国继续医学教育委员会负责远程继续医学教育的制度建立、规划制订、督导检查和资格审批。地方各级继续医学教育委员会依据上一级政策制度,组织制订本地区远程继续医学教育规划、实施细则,协调、督导、检查本地区的远程继续医学教育工作,负责审批和管理当地的教学站。

12.4.5 实施远程继续医学教育应把握的关键问题

1. 教学资源的开发

继续医学教育的对象来自不同层级的医疗机构,其服务的人群不同,培养目标也因此有所差别,在教学资源开发时,要针对不同层次学员的学习需求,使之符合不同的培养目标要求。课程内容的编排要考虑学习者的年龄特点、认知结构和心理特征,建立在他们已有一定理论知识和实践经验的基础之上;在保证教学内容完整性和系统性的同时,要突出重点、聚焦难点,合理运用图像、文字、动画、音频和视频等多种媒体,化抽象为直观、变枯燥为有趣;要因地制宜、按需施教,突出地区特色,增加针对性强的实用内容和适宜技术。

2. 技术环境的保障

远程继续医学教育是以远程教育技术为依托的,技术环境对教育质量的影响很大。在技术环境建设上,要大力发展基于卫星网络通信和互联网络通信的智能媒体终端,集成视频点播、实时直播、智能下载、频道定制、同步异步交互、网上测试评估等功能。互联网带宽资源有限的地区,要利用卫星链路提供实时、双向的远程教学，确保远程继续医学教育的可靠性。互联网发达的地区，要利用新兴媒体技术，以学习者为中心，发展“讲、学、练、考、辅”一体化教学平台，提供视频公开课、资源共享课、电子期刊库以及在线辅导、网上讨论、远程考试等支持服务。

3. 教学质量的控制

远程继续医学教育是一种开放型教育，采取以学生自主学习为主、教师辅导为辅的教学模式，需要学生具有很强的自律性，他们能否主动地学习、能否认真地对待课程，是影响教学质量的关键因素。因此，要利用现代信息技术手段，构建基于网络的教务管理信息系统、基于学习平台的考勤系统、考核系统，坚持远程教育与集中面授、现场操作与辅导答疑等相结合，实现从项目计划、学籍注册、学习过程、技能训练、学业考试、学分查询等的全流程质量管控。还要重视学生信息反馈和海量后台学习数据的分析，促进资源建设、技术服务、项目管理等的持续改进。要严格远程继续医学教育资质认证，健全违规退出机制，保证教育质量。

第13章 医学教育研究及管理

13.1 医学教育研究概述及历史

近年来，随着医学教育改革的深入，医学教育研究也得到了迅速的发展。2010年12月，“21世纪全球医学卫生教育专家委员会”发表了倡导以系统为中心(systems based)的“第三代医学教育改革”的报告。在医学教育改革进入新阶段以及医学教育国际化、全球化形势的背景下，医学教育研究也日益受到重视。医学教育研究涉及内容广泛，包括医学教育体制、教学模式、课程体系、教学内容、教学方法等方面的研究及实践。目的是通过这些研究，揭示医学教育的特殊规律，提炼一般医学教育原理，丰富高等医学教育理论，完善高等医学教育理论体系建设；寻找有效的高等医学教育内容、方法、路径，促进高等医学教育活动实践，提高医学教育质量，培养更多优秀的医学人才；锻炼和培养教师队伍，更新教师的知识水平，提高教师的专业素养和科研能力，提供医学教育改革的实践经验，促进高等医学教育的深入改革和发展。

就全世界来说，医学教育研究至今仍然是一个比较年轻的学术领域。它是20世纪50年代以后，在科学技术突飞猛进以及人民群众对医疗卫生资源和服务的要求日益增高的形势下，随着国际范围内医学教育改革的兴起而逐渐发展起来的。美国是开展医学教育研究比较早的国家之一，至今已有69年的历史。同美国相比，我国的医学教育研究工作起步晚了20～30年，在相当长时期内是比较薄弱的。这种状况直到党的十一届三中全会以后，随着高等教育研究工作的开展，才逐步有所好转。经过多年的努力，我国的医学教育国际化进程正在不断加速，医学教育水平和医学人才培养质量得以不断提高。

毫无疑问，医学教育改革具有很强的政策性，但同时又是一项巨大的科学研究工作。在教学改革中，更好地开展医学教育研究工作，可以为改革提供科学的依据，指导改革健康深入发展。近年来，我国医学教育界先后引进了各种教育测量学，丰富了我国医学教育的研究方法，促进了医学教育研究工作的开展。

13.2 医学教育研究的类型

医学教育是一项既涉及自然科学、人文科学和医学科学，又涉及社会政治、社会经济和社会文化的工作，这就决定了医学教育不仅具有研究范围和对象的广泛性，而且具有研究方法的多样性，因此专家对医学教育研究分类方法的意见也不尽一致。一般认为，医学教育研究是以发现问题、提出问题为起点，以解决问题并提出新的问题为终点的一个理性的探究过程，其研究对象是"医学教育问题"。医学教育的问题是错综复杂的，对这些问题可以从不同的角度、应用不同的方法进行研究。由于研究的角度、层次和方法，以及涉及的问题不同，就形成了不同的医学教育研究类型。经常采用的分类方法有以下三种。

13.2.1 基础研究和应用研究

按照研究的性质可以分为基础研究和应用研究。

基础研究也称为理论研究，是为了揭示医学教育活动本身的固有原理、原则和普遍规律。这类研究旨在认识世界，增加科学知识本身，是为了满足人们"求知"的需要，不强调研究成果近期的实际应用，注重的是研究成果的长远效益。例如，在实验室条件下进行医学生学习的实验研究，研究通过图形、视频以及语言等不同方式呈现某一学习材料时，会产生什么不同的结果，以分析影响学生学习的因素，其目的只是为了增加人们关于医学生学习影响因素方面的知识，而不是为了解决具体的问题，属于基础研究。

应用研究则是为了解决医学教育中具体的、现实的问题，具有很强的针对性。它是将基础研究中所获得的原理、原则，或揭示的规律应用于教育实践活动，以指导或改进教育实践活动，提高教育实践活动的有效性和合理性。例如，对某校学生进行调查，了解采用新的教学方法后，学生的学习体验、意见和建议，其研究结果可用于改进教学方法，属于应用研究。

13.2.2 定量研究与定性研究

根据研究所采取的一般方法可以分为定量研究和定性研究。

定量研究是指确定事物某方面量的规定性的科学研究，就是将问题与现象用数量来表示，进而去分析、考验、解释，从而获得意义的研究方法和过程。定量研究通过对研究对象的特征按某种标准作量的比较来测定对象特征数值,或求出某些因素间的量的变化规律。定量研究是比较注重研究设计的,定量研究设计的主要方法有调查法、相关法和实验法。

定性研究是根据社会现象或事物所具有的属性和在运动中的矛盾变化,从事物的内在规定性来研究事物的一种方法或角度。进行定性研究,要依据一定的理论与经验,直接抓住事物特征的主要方面,将同质性在数量上的差异暂时略去。它以普遍承认的公理、一套演绎逻辑和大量的历史事实为分析基础,从事物的矛盾性出发,描述、阐释所研究的事物。定性研究主要有思辨研究和质性研究。

定量研究与定性研究在研究目标、对象及方法上都存在着明显的区别。研究目标上,定量研究重视预测控制,而定性研究重视对意义的理解。研究对象上,定量研究强调事实的客观实在性,而定性研究强调对象的主观意向性。研究方法上,定量研究注重经验证实,而定性研究注重解释建构;定量研究主要运用经验测量、统计分析和建立模型等方法,定性研究则主要运用逻辑推理、历史比较等方法。结论表述形式上,定量研究主要以数据、模式、图形等来表达,定性研究结论多以文字描述为主。

由于教育活动是一种复杂的人文现象,以自然科学的态度来对待教育,以自然科学所特有的方法来把握教育这种人文现象,使对教育活动的描述达到数学化和精确化,很容易造成曲解,很难揭示教育现象的独特性和本质性。因此,用定量研究方法来研究教育,其局限性是显而易见的。运用定性研究方法,有利于从整体上把握教育活动,也有利于对教育现象作比较全面和正确的认识。但是定性研究对研究者的要求过高,且需要投入的时间和资金较多,而且定性研究也存在主观性。定量研究和定性研究都有各自的优势与局限性,单独运用其中一种方法都无法解释和回答所有的问题,因此,在医学教育研究中,应将两种方法结合起来,取长补短,才能更全面地满足医学教育科研的需要。

13.2.3 描述研究、分析研究和规范研究

根据研究的目的可以分为描述研究、分析研究和规范研究。

描述研究是对事实进行描述,通过研究者的观察,然后把观察到的事物或现象描述出来。它解决的是“谁”、“什么时候”、“在哪里”、“做什么”、“做了多少”等问题。例如,要探讨某医院医学生在病房实习的典型生活是怎样的,我们就可以选择该医院的几名有典型意义的实习医生,对他们在病房实习的情况进行为期一年的考察,与学生和带教老师进行面谈,记录实习生在

病房实习的情况，在此基础上对这些实习生的病房实习生活进行描述和解释。

分析研究是在描述研究的基础上，在清楚描述现象和事件后，深入探讨现象和事件背后的关系和规律。它解决的是"为什么"、"怎么样"的问题。例如，要研究 PBL 教学对医学生学习成绩的影响，我们可以随机选择两组学生，一组采用 PBL 教学法，另一组采用传统教学法，并尽可能使这两组学生在其他方面的条件尽可能相似，经过一段时间的教学后，测量两组学生的学习成绩，然后分析 PBL 教学对学生学习成绩的影响。

规范研究是在描述研究和分析研究的基础上，对问题和情况进行全面了解和诊断分析之后，提出一个解决方案。它解决的是"怎么办"的问题。例如，对学生学习激励机制、教师专业发展模式改革等问题的规范研究，就是需要研究者提出一个合理的方案。

13.3 医学教育研究的基本环节

医学教育研究是一个系统的、有序的过程，通常包括以下几个步骤。

13.3.1 研究问题的提出

选择问题是科学研究的起点，也是研究成功的关键。研究问题确定之后，就确定了研究的目标和方向。

1. 选题的来源

医学教育研究问题的来源很多，可通过以下方面进行选择。

(1) 从医学教育实践中发现问题　医学教育研究最主要的任务就是解决教育实际工作中存在的问题。当前我国医学教育正处于改革转型时期，有许多问题需要我们去研究。例如，课程体系、教学内容是否有利于培养医学生的岗位胜任力；教学模式、教学策略和教学方法是否有利于培养学生的创新能力和批判性思维；课堂教学的过程是否能引起学生的兴趣；实现教学目标的最佳途径是什么；如何对学生的学习业绩进行评价等。这些问题都是日常教学工作中经常遇到的问题，也是需要解决的问题，需要研究者自己在教学工作中积极实践，进行深入调查，产生相应的研究问题。

(2) 从过去的研究成果中发现问题　医学教育具有很强的实践性，影响因素众多。对医学教育问题的研究是一个长期的过程，所有的研究都只是解决某一阶段的问题，一旦形势发生变化，就会出现新的问题。从过去的研究成果中，我们可以得到很多启发，发现新的有价值的研究问题。同时，医学教育问题的研究也是不断深入的过程，有些问题并不能在某一阶段完全解决，往往在回答问题的同时，又会发现新的问题。有些研究报告常常会在讨论部分提出下一步研究的建议，这些建议是选择研究问题的有效途径。

(3) 从梳理国内外医学教育研究动态中提出问题　关注国内外医学教育的发展动态，对医学教育科学发展的潮流和趋势进行分析，引进国外先进的教育理念、教育思想、教育理论、教学模式、教学方法等。可以通过对国外医学教育发展动态的分析，结合当前中国医学教育的实际，寻找可行的研究方向。

(4) 从教育管理机构制订的研究指南中选题　每年国家、各部委、各省市有关管理机关、各教育学会甚至各院校都会制订教育研究课题指南，课题指南提出当年关注的教育研究热点问题。我们可以从这些热点问题中选择研究问题。这些属于教育管理机构资助的研究课题，需报有关部门审核批准。

2. 选题的原则

(1) 价值性　开展医学教育研究是为了推动医学教育改革的深入开展，从而进行理论与方法上的探讨，其最终目的是为了在实践中应用。因此，选题要从社会实际需要出发，要考虑到社会效益、学术效益和经济效益。也就是说，预测科研成果的实际价值有多大，要以社会需要及学科自身发展的需要为依据。对医学教育研究课题而言，既要考虑经济效益，又要防止把经济效益看得过重，因为这不是医学教育研究的根本出发点与优势，医学教育研究主要是社会效益。选题应根据医学教育的实际需要而进行，选择的研究问题要能够解决当前医学教育中存在的问题，或者探索医学教育中新的理论知识，为医学教育的改革发展提供解决问题的思路和方法。

(2) 创新性　选择的问题应是前人未提出的问题，或是未完全解决的问题，或在理论上有所发展和突破，或在应用上有所改进和创新，或是研究方法上有所革新，从而保证研究成果具有一定的学术意义和应用价值。

(3) 科学性　是指选题要有先进的科学依据，科学依据的主要标志在以下三个方面：以现代科学的基本理论为指导，不违背科学规律；以前人的信息资料为依据，充分了解课题的现实位置；以自己的实践经验为出发点，但对自己的经验应避免主观、片面。所选的"题"理论和实践基础、选题过程和方向应该符合科学性。如此才能使整个选题过程建立在科学基础之上，才能使得定题以后的整个研究过程和研究结果言之有据，述之有理，施之有效。

(4) 可行性　选题要符合客观条件，要量力而行，切忌好高骛远、贪大求全。选题时要考虑研究者的知识、能力、素质，以及研究时间和工作精力是否能完成研究工作；要考虑物质条件是否具备，例如研究的经费、设备、技术等；要考虑符合伦理要求，因为教育研究的对象往往是人，成果也用于人；要考虑能够在规定的周期内完成研究。

（5）目的性　　课题的最终结果要解决什么问题，在选题时必须考虑这个原则问题。一个课题没有明确目的，缺乏设想（假说）则很难完成。尤其是医学教育研究课题的选定，如果在医学教育教学改革的深化、教学质量的提高、教学思想的更新等方面没有明确的目的，自己都不清楚课题会起什么作用，自然这种课题也就丧失了存在的意义。

3. 选题的步骤

（1）查阅文献，确定选题领域　　在遵循上述选题原则的基础上，根据自己的研究兴趣和学科专业方向来确定选题领域。确定选题时要进行文献查阅，发现问题，避免重复研究。同时也可以了解拟研究领域所涉及的理论、方法和研究趋势，有助于调整研究内容，明确自己的研究问题。

（2）确定研究焦点　　通过查阅文献，分析总结后，进一步明确自己拟解决的关键问题，对课题的研究范围进一步细化和聚焦，使课题的研究进一步清晰明朗，不至选题过大。

（3）确定选题　　在明确研究焦点后，研究者对拟研究问题的重点和范围已有明确的认识，对于研究的意义、研究对象、研究的可行性、拟采用的研究方法都已经比较清楚。确定选题后需要进一步确定研究的题目，题目应准确简明，能够直观反映研究的目的和内容，不要过于笼统或引起歧义。

13.3.2　查阅文献

查阅文献是研究工作的重要环节，贯穿于整个研究的始终。查阅文献除了可以帮助选题，避免重复外，还可以了解问题的国内外研究进展，掌握一些对自己有用的研究思路和方法。

1. 文献种类

医学教育研究的文献种类多样，主要有图书、期刊、资料档案和数据库。图书包括教育类的教科书、专著、工具书、论文集等。医学教育类的中文期刊主要有《中华医学教育杂志》、《中华医学教育探索杂志》、《中国高等医学教育》、《西北医学教育》、《基础医学教育》、《继续医学教育》、《中华护理教育》、《中医教育》、《药学教育》等，外文期刊主要有 *Medical Education*、*Academic Medicine*、*Medical Teacher*、*Teaching and Learning in Medicine* 等。资料档案主要有教育年鉴、教育法令、教育统计、卫生统计、学位论文等。中文数据库主要有《万方数据库》、《中国期刊网》、《维普中文科技期刊数据库》等，英文数据库可以使用 PubMed 数据库。

2．**文献检索与利用**

查阅文献时可以先检索二次文献，二次文献主要是对问题的综述，通过阅读二次文献可以对研究问题有一个总体的认识，也避免了繁杂的搜索工作，减少阅读量，提高效率。在阅读二次文献的基础上，查阅一次文献，主要是期刊上发表的论文、研究报告和学位论文。特别是研究报告和学位论文往往会受到忽视，与期刊论文相比，研究报告和学位论文更加详细、全面，也是重要的一次文献。

检索文献时，范围要广，要把视野放宽，不能仅仅局限于拟研究的问题。不能只关注与自己观点相同的文献，还要关注与自己观点不一致的文献。查阅文献时要认真细致，要看懂看透，认真推敲文献的观点和论据，并做好记录。对文献要批判性地阅读和分析，分析作者的观点是否合理、是否有意义、是否有缺陷、是否有其他作者反驳其论点与论据等。只有广泛认真阅读和分析文献，才能打好研究的基础。

如果涉及的文献数量多，可以撰写文献综述，把有关的信息综合起来。引用的文献应包含最新的信息，根据医学教育研究的半衰期，应尽可能应用近三年的资料。

13.3.3 研究设计

1．**研究假设**

研究的问题确定后，就要建立研究假设。研究假设是对研究的问题提出假定性的看法和说明，就是研究问题的暂时的、有待验证的答案。在定量研究中，假设应建立在可靠的理论基础之上，要尽可能清晰、具体地表述变量之间的关系，必须是可以验证的。例如，“不同的教学方法与学生的成绩存在相关关系”，“教师的学历程度与教学质量存在正相关关系”，“教学质量与学生的满意度存在相关关系”。在定性研究中，假设则是随着研究材料的收集、整理的变化而变化的，是在研究过程中不断地丰富和完善起来的，不可能一开始就非常清晰。

2．**确定变量**

变量有自变量、因变量和无关变量。例如在“不同的教学方法与学生的成绩存在相关关系”的研究中，教学方法是自变量，学生的成绩是因变量，而学生的学习兴趣、能力水平等有可能影响结果，但不在研究范围内的变量是无关变量。无关变量很多，要完全控制是比较困难的，但为了保证研究结果，必须加以控制。

3. 选择研究方法

研究方法的选择要根据研究目的和研究内容而定,没有所谓最优的研究方法。常用的研究方法有问卷法、访谈法、观察法、文献法、实验法以及近年来越来越受到重视的测量法等。比较大型的研究可能需要采用多种研究方法,互相配合。基本研究方法确定后,对研究过程中采用的具体方法也要考虑,例如抽样方法、统计方法等。

13.3.4 课题研究的实施

1. 收集、整理和分析资料

围绕研究问题,根据研究假设收集资料。资料的收集越全面准确,就越容易得出正确的结论。收集资料应有组织、有计划地进行。应注意客观性,避免各种误差;应注意资料的真实性。收集资料前应设计好统计数据的方法,有目的地收集资料。对已收集的资料应认真检查,对遗漏和差错及时补充和纠正。

资料收集后要进行整理,选取与课题相关的资料,不合课题需求的材料分出保存。对有疑义和代表性不足的材料单独存放,以备参考。对叙述性材料和数据材料分别整理。选好的材料按与课题相关性进行排序。

资料整理好后进行分析,根据不同的研究对象和资料类型采用不同的分析方法,如定性分析、定量分析、因果分析、系统分析等。进行资料分析时,应注意正确应用统计学分析方法,一方面要选择正确的方法,另一方面不要盲目追求选用高级、复杂的统计方法,以适宜为原则。由于教育研究的复杂性,分析资料时应综合运用多学科的知识,采用定性分析与定量分析相结合的方法。对于定性资料在进行质性分析时,要忠于文本的原意,不要过度诠释。

2. 总结课题,形成报告

对资料进行深入分析后得到的客观事实就是研究结果。研究结果可以用图表,也可以用文字进行描述。对研究结果的讨论是报告的主要部分,在讨论时应提供有力的论据。论据的有效性依次是事实证明、非事实证明和自己的思考推测。事实证明的有效性依次是实验证明、实际调查、实地考察,这三种都是直接的证明方式,说服力较强。非事实证明有逻辑证明和采用他人意见。对于他人的意见,根据其有效性,采用的顺序依次是权威意见、相似观点、传闻观点。这些属于间接证明,其中前两项有据可查,效力要高些。如果没有上述途径来证明自己的观点,只能依靠自己的思考和推测,尽量做到有依据。在论证的过程中,对可能存在的反对意见进行辨析,比较本研究与其他研究的异同，实事求是地指出本研究的创新之处和不足之处，提出进一步研究的方向和设想。经过论证后，则可以得出结论。

13.4　医学教育研究的主要方法

研究过程中，研究方法的选择起着关键作用，正确运用适当的研究方法是保证研究工作顺利完成的前提。

13.4.1　调查研究法

调查研究法是医学教育研究中最常用的方法，通过观察、资料查阅、列表、问卷、开调查会、访谈、个案研究以及测验等方法，搜集资料，从而对教育现状作出科学的分析，并提出具体工作建议。

1. 调查研究的一般步骤

(1) 准备工作　　根据研究的性质和目的，确定调查对象、调查地点，选择相应的调查类型和调查方式；研究相关理论和资料，制订调查计划，拟制调查表、问卷、访谈提纲、调查题目等；规划调查程序和方法，做好各种技术、事务和组织准备，包括调查员培训、有关资料和器材准备；了解调查对象，修订调查方案。

(2) 调查工作　　按计划实施调查，搜集材料。必要时可根据情况调整调查方案。

(3) 整理材料　　分析调查结果，得出结论，撰写调查报告。

2. 主要调查方法

(1) 问卷调查

1) 设计调查表：调查表的设计应注意以下几个要点：① 问卷中的每个题目都应为研究目的服务，不要包含无关的内容。有时出于掩盖研究目的或信度检验需要，可以设置一些干扰问题。② 在设计问题时要同时考虑统计方法，避免出现收集的数据无法统计。③ 问卷用词要通俗易懂，适合调查对象。④ 尽可能采用定量问题，减少定性问题。⑤ 问题数量要合适，控制在调查对象30分钟以内能完成。题目太少可能不能得到研究所需要数据，题目太多又会使调查对象产生厌烦情绪。⑥ 问题排列顺序要分类清楚、层次分明、符合逻辑。将同类问题编排在一起，有关调查对象的一般资料放在前面，能引起兴趣的问题、简单的问题放在前面，会使调查对象紧张、涉及个人问题的或复杂的问题放在后面。问题不能一题多义，设计的可能答案应能穷尽，为防止遗漏可添加“其他”一项，并要求调查对象补充说明。⑦ 各选项要相互独立，符合“互斥”原则，不能重复或重叠。⑧ 措辞要客观中性，有礼貌。避免使用暗示性语言，避免涉及个人隐私较深的问题。

问题的类型主要有结构式和非结构式两种。① 结构式也称封闭式，常用的有是否式（备选只有是或否，同意或不同意等二选一的情况）、选择式（提供多个选项，从中选择一项或多项）、评判式（按重要程度或喜爱程度等方式将问题后多个答案排序）。② 非结构式也称开放式，问题不列可能答案，由调查对象自由作答。

编制问卷的程序：① 设定收集资料的范围，确定调查对象。② 列出问题提纲，确定问题类型。③ 编制初稿，咨询专家，修订问题。④ 试测，从总体中抽取30～50人进行预调查，测试问卷的表述、项目、内容是否合理，检验效度和信度。⑤ 修订问卷，完成问卷编制。

2）问卷调查质量控制：问卷调查中，除抽样误差外，还有可能出现非抽样误差。非抽样误差的可能原因主要有以下几个：① 调查设计存在缺陷。调查对象范围划定有重复或遗漏；项目设计不清晰，易产生歧义。② 资料收集时，调查人员业务水平不高，态度不好，导致数据收集不全面、不准确。宣传、沟通工作没做好，调查对象不配合，躲避调查、有意隐瞒或拒绝回答。③ 数据整理分析时，录入、计算有错误。

问卷发放的各种形式中，当面填答和有组织的分配回收率均较高，而邮寄形式的回收率较低。问卷的有效回收率应控制在70%以上，如果低于70%，应进行跟进调查，再寄一封信和一份问卷。

（2）调查表　调查表是用以对调查对象进行调查登记，并列有一系列调查项目的表格。调查表偏重于事实资料的收集，由被调查群体中有关承办人填写，可靠性高。调查表简明，便于统计。

编制调查表的要求：① 表的标题要明确醒目。② 表的项目要包括所有调查项目。③ 表中项目安排要有逻辑，并留有足够空间用于填写。④ 表尾应注明调查单位、调查员或填表人和填表日期。⑤ 附填表说明，说明调查目的和填表要求。⑥ 表内数字要对齐，如果有相同数字要写出，不得用“同上”字样。对暂时未获得的、不可能获得的，或估算出来的数字要标明。

（3）访谈　访谈法通过与调查对象的直接交谈收集信息，具有较好的灵活性，适用于个别化研究和复杂问题的研究。

访谈的注意事项：① 访谈要遵循共同的标准程序，避免离题。要设计好谈话方式、提问措辞和记录方法等。② 访谈前要了解被访者的情况，考虑如何获得合作，分析其是否能提供有价值的信息。③ 提问要简单明白，适合被访者的情况。④ 访谈过程中要善于沟通，有效收集信息。⑤ 要及时记录。

访谈还可以采用调查会的形式。开调查会时应注意以下几点：① 选择参会人员要有代表性，一般以6～12人为宜。② 拟订好问题，尽可能事先通知参会人员讨论提纲。③ 营造畅所欲言的氛围。

（4）观察法　　观察法是指人们通过感官和辅助仪器，有目的、有计划地考察医学教育现象，从而获得经验事实的一种研究方法。观察法简便易行，能直接获得客观可靠的资料。但也有一定的局限性，主要是研究者观察时间和空间受到限制，取样小，对于复杂多变的教育现象观察归类推论性太多，影响研究信度。

1）观察法的类型：一般有以下几种分类方法。

自然观察和实验观察。医学教育研究上的观察一般是自然发生的条件下，对观察对象不加控制的状态下进行的。如果加入人为控制，则是实验观察。

直接观察和间接观察。直接观察是通过人的感官，在现场直接对观察对象进行感知和描述，直观具体。间接观察是利用一定的仪器或其他技术手段进行观察。其优点是突破人体感官的局限，提高观察的效率。

参与性观察和非参与性观察。参与性观察是指观察者深入到观察的客体中，充当其中的一个角色，参加其中的活动，不暴露研究者真实身份，在参与活动中进行隐蔽性的研究观察。观察者能够利用这种有利的条件观察客体的深层次结构，了解到有价值的资料。但由于受研究者主观因素的影响，处理不当会影响研究的客观性。非参与性观察是指观察者纯粹扮演观察的角色，观察者作为局外人，不参与被观察者的任何活动。观察者可以采取公开的，也可以采取秘密的方式进行；观察可以自然条件下进行，也可以在实验条件下进行。

结构式观察和非结构式观察。结构式观察是有明确目标、问题和范围，有详细的观察计划、步骤和合理设计的可控性观察，能获得翔实的材料，并能对观察资料进行定量分析和对比研究。这种观察多用于描述性研究和实验研究中的资料搜集。非结构性研究大多没有周密的观察计划和观察提纲，研究目的仅限于对观察客体的一般性了解。这种方法较灵活，但获取材料不系统完整，多用于探索性研究。

2）观察法的步骤：观察法的一般步骤是：首先，制订观察计划，了解观察对象，明确观察对象、时间、地点、内容和方法。其次，进入观察领域，并实施观察，做好记录。第三，结束观察，整理分析资料。

3）观察记录的方法：观察研究记录一般有以下几种方法：一是描述记录。可采用日记描述、轶事记录和连续记录等方法。日记描述法需要研究者在较长的时间里，对同一个或同一组观察对象进行追踪观察，持续记录新变化、新行为、新发展等。轶事记录法着重记录观察者认为有价值的资料和信息，一般是观察对象的典型行为或异常行为。连续记录法是指在特定时段记录观察对象的特定行为，记录更为详细，更为完善，要求在较长时间内作持续不断的记录。二是取样记录。分为时间取样、活动取样和事件取样。时间取样法专门记录规定时间内所发生的行为，主要记录行为发生与否，呈现频率及其持续时间。活动取样法记录某一特定活动中观察对象的行为和表现。事件取样法是指观察前选定所要观察的行为或事件，观察中只注意观察这些选定的行为或事件，记录限定时间内是否出现，以及出现的次数。三是行为核对表。主要是用来核对重要行为的呈现与否，观察者将规定观察的项目预先列出表格来，当行为出现时，在该项上划"√"。

（5）测量法　医学教育测量内容相当广泛，例如医学生的生理发育、心理发展、知识水平、技能技巧、智力能力、学科成绩、兴趣爱好、态度动机、人格品德等，都可作为测量对象。凡是涉及定量分析研究的问题，都需要对相关事物或现象进行测量，以获得准确的数据。

教育测量的步骤为：① 决定测量目标。测量的目的是诊断、检验、预测，还是评价。测试对象是个人还是团体，有什么特点。② 制订测量计划。③ 编制量表。量表可以采用现成的教育测量量表，如韦克斯勒智力量表、卡特尔 16 项人格因素量表等，也可以自己编制量表，或在现有量表的基础上进行改编。④ 量表检验。量表要在范围内试测并进行分析，保证量表具有较好的信度、效度和区分度。⑤ 实施测量。⑥ 结果分析。

13.4.2　实验研究法

教育实验研究法是研究者按照研究目的，合理地控制或创设一定条件，从而验证假设，探讨教育现象因果关系的一种研究方法。

1. 实验研究的特点

实验研究是为了揭示各种变量间的因果关系。例如学生的学习兴趣与学习成绩之间的关系；某种新的教学方法与学生学习成绩之间的关系；练习的次数和操作技能熟练程度之间的关系等。实验研究中涉及的变量有三种类型：自变量、因变量和无关变量。

在实验研究中，首先要注意对自变量进行操纵。自变量是研究者在实验中采取的措施，是研究假设的原因。因变量是由实验措施引起的结果。研究者通过采取实验措施操纵自变量，然后观察与测量因变量来检验自变量是否对因变量产生影响。其次要控制无关变量。医学教育现象是复杂的,除自变量之外影响因变量的因素很多,这些变量不可能全部列入研究中,因此必须对它们进行控制,以免对因变量产生影响。

2. 实验研究的一般程序

(1) 实验的准备阶段　实验的准备包括以下内容: ① 选定实验研究的课题,形成研究假设。② 明确实验目的,确定指导实验的理论框架。③ 确定实验的自变量。④ 选择适合的测量工具和统计方法,明确评价因变量的指标。⑤ 选择实验设计类型,确定控制无关变量的措施。

(2) 实验的实施阶段　按照实验设计进行教育实验,采取一定的变革措施(实验处理),观测由此而产生的效应,并记录实验所获得的资料、数据等。

(3) 实验结果的总结评价阶段　对实验中取得的资料数据进行处理分析,确定误差的范围,从而对研究假设进行检验,最后得出科学结论。

3. 实验设计

(1) 实验设计的效度　评价实验设计质量的标准是内部效度和外部效度。

内部效度是指自变量与因变量的因果联系的真实程度。因变量的变化,确实是由于自变量引起,而不是其他未加控制的因素所致。没有内部效度的实验是没有价值的。提高内部效度的主要措施是控制无关因素。

外部效度表明实验结果的可推广程度,研究结果是否能被正确地应用到其他非实验情境、其他变量条件,以及其他时间、地点或总体中去的程度。提高外部效度的措施在于: 被试取样具有代表性,使实验情境与教育教学环境尽量接近,可以在各种不同条件下进行重复性实验。

内部效度和外部效度有时会互相影响。例如,为了防止性别因素的影响,只选取男生或女生作为受试者,实验的内部效度提高了,但是外部效度降低了,实验结果不能推广到不同性别的群体。在教室中进行实验,其结果可以适用于实际的教学情境,具有较好的外部效度,但由于实验条件无法像实验室中一样得到很好的控制,其内部效度往往降低。

(2) 提高实验效度的方法

1) 随机化: 例如为了研究三种不同的教学方法对学生学习成绩的影响,将学生随机分配到三个不同教学方法的班级中。学生学习成绩的差异就分为两个部分: 不同教学方法引起的差异和其余的差异。由于随机化处理,其余的差异就被平均分配到三个班级中了,不用进行特别的处理。

2) 设置对照: 例如为了研究某种新的教学方法对学生学习成绩的影响,设置一个实验组(采用新的教学方法)和对照组(采用传统的教学方法)。

学生分组时，应采用随机化的方法，消除其他差异带来的影响。

3）设计控制：通过组内设计（分配自变量的顺序）、效果平衡（采用实验组与控制组随机取样、随机分组使无关变量平衡），以及拉丁方法，使被变量在实验中产生的影响通过设计抵消。

4）统计控制：用协方差分析将实验组与对照组的数个变量测量出来，使用统计的方法，把他们的最初差异予以排除。例如学生的能力水平会对学习成绩造成影响，假定能够通过有关测量获得学生的能力水平数据，而且了解学生在能力测验中的分数与学习成绩存在某种关系，就可以通过统计处理消除学生能力水平的影响。

（3）实验设计的方法

1）前实验设计：这种研究方法通常是一种自然描述，不是严格意义上的实验，但有真实实验设计的成分。但由于其效度不高，一般不宜采用。主要有以下几种：① 单组后测设计。只有一个组，无对照，分组不是随机，实验中只给予一次实验处理，只有一个后测（在实验处理后对被试进行的测量或测试），将后测的结果作为实验处理的效应。由于不能控制无关变量的影响，内外效度都不高。② 单组前后测设计。只有一个组，无对照，分组不是随机，实验中只给予一次实验处理，有前测（在实验处理前对被试进行的测量或测试）和后测，用前后测的差距作为实验处理的效应。③ 不等控制组后测设计。使用实验组和对照组，实验组和对照组是原有班级，不是随机分组。两个组都有后测。例如对两个班分别采用传统教学方法和新方法，经过一段时间后进行内容和难度基本一致的测试，通过比较学生学习成绩来分析两种教学方法的效果。这种设计还可以推广到多种实验处理。

2）准实验设计：准实验设计用于在真实的教育情境中不能用实验设计来控制无关变量，不能采用随机化方法分组的情况。主要有以下几种：一是不等控制组前后测设计。有实验组和对照组，一般选取原有环境下的两个班、年级或学校，不是随机分组，但实验处理可随机指派。两个组都有后测。与不等控制组后测设计相比，增加了前测，由于有前后测比较，一定程度上控制被试的选择偏差，从而提高了内部效度。这种设计同样可以推广到多个实验处理。二是时间序列设计。时间序列包括对一个或多个小组的反复测量，并至少在一个组的两次测量之间进行一次实验处理，观测实验处理后的一系列测量分数是否发生非连续性现象，从而推断实验处理是否发生效果。时间序列设计可以只有一个组，也可以有多个组。由于这种设计用固定整组，可用于学校课堂教学，具有较好的外部效度。单组时间序列设计由于没有对照，内部效度较差。在多组时间序列设计中，在实验处理之前可进行观测以检查小组间的相似性，相似性越大，研究结果中得出的结论就越可靠。三是单个被试设计。多数情况下，教育研究涉及多个被试，但也有可能出现需要采用单个被试的情况。单个被试不存在随机化，应注意效度问题。单个被设计有几个情况：A—B 设计，A 表示基线条件，即不作处理时的情况，B 表示实验处理。通过观测经过实验处理后发生的变化，以此检测实验处理的效果。其基础是假定没有处理时，基线条件下的观测结果不会发生变化。这种设计易受无关变量影响，会影响其内部效度。A—B—A 设计和 A—B—A—B 设计因为继续增加基线条件和实验处理时间，提高了内部效度。

3）实验设计：实验设计使实验中的自变量、因变量和无关变量得到比较严格的控制，并有对照，能够较好地控制内外部无效因素，并有效地操纵研究变量。主要有以下几种：一是后测对照组设计。被试被随机分配到两个组，实验组接受实验处理，对照组不接受处理。在实验结束后，对两个组进行后测，比较效果。这种设计可以推广到多个实验处理。二是前后测对照组设计。即在后测对照组设计中增加前测。这种设计中前测结果可以作为分析中的一项统计控制量，可以把前测结果作为协变量，应用协方差方法进行分析。进行前测还可以检查各组的相似性。但前测可能影响后测结果，也可能与实验处理产生相互作用。而且在真实情况下，通常是不会施加前测的，因而实验结果推广到真实情境时会受到一定的影响。三是所罗门四组设计。这种设计把前两种设计组合起来，设置 4 个组，2 个对照组和 2 个实验组，对其中 1 个对照组和 1 个实验组进行前测，实施实验处理后，对所有 4 个组进行后测。四是因素设计。这种设计中至少有 2 个自变量（A 和 B），每个自变量至少有 2 个水平（A1 和 A2；B1 和 B2），最低限度的因素设计是 2×2 因素设计，被试接受的处理就有 A1B1、A1B2、A2B1、A2B2 四种。例如，采用两种教学方法，使用两种教材进行教学。研究需要解释两种教学方法的效果是否有差异，两本教材对学习成绩影响有无差异，教材与教学方法之间有无交互影响。理论上说这种设计可以扩展到任何数量的变量和水平，但实际上超过两个变量两个水平时，结果的解释相当困难。

13.4.3 文献研究法

文献研究对于从事学术工作的人来说是基本功训练，文献研究对于发现历史上已经存在的观点、研究这些观点的意义和存在的不足并进一步提出自己的新观点都是非常重要的。文献研究的重点是确定重点文献，研究发展变化过程，进行逻辑梳理。文献研究需要具有对文献进行分析的能力，也需要将众多文献构成一个有意义整体的综合能力。文献研究要求站在客观立场上分析研究文献，不能以自己的意志曲解文献。

文献研究的一般步骤是：根据研究主题，收集文献；对大量文献进行筛选，确定代表性文献；对代表文献进行解读；根据研究目的，将代表文献组成一个整体；撰写文献研究综述报告。

13.4.4 比较研究法

比较研究法是根据一定的标准，对不同时期、不同国家(地区)之间的教育在发展过程中的共同点和差异进行比较，以总结教育发展规律的研究方法。比较分纵向比较和横向比较，纵向比较是对同一国家(地区)的教育在不同历史时期的表现的比较，横向比较是对两个或两个以上国家(地区)的教育的比较。

1. 比较研究法的步骤

比较研究的一般步骤是：① 选题并确定比较对象；② 收集资料；③ 整理资料，并对材料进行比较分析；④ 得出结论，指出异同及形成的原因。

2. 比较研究的几种模式

经常采用的比较研究模式有以下几种：① 成功案例研究模式：这是最常用的一种方式，对别的国家医学教育发展的成功案例进行研究并分析它的推广价值。② 对策借鉴模式：对本国医学教育发展中的经验和问题进行研究，寻找国外可供借鉴的经验和解决问题的对策。③ 差异比较模式：比较同一事件在不同国家所引起的不同反应。

13.4.5 民族志研究

民族志研究是质性研究的主导方式。近年来，随着质性研究被引入到教育研究中，医学教育研究中的质性研究也逐渐增多。

1. 民族志研究的特点

民族志研究的目的是要了解研究对象的思想和行为方式的文化意义，非常强调实地考察和参与性观察，与研究对象进行充分的沟通。参与性观察是一种非结构性观察，没有事先规划好的、严格的观察步骤，而是随着观察对象及其所处环境的变化而对被观察者进行记录、分析。这种方式较灵活，更能进行全方位的观察，容易在自然状态下进行，并形成对研究对象的全面认识。所需观察时间较长，一般至少2～3个月时间。

在进行观察的同时，还需要与研究对象进行深度访谈。深度访谈一般采用非结构式访谈，事先没有一个设计完好的框架。有时也可以使用一定的提纲，但提纲只是为了提示访谈者，而不能限制访谈对象的思路。深度访谈需要良好的语言技巧和人际沟通能力，还需要获得被访谈者的信任。深度访谈需要进行多次，需要足够的耐心和细心，准确把握访谈的进程。深度访谈获得的信息量大，整理较困难，需要研究者有较好的资料分析能力。深度访谈所需的时间较长，成本较大，因此不能大范围进行，选择访谈对象时要具有代表性。

2. 民族志研究的步骤

民族志研究的一般步骤是：① 确定研究主题；② 做好准备，进入现场；③ 进行参与性观察，做好深度访谈；④ 整理分析资料；⑤ 撰写报告。

13.4.6 行动研究

行动研究由勒温提出。它是以改善行动者的行动为中心目的的研究，其重点是制订行动方案，改善行动。院校教育改革中的校本研究基本可以归入行动研究，例如学校课程方案的调整，教师教学方式的改进等都属行动研究。在行动研究中，教师是研究者，也是行动的实施者，研究的目的不是理论探索，而是行动改进。

行动研究的主要步骤是：① 确定问题：从学校实际工作出发，提出教学及管理方面需解决的问题。② 制订计划：制订研究计划和行动计划，安排好活动的顺序。③ 行动实施：按计划采取行动，组织活动，收集活动资料。④ 分析评价：对所获资料进行分析和评价，注重行动的实际效果和问题的解决。⑤ 提出报告：包括行动者的思想、感想、具体行动过程、行动的效果和启发意义。

行动研究与经验总结不同，经验总结重在总结，而行动研究是为了解决问题。行动研究的关键在于行动和反思。研究者也是行动者，需要针对问题采取行动进行变革，在变革中改进工作，同时又对行动进行评价和反思，不断改进行动计划以解决问题。

此外，医学教育研究方法还包括历史法、个案研究法等。历史法是从事物发生、发展和消亡过程中探索其本质和规律的方法，也就是以批判探究精神对历史事件或事实进行完整叙述或描述，如朱潮等编的《新中国医学教育史》。历史法研究的基本步骤包括：① 史料收集；② 史料鉴别；③ 史料的分析研究与运用。个案研究是以一个典型的事例或人物或某一社会团体为具体研究对象，通过对其人其事的直接或间接的发展变化了解某些线索和特点，并在此基础上设计或实施一些教育措施，促进其人其事的发展，然后把这些条件措施和结果之间联系的认识与结论，推论到一般人或事的认识上去。

13.5 医学教育研究课题标书撰写

医学教育研究课题标书撰写是一项融科学性、技术性、竞争性于一体的综合性表达工作。申报人从精选课题到填写标书均是很重要的方面。课题研究人员在选择课题过程中应广收信息、掌握动态，做到判断准、行动快，从而科学地、创造性地提出疑点，选定新颖课题，避免重复。要敢于选择以前没有解决或没有彻底解决的关键性问题作为自己的研究目标。

标书是课题申报人员向上级主管部门和评委提供的唯一书面材料，标书的填写质量在很大程度上决定着课题能否中标。标书可以看作是一份答卷，也可以看作是一个论证报告。因此标书的填写一定要认真，力求准确、简练、真实、完整，争取在最大程度上让专家知道申报者要去研究什么、为什么研究、怎样研究完成。标书中较重要栏目包括：

13.5.1 课题题目

题目既能高度概括和反映研究内容，也是申报人综合素质和科研能力的具体体现。因此，课题题目的确立在文字表达上应反复推敲，尽量新颖准确，使评委第一印象就比较深刻，增加课题中标的机会。

13.5.2 项目的立论依据

此项内容主要由四个组成部分。

1. 研究意义

首先应说明选定课题的科学意义和学术价值，对本学科发展有何贡献；其次对本身理论的科学依据与理论基础加以说明。

2. 国内外研究现状分析

申请人应对所涉及的研究领域状况有充分的了解，对本研究领域国内外研究现状进行细致的分析、科学的论证，然后说明自己拟解决哪些问题，问题解决后的成效，对本专业或本研究领域将起到怎样的辐射作用，以及对教学实践活动的影响等。最后应注明主要参考文献和出处。

3. 研究的目标和内容

提出的研究目标必须合理，切忌分散。研究内容的填写必须准确、精炼、具体，应将自己要做的、准备解决的关键问题清晰地告诉评委，但应注意内容不要太杂，抓住关键，突出重点。

4. 研究方法

应尽量说明在研究方法与手段上有哪些创新，特别应说明研究方法的先进性在什么地方？与目前该专业研究领域内的方法有何不同之处？之所以采取此方法的必要性？采取此方法如何能确保课题顺利完成等。然后再说明利用现有条件、方法的可行性。

13.5.3 研究方案

应尽量采用新的思路，特别应将此次创新之处写清楚。研究步骤应详细叙述，如果过去申请过课题并在此基础上有所创新和变动，应特别说明原因、理由和优势，可采用流程图和示意图，让评委一目了然。

13.5.4 经费预算

预算必须真实合理，这将直接影响课题的评审结果。目前各级主管部门经费都比较紧张，对课题的资助经费有限，做预算时应严格按照规定的条款，详细说明各项开支的理由和依据，否则，评审时专家很可能会因为经费设计不合理而将其淘汰。

13.5.5 课题组成员

课题组的专业结构、职称结构、单位分布等应科学、合理，体现专业水准、协同创新和竞争实力。每个课题组成员均应承担具体的研究任务，且应当亲笔签名，以示对各自研究任务的认可，否则，在标书在客观审查时会遭到淘汰。

13.6 教育研究论文撰写

论文写作是对科学研究的总结，也是向社会展示自己的研究成果。科学研究论文首先是呈现给学术同行，让专业同行来评价自己的研究成果，使自己的研究价值获得承认。因此，论文的写作必须符合专业对学术成果的一般要求。

13.6.1 论文标题

论文的标题应准确对应研究的主题，清晰地告诉读者研究的问题是什么。应大小匹配，过大过空则陷于空泛议论，过小又不能引起人们关注。论文标题还应精炼，简明扼要。题目要新颖，能引起读者的兴趣。

13.6.2 摘要和关键词

论文摘要一般在论文成稿后经反思形成。摘要应能反映研究的主要构思和文章论述的基本要点。定量研究论文的摘要可以按照结构式摘要的写法，即按“目的、对象、方法、结果、讨论、结论”的顺序概述。关键词是学术论文的文献检索标识，关键词必须是实词，一个词只能表达一个主题概念。应避免使用虚词和无实际意义的形容词或名词，也不能过于宽泛，应能准确表达论文主题。

13.6.3 编制论文提纲

论文提纲是论文写作的一项重要的基础性工作，是引导论文写作的纲要。编制提纲需要对论文进行深思熟虑的构思后进行全局谋划，明晰论文的结构，用以指导资料的组织，理清重点和论文的逻辑脉络。

论文提纲分为简要提纲和详细提纲。简要提纲只列出论文的要点，对如何展开不涉及。详细提纲则把论文的主要论点和展开部分较为详细地列出来。

编制提纲的原则是：① 要有全局观念，从整体出发去思考每一部分在论文中所占的地位和作用，各个部分按照怎样的逻辑关系排列；② 要从中心论点出发，合理取舍材料，紧紧围绕中心论点来呈现和使用材料；③ 要合乎逻辑，论据要围绕论点来展开，各部分之间要形成有机的逻辑关系；④ 要详略得当，论文写作的要求是“凤头、猪肚、豹尾”。开头引论部分要精炼而有吸引力；中间本论部分要详细，是全文的重点，要把问题讲深讲透；结尾结论部分要有力，切中主题。

编制提纲的方法是：① 拟定标题；② 写出论点；③ 排篇布局，设计段落，考虑每一部分观点和素材；④ 推敲修改，梳理整篇脉络，注意逻辑关系，必要时进行增删和调整。

13.6.4 书写正文

1. 引论部分

引论部分主要介绍研究问题的目的、问题的性质和意义、研究方法、现状和趋势等。引论的书写要开门见山，简明扼要。

2. 本论部分

是占篇幅最大的部分，要提出论点，并铺陈论据进行充分论述。一般应分为若干部分进行撰写，注意各部分之间的逻辑关系。主要部分有① 方法与步骤：研究对象（包括抽样方法）、研究工具、研究步骤、资料处理方法。② 结果与讨论：呈现结果，可使用图表；讨论重点，包括结果是否支持假设，与前人的研究进行比较，结果形成的原因和意义，研究的局限等。

3. 结论部分

结论是应准确精练，表述严谨。重述假设，说明结果与假设的关系，以及在学术上的应用，下一步的研究建议等。

13.6.5 参考文献

不同刊物对参考文献标注的要求不同，一般要素有：① 书籍：作者、书名、出版地、出版者、出版年份、页码。② 论文：作者、篇名、期刊名、出版年份、卷期数、页码。

13.7 医学教育研究成果评价

教育研究完成后，是否有价值和意义，就需要进行评价。

13.7.1 研究成果评价的基本环节

教育研究的评价可以围绕研究的主要环节进行，如选题、假设、论证、结论等来进行评价。

1. 选题环节

一个研究的选题好不好，主要看以下几个标准：① 选题具有现实意义或理论意义；② 选题有实践经验积累或研究积累；③ 选题适当，能够在规定时间完成；④ 课题组组成合理；⑤ 具有完成选题的软硬件条件；⑥ 选题能够获得预期成果；⑦ 选题经过周密论证。

2. 假设环节

一个研究成果的学术价值和社会意义在一定程度上取决于其假设是否合理。一个假设是否科学合理，主要考察以下几个方面：① 假设的提出是否具有逻辑基础；② 假设是否具有可操作性，即假设是否能够转化为命题，是否能够进行验证；③ 假设是否具有新颖性，这也是衡量研究的创新性的标准；④ 假设是否具有实践性，医学教育的研究应当解决实践中的问题；⑤ 假设是否具有可溯及性，即研究应包容其他已有的研究，而不是被其他研究包含，不只是验证性的，而是开创性的。

3. 论证环节

论证环节是研究的主要环节，对提出的命题进行充分、科学的论证。论证环节的要求是：① 研究方法选择要恰当，要根据研究的性质选择合理的研究方法；② 选择论据要有权威性。研究一般都是在前人的基础上进行进一步的深入探索，在运用别人的观点来增加自己论点的说服力时，必然要选择更权威的论据；③ 论据要充分。只有论据充分，才更有说服力；④ 论据要与命题直接相关，直接论据更具有确定性；⑤ 论据要可验证。尽管教育研究不能像自然科学一样进行严格的实验室研究，但也应遵循严格的规程，尽可能采用事实验证；⑥ 论据要具有排他性，要有确定性，排除或然结果。

4. **研究成果**

研究的价值需要接受社会的检验，有的来自专家，有的来自应用部门。对研究成果的评价，主要看两个方面：一是研究成果被社会接受的程度，即学术界的认可程度；二是成果所取得的实际效益，即在教育实践中应用的情况。第一种情况主要是通过成果的发表来实现，第二种情况主要是通过在实践中应用来实现。

13.7.2 成果鉴定

除了通过发表成果或在实践中应用成果两种方式，还有一种对成果进行鉴定的方式就是专家鉴定。

成果鉴定的一般程序是：① 准备鉴定：课题组提出鉴定申请，课题管理部门同意进行鉴定后，组织专家组。专家组一般由 5～7 人组成，一般为单数，并指定一人为组长。② 鉴定过程：鉴定的形式可以是鉴定会或通讯鉴定。召开鉴定会时，由课题组汇报课题情况，专家进行评议和讨论，形成鉴定意见。通讯鉴定时，将课题研究材料寄给专家，专家填写意见后由组长汇总，并给出鉴定意见。

专家鉴定的通行做法是进行评估打分。专家在打分时，需要依据一定的评价指标体系。成果的评价指标体系一般考虑以下几个方面：选题的现实性、研究的科学性、研究的创新性、研究的实用性、研究的社会效应等。

有些研究不适于采用评价指标体系打分的方式进行评价，则需要专家组进入实地进行考察，提出评价意见。

13.8 医学教育研究管理

13.8.1 医学教育研究立项主要渠道

依据项目主管部门的级别差异，通常分为国家级、省部级、地厅级等不同级别。

国家级一般指国家社科基金项目、国家自然基金管理类项目、国家软科学项目、全国教育科学规划课题等。全国教育科学规划课题项目由全国教育科学规划办公室负责管理，军队教育科学规划课题项目由全军军事教育科学规划办公室负责管理。全国教育科学规划设立国家社会科学基金教育学重大课题、重点课题、一般课题、青年基金课题；设立教育部重点课题、教育部青年专项课题、教育部规划课题，以及国防军事教育学科和其他部委重点课题。

省部级主要包括教育部、卫计委等国家有关部委及各省社科规划办、科技厅软科学办公室下达的项目。其中教育部的项目主要包括重大课题攻关项目、基地重大项目、一般项目及后期资助项目。

厅局级一般包含各省市教育厅、文化厅、卫生厅等管理的人文社科和教育科学研究项目。例如上海市教委管理的上海市教育科学规划课题、上海市教育科学研究项目等。

此外，各专业学会也有教育研究项目。例如，中华医学会医学教育分会、中国高等教育学会医学教育专业委员会、各省市高等教育学会、各省市医学会医学教育委员会也定期或不定期开展教育科学研究课题立项。不少高校也设立教学改革立项项目。

13.8.2 医学教育研究热点

医学教育研究的选题：一是要紧跟国家宏观政策的调整，二是要紧跟国际医学教育的变革，三是要结合医学教育改革的实践。通过对《中华医学教育杂志》、《中华医学教育探索杂志》、《中国高等医学教育》和《西北医学教育》等四本医学教育期刊近年发表文章的分析，可以看出近年来我国医学教育研究的热点主题，从数量上看，探索医学教育教学改革实践的最多，其次是围绕国家宏观政策调整而进行的理论研究和医学教育管理研究，再次是跟踪国际医学教育热点和中外医学教育比较研究。

1. 围绕国家宏观政策开展研究

近年来，国家颁布了多项针对医学教育的新政策，启动了一系列工作和项目，对医学教育产生了深刻影响。2009 年国家颁布《关于加强医学教育工作，提高医学教育质量的若干意见》，2012 年颁布《关于实施临床医学教育综合改革的若干意见》。2004 年开始试办八年制临床医学专业。2003 年教育部开展高等学校本科教学工作水平评估，2012 年启动新一轮评估。2008 年颁布《本科医学教育标准》，2009 年正式开始临床医学专业认证。2008 年国家启动“高等学校教学质量与教学改革工程（简称质量工程）”，2012 年国家启动“卓越医生教育培训计划”。这些政策的颁布和重点工作的开展，都对医学教育研究的方向起到引领作用。研究的主题主要有：人才培养模式改革、教学质量保障、专业建设与专业认证、创新人才培养、师资队伍建设、课程体系建设等。人才培养模式改革的研究是近十几来年的热点主题，随着卓越医生教育培训计划的开展，仍然是一个主要的研究方向，主要针对五年制临床医学、拔尖医学人才、面向农村医学人才等人才培养模式的研究。八年制临床医学专业人才培养虽然经过多年的实践，针对人才培养目标和人才培养模式的研究仍方兴未艾。全科医生培养、住院医生规范化培训等也成为近年来的热点主题。教学质量保障也是长期以来的研究热点，特别是随着本科教学评估的开展，质量保障体系、教学评估、学生评教、毕业生跟踪调查等主题仍然是研究的热点。随着教育部要求高校发布本科教学质量年度报告，教学质量报告和教学基本数据方面的研究也逐渐增多。专业建设和专业认证方面，随着医学各专业建设的日趋完善和专业认证工作的逐步深入，研究方向从结构调整方面转向学科建设的内涵发展上。创新人才培养方面的研究既有政策、机制层面的宏观研究，也有学生综合素质、创新能力、科研能力培养等微观层面的研究。师资队伍建设的研究主要围绕教师专业发展模式、培训方式、培训内容等方面进行研究，同时教师评价、绩效考评方面的研究也较多。课程建设的研究近年来已经从整合课程这种宏观课程体系的研究逐步转向课程内涵建设的研究。

2. 围绕医学教育教学改革实践开展研究

围绕教学改革实践开展研究一直是医学教育研究的主要来源，近年来的研究方向主要有：课程和教材建设、教学方法改革、评价模式改革、教育技术应用、实践教学创新、学生综合素质培养等。课程和教材建设方面，研究较多的是精品课程建设、各门课程的内涵建设、教学内容改革、立体化教材建设等。教学方法改革的研究主要是各种新的教学模式和教学方法在实践中的应用，研究的热点是 PBL（以问题为基础的学习）教学，其次 CBL（以案例为基础的学习）、TBL（以小组为基础的学习）、Seminar 教学法、双语教学等。教学方法改革的研究主要集中在如何将这些教学方法本土化，如何在各课程的教学中进行应用，以及应用效果分析。评价模式改革的研究主要探讨学生评价模式、评价方法，其中研究最多的形成性评价。在临床能力评价方面，SP（标准化病人）应用、OSCE（客观结构化临床考试）应用等成为主要的研究主题。教育技术应用也是近年来的研究热点，特别是随着现代教育新技术和网络技术的发展，已经深刻影响了广大教师的教育理念，对医学教育的教学模式、教学方法、教学手段产生了深远的影响。研究的方向主要有现代教育技术在教学中的应用，如多媒体技术开发与应用、网络资源开发和应用、模拟教学、网络教学、虚拟现实应用等，而移动学习、微课、慕课、翻转课堂等的研究则是在近一两年刚刚兴起。实践教学创新的研究主要是实验教学内容改革、“三性”（综合性、设计性和研究性）实验改革、实验教学模式改革、临床技能培训模式改革等。学生综合素质培养方面的研究主要有通识教育、隐性课程建设、人文素质培养、沟通能力培养、医德培养等。

3. 跟踪国际医学教育热点开展研究

跟踪国际医学教育的热点问题并进行比较研究一直是医学教育研究的重要方向。医学教育国际标准的引进对我国医学教育工作者的观念产生了巨大的影响，引起了教育理念的翻天覆地的变化。而2010年在《Flexner报告》发表一百年之际，“21世纪全球医学卫生教育专家委员会”发布了《新世纪医学卫生人才培养：在相互依存的世界，为加强卫生系统而改革医学教育》的报告，呼吁第三代医学教育改革，再一次对我国医学教育工作者产生了巨大的冲击。在医学教育改革进入新阶段以及医学教育国际化、全球化形势的背景下，跟踪国际医学教育热点开展研究日益受到重视。这方面的研究在方法上主要有两个类型，一是跟踪国际医学教育的发展动态和介绍先进经验，另一方面是进行比较研究，借鉴国际经验解决国内医学教育遇到的问题。在研究层面上有宏观和微观两个方面，宏观层面主要是国际医学教育理念、医学教育政策、培养制度、人才培养模式等的研究，微观层面主要有教学方法、课程建设、师资培养、实践教学、学生技能培养等方面的研究。从研究的国家和地区看，最多的是针对美国医学教育的研究，其次是欧洲国家，亚洲国家和地区主要是日本、中国台湾地区和中国香港特别行政区。

13.8.3 主管部门对研究项目的管理

主管部门对研究项目的管理程序一般包括项目申报、项目评审、课题管理、经费管理、成果鉴定与结题验收、成果推广与评奖。下面以全国教育科学规划课题为例进行说明。

1. 课题申报

全国教育科学规划领导小组办公室每年发布课题申报公告。申请人根据项目指南填写申请书，经所在单位审查并签署意见后集中报送。对申请人的条件也作了限制，课题负责人应具有副高级以上专业技术职称。不具备副高级以上专业技术职称的，须有两名正高级专业技术职称的同行专家书面推荐。申请人同时只能申报一个课题。以往承担的全国教育科学规划课题必须按规定结题，未结题者不能申报。青年课题的申请人和课题组成员年龄均不得超过40周岁等。

2. 课题评审

全国教育科学规划课题实行同行专家评审制。首先进行资格审查，即对申请人资质和申请书格式进行审查。在资格审查时，对多头重复申报的查处加大了力度。对通过资格审查的课题活页论证部分进行匿名初评，按初评分值高低选出拟立项课题数2～3倍的课题申请书进入会议综合评审。对进入综合评审的课题，评审专家以记名投票方式产生拟立项课题。对综合评审通过的拟立项课题，由评审专家填写建议意见，由评审组长签署评审结果。

3. 课题管理

立项批准后，课题负责人在3个月内组织开题，并及时将实施方案和开题情况报送全国教育科学规划领导小组办公室和相关科研管理部门。每年12月底前，课题组提交年度研究工作报告，经所在单位签署意见，报送相关管理部门。各级各类课题均需按要求填写中期检查报告报送全国教育科学规划领导小组办公室和相关科研管理部门。对进展正常的课题，全国教育科学规划领导小组办公室将继续拨款；对不按规定报送年度报告或经检查不合格的，将暂停拨款。对严重违规的情况，撤销课题，追回课题经费，被撤销课题的课题负责人三年内不得申请新课题。

4. 经费管理

课题资助经费使用范围限于资料费、数据采集费、差旅费、会议费、国际合作与交流费、设备费、专家咨询费、劳务费、印刷费、出版费、管理费。课题负责人按计划自主支配课题资助经费。课题经费有结余的应退回全国教育科学规划领导小组办公室。

5. 成果鉴定和结题验收

所有课题按期完成后，最终成果均须进行鉴定，通过鉴定后予以验收结题。课题组填写成果鉴定书，提交研究总报告。成果鉴定可采取同行专家鉴定会或通讯鉴定方式，并填写鉴定意见。通过鉴定的即可办理结题验收。

6. 成果推广和评奖

管理机构和课题负责人所在单位应对研究成果进行宣传、推广和转化，充分发挥其在教育决策和教育改革发展实践中的作用。

13.8.4 教育科研项目高校内部管理

1. 项目立项阶段管理

教育研究管理部门应关注各级各类研究计划项目的动态，及时获取相关信息，做好宣传工作，鼓励研究人员积极申报。由于各类项目在申报时一般设有申报数量限制，应结合学校自身优势，遴选、推荐基础好、水平高且符合相关规定要求的项目进行申报。要鼓励合作攻关，多学科联合交叉；同时注意研究队伍的结构，既提倡知名教授、优秀中青年学者积极牵头，又重视青年学术骨干的培养；要注重研究团队的项目执行能力，杜绝重申报、轻执行的现象。指导和协助研究人员科学规范地填写项目申请书，确保申报项目研究的质量和材料的真实性，避免因形式不合格而遭淘汰。在立项申请过程中，管理部门要组织专家对申请项目进行论证，对项目的立论依据、研究目标、技术路线、研究方案、研究队伍和经费预算方案等进行评议，审查是否论证充分、是否梯队合理、是否符合项目主管部门的相关要求等；其次是字面检查，避免因笔误、漏填、前后矛盾、时间不对、格式不对等非技术问题。还可以组织预评审，模拟评审现场，提高申请项目的通过率。

2. 项目实施阶段管理

项目获得立项后，要完成项目计划（任务书），安排任务进度、经费预算，保证项目在规定研究期内高质量地完成。学校相关管理部门要依据项目合同（任务书）的预期目标和要求，做好项目管理。研究初期，组织好项目开题报告会，专家评审小组对项目的设计进行审议和指导，课题组根据专家建议进行完善和优化。研究过程中，学校相关管理部门要了解项目执行进度和进展情况，及时发现和解决研究过程中的困难和问题，确保项目顺利实施。项目中期要求开展中期检查，对项目推进、经费使用进行检查，督促课题组按进度完成各项研究内容。

3. 项目结题阶段管理

在预定的时间内，学校相关管理部门要提醒课题组遵照有关结题要求，做好课题验收准备，认真审核验收材料，保证按期完成结题验收工作。对于不能按时结题，要求延期的项目，课题组应及时写出说明报告，通过学校相关管理部门，报项目主管部门审批。对未能通过验收的项目，学校要加强督促与监管，按照有关管理方法履行相关程序和手续，并采取有效措施，提供相应的帮助和支持。课题的结题并不是终点，应做好项目成果的推广和转化工作。鼓励项目成果向三个方面发展：一是继续申报新项目，把前项研究成果作为后项研究的基础，使研究工作不断深入；二是将有价值的研究报告、咨询报告、调研报告提交给各有关部门，做好项目成果的推广应用工作；三是将项目成果应用到教学实践中，这也是医学教育研究项目的最重要一环。

4. 项目档案管理

项目资料档案管理的是科研管理过程中一项重要的基础性工作，学校要重视科研项目资料的积累，完备归档工作。项目立项初期，管理部门与项目负责人应根据项目合同要求，拟订研究项目的归档范围，说明项目研究过程中形成的各种文件的编制要求。课题组应注意收集、整理研究过程中的各种文件材料，在项目结束或一个阶段后向管理部门移交归档，确保科研项目资料档案的完整性、准确性和系统性。研究项目形成的各类资料要按照国家相关规定，在遵守国家相关保密制度、维护知识产权和保障委托人权益的前提下，建立公共查询机制，实现资源共享。

5. 项目经费管理

学校要将各类研究项目经费纳入学校财务统一管理。在项目申请时，管理部门和财务部门应协助项目负责人科学合理地编制项目经费预算。在项目实施过程中，对经费实施全过程管理，严格按照国家有关规定、办法要求以及合同(任务书)和预算批复，组织课题组合理使用科研项目经费，确保研究经费收支平衡。严格按照相关规定加强对劳务费、间接使用费用等的管理，防止套取现金、虚报冒领等违法行为的发生。对结存结余经费明确项目结账时间和结余经费的用途，及时处理结余经费，避免长期挂账、结题不结账的现象。要加强对研究经费的审计监督，对研究经费预算执行的严肃性、财务收支的合法性和合理性、会计核算的规范性、经费使用的效益性、研究经费转拨行为、研究仪器设备购置和使用以及成果转让等方面进行重点审计检查。

主要参考文献

1. 白琴.试谈课堂设计的几个环节.开封医专学报,2000,19(3):79-80.
2. 白文红,冯介新.高校教学资源管理信息系统的建立及其应用.中国教育信息化,2008,(5):62-63.
3. 毕晓明.我国现代远程继续医学教育的发展.继续教育,2011,(3):9-11.
4. 薄红,孙宝志,左天明.对毕业后医学教育全球基本标准的调查与分析.中国高等医学教育,2006,(8):35-36.
5. 蔡克勇.中国高等教育管理研究五十年.高等教育研究,1999,(3):20-27.
6. 蔡巧玲,胡大一.医学模拟技术在临床教学中的应用.中华内科,2006,45(5):357-358.
7. 曹家治,黄家琳,王健等.本科专业核心课程教学质量建设.宜宾学院学报,2012,12(10):85-88.
8. 曹前有.自主性是创新素质的灵魂.湖南社会科学,2001,(6):4.
9. 陈刚.论建构以学术管理为核心的高等学校管理模式.燕山大学学报(哲学社会科学版),2008,(2):133-135.
10. 陈广桐.高等学校教育教学评估.济南:山东大学出版社,2005.
11. 陈建湘.加强教学计划管理,提高人才培养质量.湘潭工学院学报(社会科学版),2003,5(6):153-156.
12. 陈杰,徐丹枫,崔心刚.泌尿外科临床见习教学中的问题及对策.中国高等医学教育,2013,(11):85-86.
13. 陈敏.科学合理排课,稳定教学秩序,提高教学质量.广西师范学院学报(哲学社会科学版),2007,28:56-59.
14. 陈明学.关于完善高校人才培养方案管理的思考,2012,(3):34-36.
15. 陈晓希.高校教材管理中存在的几个问题的探讨.课程教育研究,2014,(中旬刊):3-4.
16. 陈孝彬,高洪源.教育管理学.北京:北京师范大学出版社.2013.
17. 陈玉琨.教育评价学.北京:人民教育出版社,1998.
18. 陈周浔,尤和谊.德意志联邦共和国专科医师培训制度对我国的启示.西北医学教育,2012,20(2):233-235,240.
19. 程亮.规范·专业·实践:当代教师伦理研究的三种取向.教育发展研究,2009,(12):71.
20. 褚宏启,张新平.教育管理学教程.北京:北京师范大学出版社.2013.
21. 戴小春.高校课程管理之“课程”论.首都师范大学学报(社会科学版),2008,(6):73-77.
22. 单红娟,王海军,郭瑶鑫.高等医学院校开展继续医学教育现状调查及对策分析.中国成人教育,2014,(2):105-107.
23. 邓春生,肖宏浩.加强教学计划管理,提高教育教学质量.江西中医学院学报,2006,18(6):64-66.
24. 邓聪,彭亮,邓小燕.WPBL教学模式在医学检验专业教学实践中的应用体会.检验医学与临床,2014,11(1):129-131.
25. 邓毅.高校文科科研项目全过程管理管见.华南师范大学学报,1998,(4):121-123.
26. 丁文龙,李稻,陈红等.构建“探究为基础的学习”的教学模式.中国高等医学教育.2006,(11):45-46.
27. 杜朝东,王沁,冯正中等.从文献被引与研究内容看我国医学教育教学现状.中华医学图书情报杂志,2012,21(2):55,59.
28. 段洁云.微格教学于师资培训——一种新方法的尝试.云南师范大学哲学社会科学学报,1991,23(6):43-46.
29. 樊树红,董春霞,王树松.影响临床实习质量的因素及对策.临床合理用药,2014,7(1):173-174.
30. 方定志,万学红.医学教学方法.北京:人民卫生出版社,2003.
31. 冯玲玉.现代教育技术.北京:北京大学出版社,2011.
32. 傅筠.如何加强高校学籍管理工作规范化.学园,2013,(28):12-13.
33. 傅莉.人工智能在教育中的应用研究.计算机与数字工程,2012,(12):63-66.
34. 高欢,陈安民,王华.我国专科医师培养现状及问题研究.中华医学科研管理杂志,2010,23(6):404-405.
35. 高利姣.浅析高等学校科研经费管理.经济研究导刊,2012,(28):256.
36. 高芸.虚拟现实技术在医学教育中的应用.成都中医药大学学报,2013,15(3):47-48.
37. 耿景海,文民刚,周增桓.医学教育改革热点及发展趋势.医学研究与教育,2012,29(4):86-91.
38. 龚真姝.课堂教学中实施素质教育的几个关系.教学理论研究.甘肃教育,2001,(10):13.
39. 郭三党,李晔,刘芳等.我国普通本科教育专业核心课程建设研究.中国管理信息化,2013,16(13):108-109.
40. 郭晓明.课程教学设计的若干心理学原则.怀化师专学报,1998,17(4):97.

41. 郭友，毕晓白. 对日本微格教学发展的研究. 首都师范大学学报(社会科学版)，1997，3：104－111.
42. 何玉海. 课程改革中隐性课程的作用不容忽视. 教育理论与实践，2004，(2)：34－36.
43. 贺斌. 慕课：本质、现状及其展望. 江苏教育研究，2014，(1)：3－7.
44. 胡海涛. 高校教学运行管理中的冲突研究. 中国轻工教育，2010，(2)：45－47.
45. 胡洁. 高校教育管理流程再造与优化对策. 教师教育，2014，(3)：73，56.
46. 胡晓晓，白宝钢. 翻转课堂教学实践. 中国校外教育，2014，(1)：85.
47. 胡兆华，艾文兵，简道林. TBL 教学模式的实施过程及其在我国医学教育中的应用现状和前景. 中国高等医学教育，2011，(8)：105.
48. 黄建军，郭绍青. 论微课程的设计与开发. 现代教育技术，2013，(5)：33－37.
49. 黄路阳. 中国大陆、香港、美国教师专业伦理比较. 安康学院学报，2007，(4)：100.
50. 黄敏齐，徐名颂，张建国等. 网络式以问题为基础学习教学模式在耳鼻咽喉科学教学中的应用. 中华医学教育杂志，2011，31(6)：911－914.
51. 黄小红. 对协商课程模式应用于高等医学教育的思考. 卫生职业教育，2013，31(2)：22－24.
52. 姜润生. 中国全科医学的发展历程与展望. 昆明医科大学学报，2012，(10)：1－3.
53. 姜玉莲. 微课程研究与发展趋势系统化分析. 中国远程教育，2013，(12)：64－74.
54. 教育部. 关于进一步加强高校科研项目管理的意见，2012.
55. 景汇泉，孟群，毕晓明等. 我国远程医学教育的发展. 中国继续医学教育，2009，(4)：11－14.
56. 景汇泉，于晓松，孙宝志. OSCE 在医学教育中的应用. 国外医学・医学教育分册，2002，23(2)：29－33.
57. 李桂林，马淑琴，乔琳. 临床医学见习课教改体会. 西北医学教育，2010，18(6)：1262－1263.
58. 李继兵. 论中国高等教育管理学的发展与完善. 黑龙江高教研究，2005，(8)，1－4.
59. 李进. 教师教育概论. 北京：北京大学出版社，2009.
60. 李凯军，张春军，胡江平. 基于网络教学构建高等医学教育教学新模式的探讨. 农业网络信息，2013，(4)：112－114.
61. 李丽银，陈晓爱，熊国盛. 临床见习教学中存在的问题与对策分析. 卫生职业教育，2013，(10)：103－104.
62. 李涛. 关于建国初期中国高等学校院系调整的综合述评. 北京航空航天大学学报(社会科学版)，2004，7(4)：74－80.
63. 李志立，杨欣国，张录兴. 对青年教师临床医学授课的几点建议. 西北医学教育，2004，12(5)：378，380.
64. 李志义. 本科教学审核评估方案设计与实施重点. 中国大学教育，2013，(8)：72－77.
65. 蔺兵兵，郭秀颖等. 应用型本科院校教学运行管理体系的研究与实践. 中国冶金教育，2008，(1)：7.

66. 刘春慧，顾留华．大学专业评估：内部评估与外部评估的比较．北京邮电大学学报（社会科学版）．2007，9(1)：74－79.
67. 刘江亭．对高校教学运行管理现状的思考及建议．中国高等医学教育，2008，(4)：78，80.
68. 刘静，乔敏．国内外医学教育热点主题及发展趋势的研究方法现状．中华医学教育杂志，2013，33(2)：318－320.
69. 刘清．2005—2009年国际继续医学教育文献统计分析．中华医学图书情报杂志，2011，20(5)：76－78.
70. 刘芸．学科建设、专业建设、课程建设及其关系．南通师专学报（社会科学版），1998，14(2)：94－97.
71. 刘振华．加强专科医师培训管理的思考与对策．继续教育研究，2010，(11)：49－50.
72. 柳亮，高枫，曹云飞等．我国继续医学教育研究的现状与思考——基于4本继续教育学术刊物2009～2011年的载文分析．继续医学教育，2012，26(6)：10－12.
73. 卢宏柱，刘丹．PBL教学在我国高等医学教育中的现状．长江大学学报（自然科学版），2011，8(7)：212－215.
74. 路振富，孙贺一．日本最新确定的医学教育模式——"核心课程教学内容指南"简介．中国高等医学教育，2001，(5)：58－59.
75. 吕宪军．教学内容创新浅议．大连教育学院学报，2001，17(4)：15－16.
76. 马敏．临床实习管理实践及新模式探讨．中华医学教育探索杂志，2011，10(5)：536－538.
77. 马文广．论新形势下高校教学档案管理工作．黑龙江档案，2013，(4)：46.
78. 马肖容，刘原，徐孝军等．创新型SP/OSCE临床技能考核体系的改革和探索．中国高等医学教育，2013，(11)：5－6.
79. 马熠熠，姚定康，刘亚伟等．应用标准化病人进行临床技能考核的优劣及改良探索．西北医学教育，2011，19(1)：93－94.
80. 毛姣艳．翻转课堂教学模式的优势与应用挑战．时代教育，2013，(4)：197－198.
81. 梅鑫华，吴伟．智能教学系统：起源、发展与未来．中国教育技术装备，2013，(15)：48－50.
82. 孟楠，王长青．学生标准化病人的培训与思考．南京医科大学学报（社会科学版），2012，(3)：227－229.
83. 孟群．各国专科医师培训与准入制度．北京：中国协和医科大学出版社，2004.
84. 孟群．中国继续医学教育的发展状况．中国继续医学教育，2011，(1)：8－9.
85. 南爱华，李建民．高等学校社科项目管理问题研究．山东理工大学学报，2013，29(5)：45－50.
86. 潘懋元．高等教育研究方法．北京：高等教育出版社，2008.
87. 潘莹．浅析高等教育管理学的现状与发展．南方论刊，2013，(9)：105－106，97.
88. 庞学光．试析隐性课程的特点及其功能．江西教育科研，1994，(4)：46－48.

89. 裴娣娜. 教育研究方法导论. 合肥：安徽教育出版社，1995.
90. 彭妙茹，董顾，刘筱霭等. 网络式 PBL 教学模式在机能实验学教学中的探索. 医学理论与实践，2012，25(6)：736－737.
91. 齐梅，马林. 教育学原理. 北京：清华大学出版社，2012.
92. 屈一泓. 高校隐性课程和显性课程衔接途径探究. 西安工程科技学院学报，2007，21(2)：282－284.
93. 全国教育科学规划领导小组办公室. 全国教育科学规划课题管理办法，2012.
94. 任剑锋，马池珠，刘菁. 现代教育技术基础教程. 北京：首都师范大学出版社，2010.
95. 任丽娟. 关于"隐性课程"的几点思考. 沈阳师范大学学报(社会科学版)，2007，(4)：46－48.
96. 世界医学教育联合会. 本科医学教育质量改进全球标准(2012 年修订版). 中华医学教育杂志，2014，(3)：321－334.
97. 沈娟，崔焱. 客观结构化临床考试在护理教育中的应用研究进展. 护理实践与研究，2011，8(8)：96－98.
98. 宋文红. 我国高等教育宏观管理结构的演变及其启示. 中国海洋大学学报(社会科学版)，2004，(5)：85－88.
99. 宋文英. 新时期高校教材建设与管理中存在的问题及对策. 中国电力教育，2013(20)：66－67.
100. 苏博，刘鉴汶. 高等医学教育学. 北京：人民军医出版社，2004.
101. 孙宝志. 实用医学教育学. 北京：人民卫生出版社，2011.
102. 孙晶，王丹. 我国高等教育管理研究述论. 合肥工业大学学报(社会科学版)，2008，22(4)：21－24.
103. 孙政华. 60 年，中国大学的转身与沧桑. 宁波城市职业技术学院学报，2012，7(3)：95－98.
104. 索桂芳. 论课堂教学设计. 河北师范大学学报，2001，3(2)：117.
105. 覃香妹，罗公发，张于平. 继续医学教育国内 14 年文献调查研究. 继续医学教育，1997，11(2)：6－9.
106. 檀传宝. 论教师"职业道德"向"专业道德"的观念转移. 教育研究，2005，(1)：49.
107. 陶领伟，林平，李玲. 标准化病人的招募、培训与质量评价. 中华现代护理杂志，2014，20(11)：1360－1362.
108. 陶西平. 教育评价辞典. 北京：北京师范大学出版社，1998.
109. 万光龙. 构建现代远程教育学习支持服务体系的探讨. 继续教育研究，2011，(9)：90－92.
110. 万学红，孙静. 现代医学模拟教学. 北京：北京大学医学出版社，2006，14－23.
111. 汪霞. 课程教学设计的几个基本问题. 教育理论与实践，2002，(11)：55.
112. 王斌华. 教师评价：绩效管理与专业发展. 上海：上海教育出版社，2012.
113. 王成. 高校核心课程之思考. 科技信息，2010，(25)：106，116.

114. 王桂林，宋秀红. 高校课程建设与课程评估的理论探析. 辽宁教育行政学院学报，2008，25(3)：38-40.
115. 王红，赵蔚，孙立会等. 翻转课堂教学模型的设计. 现代教育技术，2013，23(8)：5-10.
116. 王锦倩，刘雁飞，祁国明. 我国专科医师培养与准入的现状、问题与对策. 中国循证医学杂志，2004，4(2)：116-121.
117. 王沁萍，陈向伟，李军纪. 我国高等医学教育中PBL教学模式应用的研究现状. 基础医学教育，2011，13(12)：1071-1074.
118. 王嵬，杜娟，郭爱民. 国内外全科医学专科医师制度探讨. 中国卫生人才，2007(3)：39-41.
119. 王致和. 高等学校教育评估. 北京：北京师范大学出版社，1996.
120. 韦森. 西方PBL理论的发展与热点问题研究. 教育教学论坛，2014，(15)：185-186.
121. 吴东涛. 微格教学是促进教师专业化发展的有力手段. 广西教育学院学报，2007，(6)：69-72.
122. 吴琪. 欧洲慕课简介. 教育探索，2013，(11)：266.
123. 夏华. 论高校教材采购供应方式. 湖南财政经济学院学报，2011，27(134)：164-157.
124. 解北茂，张宏政. 隐性课程的特点、功能及优化. 山东教育科研，1998，(1)：19.
125. 徐剑文，赵小贞. 教案改革的探讨. 山西医科大学学报(基础医学教育版)，2004，6(2)：194-195.
126. 徐少锦，温克勤. 伦理百科辞典. 北京：中国广播电视出版社，1999.
127. 徐廷福. 美国教师专业伦理建设及启示. 比较教育研究，2005，(5)：72-73.
128. 徐一桂. 我国高校教学管理改革初析. 上海大学学报(社会科学版)，1996，(1)：65-70.
129. 许冰. PBL教学模式的特征及实施程序. 卫生职业教育，2014，32(6)：55-56.
130. 许劲松. 教学督导初论. 医学教育探索，2008，7(5)：521-522.
131. 许劲松. 浅论教案质量建设. 医学教育探索，2006，5(9)：813-814.
132. 许劲松. 浅论课程教学设计. 医学教育探索，2003，2(1)：16-17，22.
133. 许劲松. 住院医师规范化培训工作的现状与发展. 中华医学教育探索杂志，2011，10(2)：252-253.
134. 许劲松，沈胜娟，戴伯军. 非直属临床医学院建设的实践与思考. 中国高等医学教育，2006，(2)：76-78.
135. 闫红桥，刘丽. 浅谈高校教学计划管理. 中国科教创新导刊，2009，(1)：213.
136. 严世荣. 高等医学教育必须以社会和行业的需求为导向. 中国卫生人才，2013，(6)：37.
137. 杨德广. 高等教育学概论(修订版). 上海：华东师范大学出版社. 2012.
138. 杨敏，周润华，曾锦荣. 内科学临床见习实施案例教学应重点关注的几个问题. 西北医学教育.2013,21(5):1036-1038.
139. 杨士军.由哈佛大学的课程清单想到的.现代教学,2012,(6):77.
140. 姚芳,赵翠芳,欧阳静等.新疆少数民族地区村卫生室远程继续医学教育研究.新疆医科大学学报,2014,37(2):224-226.
141. 叶菁,沈斐敏.层次分析法在基础课程评估中的应用.机械工业高教研究,2002,(4):70-73.
142. 叶张瑜.建国初期教会大学的历史考察.当代中国史研究,2001,8(3):64-75.
143. 伊继东.高等教育评估理论与实践.北京:科学出版社,2009.
144. 易龙,糜漫天,朱俊东等.不同教学模式在高等医学教育中的应用.基础医学教育,2013,15(3):312-314.
145. 于本成,王勇.现代教育技的应用对教育质量提高的意义.学周刊,2012,(1):11.
146. 于辉,刘洪玲,刘桂云.浅谈医学教育研究的理论基础及选题基本原则.新西部,2013,(30):129-130.
147. 虞海平,张前德.我国专科医师培训现状与发展趋势.中华医学教育杂志,2009,29(2):135-137.
148. 袁德东,周增桓,申玉杰.论高等医学院校隐性课程的建设策略.继续医学教育,2007,21(31):35-37.
149. 曾诚,孟群,敬蜀青.我国继续医学教育发展的现状.高等教育发展研究,2010,27(3):6-8.
150. 曾诚,孟群,敬蜀青.我国继续医学教育发展的展望.高等教育发展研究,2010,27(4):6-9,13.
151. 曾婧,陈冠民,孟群.美国专科医师制度的发展.继续医学教育,2003,17(6):33-35.
152. 曾志嵘,赵为民,王东等.新型教师教学督导评估机制的构建与实践.中国高等医学教育,2005,(5):49-50.
153. 张红艳,龙荣培.试析翻转课堂在国内本土化实践过程中的挑战.文教资料,2013,(14):158-160.
154. 张华.论核心课程.国外教育资料,2000,(5):15-20.
155. 张惠民.浅析网络检索工具的检索效率.安阳师范学院学报,2007,(1):154-156.
156. 张剑平.现代教育技术.北京:高等教育出版社,2013.
157. 张淑珍.关于军校教学督导工作现存问题的思考.武警指挥学院学报,2005,(12):16-17.
158. 张维兵.云计算环境下的信息技术教学探究.中国信息技术教育,2014,(8):57.
159. 张毅强.LBL-CBL-PBL-RBL四轨模式在管理教学实践中的整合与运用.产业科技论坛,2011,10(7):139-140.
160. 张云峰,胡庆.翻转课堂教学模式的探索.时代教育,2013,(3):105-106.
161. 张志英,王启明.专业认证与工程教育体制改革.高等工程教育研究,2006,(2):

46－48.
162. 章德明.教案问题分析.江西教育科研，2004，(4)：35.
163. 赵峻，陈未，叶葳等.标准化病人应用于医学教育过程中的标准化与质量控制.协和医学杂志，2012，3(3)：361－363.
164. 赵万红，潘龙瑞，朱克刚等.我国高等医学教学模式改革的思考.医学与哲学.2014，35(4)：74－77.
165. 赵兴龙.翻转课堂中知识内化过程及教学模式设计.现代远程教育研究，2014，(2)：55－61.
166. 赵映川.高等教育管理学是一门独立的学科吗？高校教育管理，2013，7(4)：48－52.
167. 赵永磊.高校教学档案管理创新机制构建.档案，2008，(6)：44－45.
168. 赵永亮，颜伟，孙梯业等.学生标准化病人用于OSCE考试实践研究.西南国防医药，2007，17(5)：641－643.
169. 赵云，刘爱华，李从德.地方院校临床技能训练中心建设及管理探索.实验技术与管理，2014，31(3)：132－135.
170. 钟亚妮.美英两国慕课的发展与展望.世界教育信息，2014，(3)：20－23.
171. 周建军，罗萍.尘埃落定后的审视与省思—关于我国医学院校与综合性(多科性)大学合并问题的研究.黑龙江高教研究，2010，(9)：21－24.
172. 周青政.微课程的内涵、特征及应用研究.课程教育研究，2013，(11)：255－256.
173. 朱宏洁，朱赘.翻转课堂及其有效实施策略刍议.电化教育研究，2013，(8)：79－83.
174. 朱为鸿."学科立场"及其超越—论中国高等教育管理学的学科建设.宁夏大学学报(人文社会科学版)，2007，29(6)：214－219.
175. 朱贻庭.伦理学大辞典.上海：上海辞书出版社，2002.
176. 朱玉东.反思与教师的专业发展.教育科学研究，2003，(11)：26.
177. Julio F，Lincoln C，Zulfi qar AB，et al. Health professionals for a new century：transforming education to strengthen health systems in all interdependent world. Lancet，2010，9756(376)：1923－1958.
178. Robea M. Golub. Medical education theme issue 2012-Call for papers. The Journal of the American Medical Association，2012，307(6)：616－616.